星行客
PLANET SEEKER

中国旅行体验指南

北京

星行客编辑部 著

楼学　李昱臻　张侃
撰文

中国地图出版社　北京

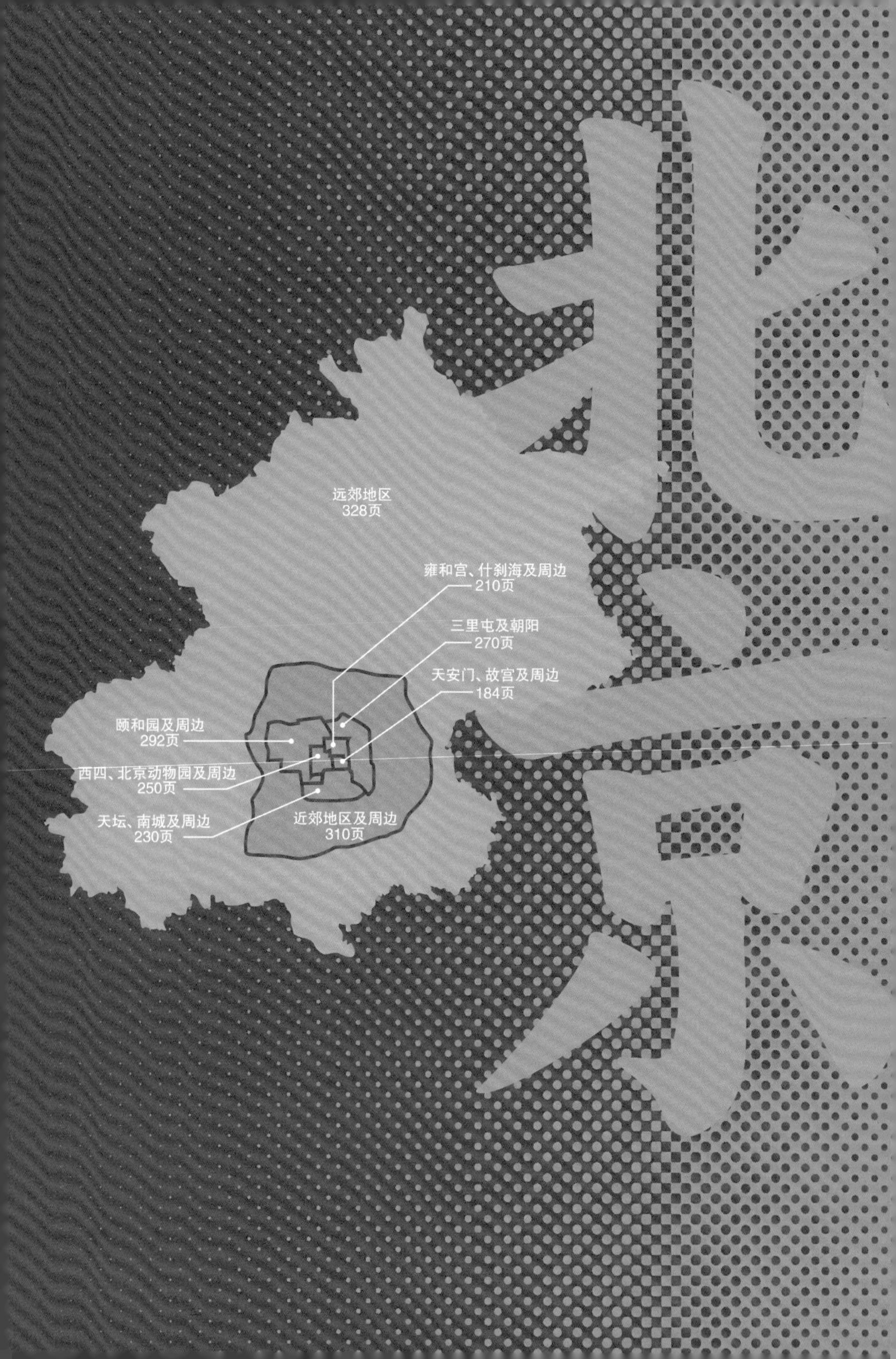
北京
远郊地区
328页
雍和宫、什刹海及周边
210页
三里屯及朝阳
270页
天安门、故宫及周边
184页
颐和园及周边
292页
西四、北京动物园及周边
250页
天坛、南城及周边
230页
近郊地区及周边
310页

北京·初印象

北京·灵感

北京·探索

北京 · 初印象

巍巍太行，峥嵘燕山，为昔日的农耕文明和游牧世界划定边界，长城将华北平原的北方尽头温柔地拥入怀中。中轴线是丈量礼仪秩序的量尺，大运河连接着华夏文明的血脉。古老的北京城历来以天地为幕，不仅书写“三千年建城史，八百年建都史”的史诗，同样演出鸽哨声与槐花雨的协奏。胡同里的豆汁儿正和使馆区的精酿碰杯，汗八里的城墙外吹拂过“新奥运”的晚风——这是一座“时空折叠”的超级都市，它是古典完成式，也是现代进行时。

上图：国贸CBD

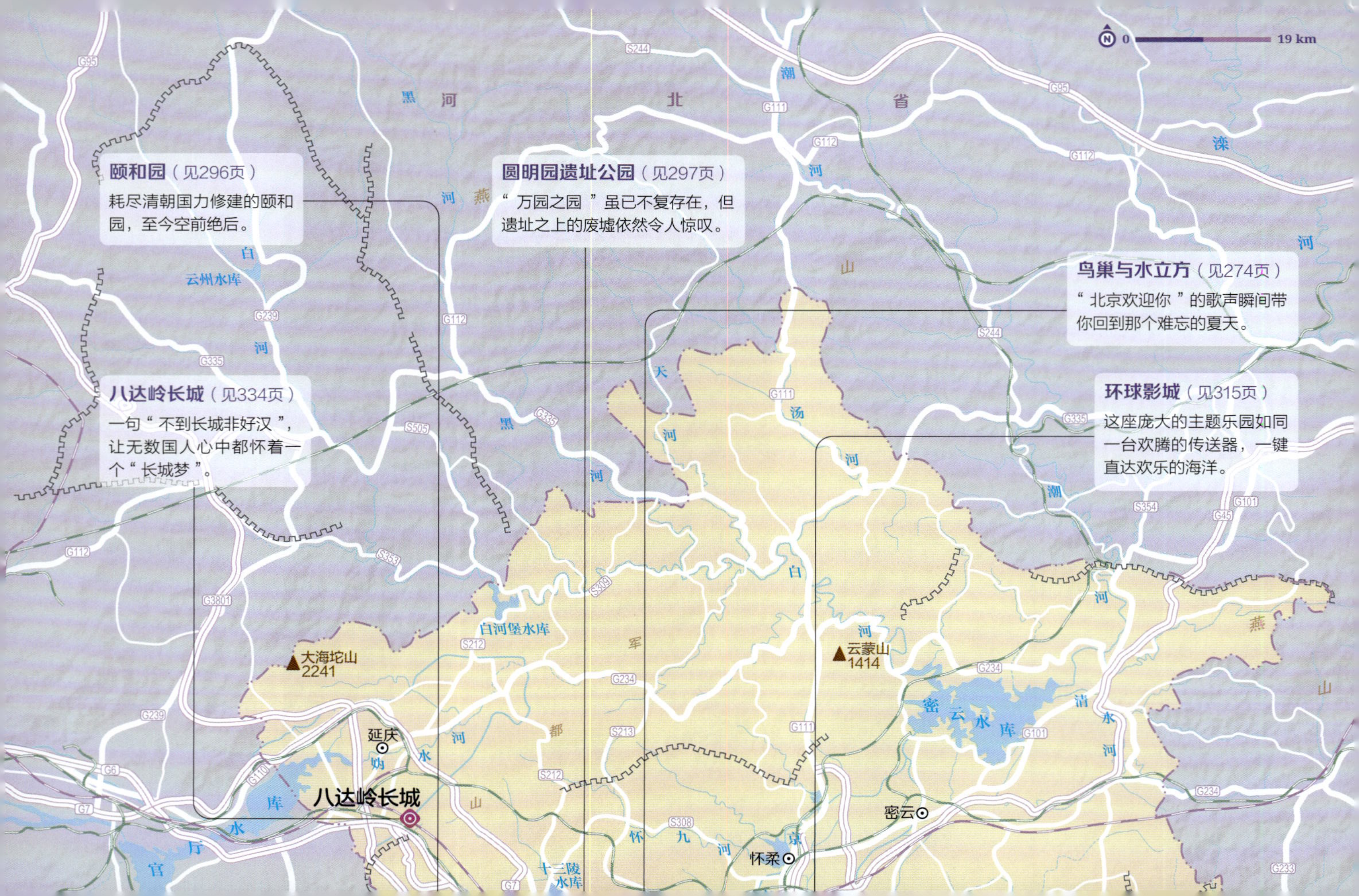
颐和园（见296页）
耗尽清朝国力修建的颐和园，至今空前绝后。
圆明园遗址公园（见297页）
“万园之园”虽已不复存在，但遗址之上的废墟依然令人惊叹。
鸟巢与水立方（见274页）
“北京欢迎你”的歌声瞬间带你回到那个难忘的夏天。
八达岭长城（见334页）
一句“不到长城非好汉”，让无数国人心中都怀着一个“长城梦”。
环球影城（见315页）
这座庞大的主题乐园如同一台欢腾的传送器，一键直达欢乐的海洋。
0 19 km
河北省
云州水库
白河堡水库
大海坨山 2241
云蒙山 1414
密云水库
延庆
八达岭长城
怀柔
密云
十三陵水库
官厅水库
燕山
军都山

北京亮点

北海公园（见199页）
在北海公园的碧波上荡起双桨，登上琼岛，沉醉在暖风和春花之中。
三里屯（见279页）
在这个北京最时髦的地方找乐子，从早到晚都不缺新意，总有新鲜和惊喜等着你。
故宫（见187页）
无论历史达人还是建筑爱好者，恢弘壮丽的故宫都是北京之行最不容错过的一站。
天安门广场（见191页）
蓝天白云下，以红色的天安门城楼为背景拍一张“标准照”。
天坛公园（见233页）
世界上最大的祭天建筑群，蓝瓦金顶的祈年殿凝结着古人智慧的时间观。
首钢园（见316页）
滑雪大跳台“雪飞天”冬奥赛后永久保留，体验工业风的好去处。
周口店国家考古遗址公园（见340页）
横跨几百万年，追寻人类文明的起源。
圆明园遗址公园
颐和园
鸟巢与水立方
北京环球影城
首钢园
周口店国家考古遗址公园
北京
东城
西城
朝阳
海淀
石景山
丰台
门头沟
房山
大兴
通州
顺义
平谷
廊坊
北京首都国际机场
北京大兴国际机场
见放大图
东灵山 2303
妙峰山 1290
百花山 1990
盘山 856.8
崇青水库
金海湖
河北省
天津市
放大图
北二环路
北三环路
东二环路
东三环路
西二环路
西三环路
南二环路
南三环路
学院南路
紫竹院路
复兴路
长安街
前门西大街
莲花池东路
丽泽路
安定门外大街
东四北大街
天坛东路
机场高速
北京动物园
玉渊潭公园
北京北站
北京西站
北京站
北京南站
北京丰台站
北海公园
故宫
天安门广场
天坛公园
三里屯

旅行月历

1月

元旦当天的天安门升旗仪式（见上图）往往被旅行者赋予特殊的仪式感。什刹海、颐和园的水面会变为欢快的冰场。腊八节时可以去东岳庙、雍和宫领一碗免费的腊八粥。不妨把北京作为“跨年旅行”的目的地——正月期间，去赶一场号称“八大庙会”之一的厂甸庙会，东岳庙庙会上则能看到许多平时难能一见的非遗表演，或去白云观内摸石猴、打金钱眼。

2月

绚丽的龙庆峡冰灯（见上图）将带给你一场冰雪奇缘。延庆、密云等地都有不错的滑雪场，冬奥会的顶级场地已成为普通人也可以大显身手的舞台，还有城际列车可以方便地前往承办北京冬奥会雪上项目的河北崇礼。北京的各大雪场通常在2月底至3月中停止营业，抓住雪季的小尾巴。雍和宫会在正月二十三至二月初一举办大愿祈祷法会。

3月

在颐和园（见上图）的知春亭外，春意悄然来临，西堤上的桃花是报春的使者，即将开启为期数月的繁花盛事。3月下旬起，居庸关的山桃花、杏花相继开放，S2线将化身为“开往春天的列车”。

4月

北京最热闹的赏花季已经到来。智化寺被梨花、丁香、海棠包围，大觉寺、潭柘寺也浸没在玉兰花的馥郁芬芳中，法源寺更是名副其实的“香刹”。玉渊潭的樱花、元大都遗址公园的海棠、中山公园的郁金香（见上图）、景山公园的牡丹和芍药竞相开放。4月中下旬的北京国际电影节上明星云集，展映会持续一周左右。

5月

4月底至5月初，去草莓音乐节加入年轻人的狂欢吧。在天坛、景山等地，北京的市花月季即将登场。盛放的刺槐将为北京人的餐桌带来清香扑鼻的槐花饼，国槐的花期则更晚一些。融入了山岳信仰的妙峰山庙会于农历四月初一至十五举办“春香”，来自华北各地的香客都云集于此。临近毕业季，中央美术学院美术馆内上演的毕业展可以带你提前了解中国最优秀的年轻艺术家们。

6月

气温逐渐上升，夜游、非遗体验等多种活动在各大公园轮番上演。北京国际图书博览会通常在6月或8月举行，是爱书人的年中盛事。

7月

暑期会为北京带来巨大的客流，参观各类景点都要提前了解预约政策。圆明园、后海、紫竹院、北海公园（见上图）等地的荷花会持续至8月。角楼图书馆会组织星空电影院、夜读等活动。

8月

你可以前往十渡、雁栖湖、龙庆峡、云蒙山、黑龙潭等市郊景点避暑。市区内的各大景点依旧人满为患。如果你带孩子旅行，尽可能赶在8月底游人减少一些时再前往北京。

9月

地坛书市通常在9月上中旬举行，随之而来的是景山公园热闹的中秋游园活动。持续整月的北京国际青年戏剧节会在全城各地献上丰富的戏剧展演。798艺术节（见上图）、北京国际设计周通常在月底开幕。

10月

秋高气爽，这是北京最美好的月份。国庆节前后通常会举办许多重要的政治或文化活动，但拥挤的人潮使旅行体验不佳，尽量错峰出行。景山、天坛等地会举办菊花展。在北京国际音乐节上可以欣赏到东西方的高水平演出。中下旬起，香山红叶逐渐进入最佳观赏季，注意避开拥挤的周末。

11月

北京马拉松通常在10月或11月举行。钓鱼台、地坛公园、清华大学内的银杏大道已换上金装。在香山（见上图）或八达岭感受过绚烂的红叶后，深秋时节的北京将由极致多彩悄然转向萧瑟。

12月

在“哈着白气”的冬天里，找一家胡同小院的餐厅，享用一顿热腾腾的涮羊肉。环球影城（见上图）会竖起高大的星耀圣诞树，举办丰富的圣诞庆典活动，南堂、西什库教堂、亚斯立堂等地也会举办圣诞聚会和歌舞剧表演。如果赶上雪天，可以前往故宫或银山塔林，记录这些古迹不常见的另一面。

实用信息

支付 支付宝、微信支付、银联云闪付的普及程度很高，市区范围内银行、ATM机几乎随处可见。但许多景区已将主要的购票渠道转向线上预约，线下的现金购票窗口往往需要排队。

通信网络 移动、联通、电信的运营商信号都覆盖了主要的城区和旅游景区，地铁线路内基本实现5G信号覆盖。在平谷、密云、延庆等市郊区域参与户外运动时，仍可能遇到无信号的区域，建议提前下载离线电子地图，前往未经旅游开发区域时应和亲友报备行程。

网络资源 微信公众号：北京发布、文旅北京、北京交通广播、帝都绘

App：北京一卡通、亿通行、北京时间

快速了解

简称: 京

方言: 在北京的任何角落，你都可以放心地使用普通话。“老北京”有一些独有的儿化音、吞音、变音，适应起来也不算困难，不妨友好地请他们说慢一点。

民族: 北京是一座包容、多元的城市，作为首都，汉族构成了城市人口的主体，满族、回族、蒙古族、朝鲜族也拥有相当数量的人口，你可以在这里探索不同民族的文化与美食。

气候特点

- 暖温带半湿润半干旱季风气候，四季分明，夏、冬较长，春、秋短促
- 春季气温多变，易发生大风、沙尘天气

降水主要集中在夏季，7—8月间最为炎热，也易有雷暴、大风、暴雨等极端天气

- 夏季降水量较大，旅行者尤其需要注意城区低洼地段的积水和郊区一带的山洪
- 秋季天高气爽，是旅行的最佳时段

冬季寒冷干燥，曾经困扰市民的雾霾天气近年来已显著减少

旅行安全

市民服务热线（前身为“市长电话”）：
12345

保险 你可以购买一份旅行保险，防患于未然。在参与徒步、登山、攀岩等户外运动时，可提前购买有针对性的特殊户外险种。有自驾旅行计划的可提前购买车辆损失险。7—8月间多发强降雨等极端天气，如乘飞机旅行可购买延误险。

危险和麻烦 在北京旅行整体上是非常安全的。在前门等热门目的地和各火车站要警惕那些不合理的低价旅行团，这类旅行团往往极大压缩正规景点的行程，代以各种商品推销和强制消费。在寒暑期、五一、国庆等旺季，故宫、天安门等热门景点的预约名额往往很快告罄，不要轻信黄牛的预约承诺。在前往京郊参与徒步、登山等户外活动时，尽量选择成熟的户外线路，与有经验的旅行者或有资质的旅行团同行。另外，北京经常举办重要的国事、外交活动，请随时注意各大景点的开放通告。

极端天气特别提示

- 7月中下旬至8月，受到汛期影响，北京可能遭遇影响广泛的大暴雨，游玩时应提前规划行程，注意天气预警信号。
- 降雨时切勿涉水行车，防止溺水或触电。
- 不在低洼路段和区域停放车辆。
- 如在户外旅行，要特别注意附近的山洪沟道。
- 如果赶上春季沙尘暴、冬季雾霾，可随身准备一副口罩，也不妨在此时安排一些室内参观行程。

省钱这样玩

购买旅行通票
北京各大景区、公园、博物馆的门票普遍很有性价比，但还有更省钱的选择，你可以按需购买北京博物馆通票、公园年票、京津冀旅游年卡（www.jjjlynp.com；微信公众号“京津冀旅游卡”）、故宫年票等通票或年卡类产品。

享受步行和骑行
探索北京历史城区最好的方式是步行或骑行。老城内随处可见的各品牌共享单车，收费都十分低廉，办理一张周卡或月卡，不仅可以省下一笔交通费用，还能带你以更地道的视角了解北京。

利用各类消费App
在预订机票、酒店、景点门票时，可以通过飞猪、携程、去哪儿、美团等App多方比价。大众点评上则有不少餐厅的团购套餐可选。滴滴、高德地图、百度地图都有打车功能，如果你需要前往一些郊区景点，不妨尝试一下这些App的顺风车功能。

免费的，也是最好的
北京拥有非常丰富的文化资源，许多博物馆、图书馆、高校都免费对外开放，并且常年举办各类展览、讲座，不要错过这些免费且优质的文旅资源。北京还拥有庞大且成熟的户外社群，在小红书、两步路等App上都不难找到免费的自然风景与户外线路。

交通信息

北京的交通非常便利，公共交通可以抵达大多数旅游景点。在市区范围内旅行时，没有太大必要自驾或租车，停车、堵车都令人头疼不已。北京拥有两座民航机场和多座火车站，在购买机票、火车票时要注意抵离的机场或车站，切勿跑错。

抵离方式

- **航空** 北京目前有两座民航机场，都有丰富的航线网络连接国际、国内的各主要城市。
- **铁路** 北京是中国的铁路枢纽，拥有多个大型火车站。
- **公路** 北京的各大汽车站仍在运营的主要是往返华北、东北等邻近省份的客运线路，也在尝试向“客运+旅游”的运营模式转型，目前已推出前往八达岭长城、红螺寺、黄花城水长城、慕田峪、青龙峡、古北水镇、雁栖湖、环球影城、奥林匹克园区等周边景区的旅游班线。

机场

北京首都国际机场
www.bcia.com.cn
96158
机场代码：PEK

位于市区东北约20公里，是中国国际航空、海南航空的主要基地，有航线通达数十个国家的200余座城市。

去往首都机场线交通：

地铁（单程25元）

连接机场与市区范围内的东直门、三元桥等地铁站，线路在机场区域为Y字形。机场目前设有T2、T3两座航站楼，可乘坐免费摆渡车往返两座航站楼间。

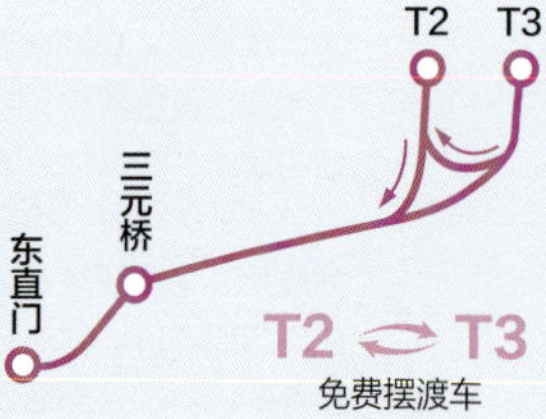

巴士

机场巴士站点：

T2：1层1—3号门外
T3：1层1号门外东侧

市内线路查询电话：010-64378900

前往：公主坟 北京西站 北京站东 前门东 北京南站 大兴机场 通州及沿途站点

城际巴士线路查询电话：010-64558718

前往：廊坊城市航站楼 ¥ 50元（可凭机票免费乘坐）
班次：8:30—22:30（每2小时1班）
行程时间：2小时30分钟

前往：天津东站 ¥ 100元
班次：6:30—22:30（每日12班）
行程时间：2小时30分钟

微信公众号：机场巴士官方平台

北京大兴国际机场

www.bdia.com.cn
96158
机场代码：PKX

有“新国门”之称，其设计出自著名建筑师扎哈·哈迪德之手，位于市区以南约40公里，是中国东方航空、中国南方航空、中国联合航空、首都航空的主要基地，有航线通达数十个国家的近200座城市。

大兴机场是国内为数不多开放候机区过夜的机场，乘坐国内出港航班（部分廉价航空除外）的旅客可以于出发前一日8:00至当日2:00间办理值机、托运及安检（夜间3层安检关闭，可通过B1层D57安检口），在候机区内A11、B20、C40、D63等登机口附近设有躺椅休息区。你也不必担心候机时间太过枯燥，机场内的大部分餐饮门店均与市区内的物价保持一致，此外还设有许多展馆，甚至还有一座实现了“通借通还”的首都图书馆分馆（A01登机口附近；8:00—20:00）。

去往大兴国际机场线交通：

地铁：

大兴机场线（单程35元）连接了机场与市区范围内的草桥地铁站。

机场B1层设有京雄城际铁路、津兴城际铁路的大兴机场站，可前往北京西站、雄安、天津、唐山等地，可通过12306购票。

市内巴士候车区：

1层东侧20号门

前往：北京站 通州 中关村 房山 首都机场 亦庄 天通苑等区域
夜间线路（23:15至次日5:00）前往：雍和宫和三元桥

省际巴士候车区：

1层西侧15号门

前往：涿州城市航站楼 ¥30元
班次：9:00—21:00

前往：廊坊城市航站楼 ¥25元
班次：8:00—22:30（每30分钟1班）

前往：保定 ¥70元
班次：12:00、15:30、17:30

前往：天津 ¥100元
班次：11:30、14:30、19:30、22:30

机场巴士查询电话：81698565

微信公众号：机场巴士官方平台

火车站

北京是中国的铁路枢纽，拥有多个大型火车站，以下为服务主城区的主要车站。

北京站

地址: 东城区毛家湾胡同甲13号
交通：地铁2号线北京站

是中华人民共和国成立后北京最早兴建的大型火车站，车站大楼已被列入全国重点文物保护单位。目前是京哈线、京沪线等线路上的主要车站，承担往返东北、华东等地的列车。

北京西站

地址: 丰台区莲花池东路118号
交通：地铁7号线、9号线北京西站

有着标志性的中式大屋顶，是京九线、京广高铁、京雄城际上的主要车站，承担往返华中、华南、西部等地的高铁及普客列车，也有城际列车前往大兴机场与雄安。

北京南站

地址: 丰台区永外大街车站路12号
交通：地铁4号线、14号线北京南站

是京津城际、京沪高铁上的主要车站，承担往返华东与河北各城市的高铁、城际列车。

北京北站

地址: 西城区西直门北大街北滨河路1号
交通：地铁2号线、4号线、13号线西直门

是京张高铁的主要车站，承担往返八达岭长城和张家口、呼和浩特方向的列车。由于北站规模受限，许多车次已转移到北面规模更大的清河站（海淀区安宁庄西路）到发。

北京朝阳站

地址: 朝阳区朝阳站东路与姚家园北路交叉口
交通：地铁3号线朝阳站

原名星火站，是京哈高铁的主要车站，承担往返东北等地的高铁列车。

北京丰台站

地址: 丰台区丰台镇正阳大街4号
交通：地铁10号线、16号线丰台站

2022年完成改造后重新投入运营，是亚洲最大的铁路枢纽客站之一，也是京沪线、京九线、京广高铁的主要车站，承担往返河北、山西等地的高铁、城际列车和许多普客始发、过路车次。

汽车站

北京市区范围内的长途汽车站
www.e2go.com.cn
北京省际客运信息网

查询及购票服务：
- 微信小程序：1366出行
- 飞猪、携程等OTA平台

受到来自航空、铁路的激烈竞争，通过公路完成长途出行的吸引力大大降低，也没有如以往那般丰富的选择，但如需前往一些未通铁路的城市，或赶上旺季火车票、机票售罄，公路出行仍是不错的备用方案。北京的各大汽车站仍在运营的主要是往返华北、东北等邻近省份的客运线路，也在尝试向“客运+旅游”的运营模式转型，目前已推出前往八达岭长城、红螺寺、黄花城水长城、慕田峪、青龙峡、古北水镇、雁栖湖、环球影城、奥林匹克园区等周边景区的旅游班线。

六里桥客运主枢纽
地址：丰台区六里桥南里甲19号
电话：010-83831716
交通：地铁9号线、10号线六里桥

八王坟长途客运站
地址：朝阳区西大望路17号
电话：010-87718844
交通：地铁1号线、14号线大望路

天通苑北长途客运站
地址：昌平区天通苑北地铁站南
电话：010-81786554
交通：地铁5号线天通苑北

四惠长途客运站
地址：朝阳区建国路68号
电话：010-65574804
交通：地铁1号线四惠

赵公口长途客运站
地址：丰台区南三环中路34号
电话：010-67229491

新发地长途客运站
地址：丰台区京开辅路路西
电话：010-83728005
交通：地铁19号线新发地

乘坐公共交通

北京拥有便利且价格低廉的公共交通网络。你不需要在线下柜台办理实体交通卡，各大品牌的手机基本都支持“市政交通一卡通”的虚拟卡，可以直接通过NFC功能刷卡进出站；亿通行、北京一卡通、支付宝等App都支持刷码乘车。北京的公交车多为分段计费，因此在下车时还需要再次刷卡，以避免被收取全程费用。另外，北京地铁试行推出的电子定期票（一日票20元、二日票30元、三日票40元、五日票70元、七日票90元，不适用于机场线、市郊线）更适合那些需频繁乘坐轨道交通的旅行者。

新线报

1 交通大升级

2019年投入运营的大兴国际机场（见图1）已日益完善其国际、国内的航线网络，飞往北京不时有令人心动的低价机票。2022年新开通的北京丰台站分流了许多原本属于北京站、北京西站的车次，进一步优化了北京的综合交通体系。

2 地铁新线路

截至2024年12月，北京地铁已经拥有29条线路，运营总里程达879公里，是全世界规模最大的城市轨道交通系统之一。多条地铁线路还在密集建设中，有几条线路对旅行者较为重要：3号线把北京朝阳站（见图2）接入地铁网络，已于2024年底建成通车；大兴机场线的北延段将接入丽泽商务区，可以更方便地与14号线换乘，预计2026年建成通车。

3 中轴线申遗成功

2024年，串联了15处遗产点的“北京中轴线——中国理想都城秩序的杰作”被列入《世界遗产名录》，这条古今辉映的伟大轴线呈现至世界面前，围绕中轴线的保护、活化、更新也将带来更多的旅行可能。这是北京的第八项世界遗产，继续巩固着这座古都“拥有全世界最多世界遗产的城市”的傲人地位。（见图3：中轴线上的北京钟鼓楼）

4 首座“双奥之城”

2022年的冬奥会使北京成

4

5

6

为世界上首座“双奥之城”，这场体育盛事也激发了人们对冰雪运动的热情。在昔日的首钢园区别出心裁地建成了大跳台（见图4），延庆的奥林匹克园区也成为许多市民周末度假的目的地。

5 文旅新玩法

更多人渴望从打卡式旅行转向那些更深度、更新奇的文旅体验。在2024北京国际文旅消费博览会上，马蜂窝发布了“2024北京文旅十大新玩法”，包括京城寺庙艺术巡礼、故宫来了·大咖说、骑行北京中轴线、国粹京剧非遗传习、可观可演小剧场、北京citydrink微醺夜行、游学遛娃科技巡游、奥森（见图5）版莫奈花园旅拍、潮白河桨板密林穿越、京郊徒步穿越——你或许可以从中获得一些旅行灵感。

6 博物馆之城

2023年，中国考古博物馆和北京大运河博物馆（首都博物馆东馆）这两大重磅级博物馆相继建成开放，使北京向“博物馆之城”又迈出了坚实一步。奥体、大屯路一带俨然已成为北京新的博物馆聚集地，新近开放的中国工艺美术馆（见图6）、中国共产党历史展览馆、中国科学家博物馆可称“接踵而至”。尤为令人欣喜的是，首都博物馆推陈出新，“中华文明的有力见证——北京通史陈列”系统呈现了北京悠久辉煌的历史。

旅行者在北京

北京是一个开放、包容的国际化都市，对各类旅行者都十分友好。这里拥有丰厚的历史底蕴，文化多元，饮食口味易接受。得益于旅游发展成熟，各项配套设施都很完善，可以说，任何人都能在北京找到属于自己的玩法和路线。

无障碍旅行

北京拥有相对完善的无障碍设施，机场、火车站、地铁站等交通枢纽，博物馆、四星级以上酒店和国有景区都提供无障碍通道，许多国际品牌酒店还设有无障碍客房。选择飞机或高铁出行时可提前预约无障碍服务协助，预订酒店时提前咨询相关事宜。北京市交通委员会官网（jtw.beijing.gov.cn）有无障碍设施与服务的详细介绍，微信公众号“北京地铁”也有专门页面介绍各车站的无障碍设施，都可在行前提供参考。

颐和园的无障碍通道

独自旅行者

北京对独自旅行者非常友好。绝大多数景点可借助公共交通到达，市区内有不少青年旅舍，提供相对低廉的床位住宿，也不难找到拼车、拼饭的旅伴，和陌生旅伴结伴时要注意安全、保护个人隐私。如果要参加徒步、登山等户外活动，你可以选择那些相对成熟的户外线路，或参加有资质的旅行团或户外团队，并向亲友报备，尽量避免独自出行。

独自旅行者探访天坛公园

带孩子旅行

亲子旅行的群体无疑是北京最重要的“客群画像”之一，遍布全城的博物馆、名人故居、名胜古迹和著名高校，使北京成为几乎每个家长带孩子旅行时“此生必去”的目的地。无论是在中国国家博物馆、故宫、天坛了解悠久的中华文明，在长城、圆明园、卢沟桥完成一次身临其境的爱国主义教育，还是跟随课本去探索鲁迅、老舍的足迹，或是在中国最出色的科技馆、动物园中了解自然的奥秘，北京为孩子们提供了无限可能。但这些历史悠久、积淀深厚的目的地往往需要一定的知识背景，可以提前给孩子准备适龄的读物、电影或纪录片，切忌贪多求全，别把快乐的旅行变成另一场考试。高强度的“脑力劳动”也需要劳逸结合，不妨安排一天去环球影城或欢乐谷尽情撒欢，或是在京郊的山野中感受大自然的快乐。在饮食方面，北京菜整体上老少咸宜，糖葫芦、豌豆黄、稻香村的点心都可以让孩子们食指大动，当然，也有各国各地的菜系可以增长见识。

带孩子爬长城

老年旅行者

北京市区内有着相对完善的出行配套设施，老年人出行也非常便利。许多景点都对60周岁以上的老人提供免费或优惠门票，但许多购票渠道已转往线上，老年人购票时可请家人或景区工作人员予以协助。北京拥有许多传统戏曲的演出场所，如湖广会馆、正乙祠、老舍茶馆都有戏剧演出，琉璃厂、报国寺、潘家园则有着热闹的旧书或古玩市场，悠闲的胡同生活也非常适合老年人。北京的夏季高温闷热，注意预防中暑和食物变质导致的腹泻、呕吐；冬季气候干燥，要注意保暖，预防气管炎、哮喘等常见的季节病。出行时建议携带日常所需的药品和仪器，但在前往天安门地区旅行时，携带药物可能遭遇额外的安检和盘问。一些胡同里的公共厕所条件较为简陋，坐便的普及程度还不高。

户外登山的老年旅行者

负责任的旅行

我们总是抱怨目的地变得越来越商业化，殊不知正是我们在旅途中的一些不当行为，成了推波助澜的帮手。旅行是发现，不是破坏，也非冒险，“可持续发展”不只针对环境，对当地文化和我们个人同样适用。我们推崇可持续的发展和负责任的旅行，通过旅行为当地的经济良性发展做出力所能及的贡献。

北京园博园的大雁

对环境负责

节约能源 尽量利用公共交通完成旅行，也可以徒步或骑行的方式去了解目的地。入住酒店时节约用水，出门随手关闭电源。

环保先行 旅途中使用可降解产品，自带洗漱、就餐用具，不使用一次性用品。不乱扔垃圾，在野外徒步、露营时将垃圾集中起来带走，放置到垃圾集中处理点。遵守消防规定，不在林中用火。

保护野生动植物 在自然保护区范围内旅行时，遵守“无痕山林”原则，不随手采摘植物，不触摸、投喂野生动物，始终与野生动物保持距离。不食用野生动物，拒绝动物表演，也不要购买用国家保护动植物制成的纪念品。

避免过度旅游 尽可能选择错峰出行，缓解高峰期的资源与环境压力。积极探索非热门景点，避免过度旅游带来的负面影响。

景泰蓝点蓝工艺

对自己负责

不冒险旅行 北京周边有丰富的户外线路，但不提倡“户外小白”独自贸然尝试登山、穿越等户外活动，应先评估自己身体和能力，在有经验的同伴或向导陪同下进行。

不贪图便宜 不要轻信过于廉价的“一日游”宣传，避免落入低价团陷阱。如果需要跟团，尽量选择口碑好的旅行社并签订正规的旅行合同。如果选择租车旅行，请在行前购买必要的车辆保险。

对当地人负责

尊重当地文化 北京生活着众多民族，请尊重不同民族的信仰、文化和生活习俗。在拍摄人像尤其是宗教活动场景时，需先获得许可。北京的牛街、东四等地都有回民聚居区，在清真餐厅就餐时请勿携带外食。

让当地人受益 直接从当地人手里购买农产品、手工艺品等，既能确保货真价实，也能鼓励传统手艺的传承、支持社区可持续发展。尽量聘请当地向导，入住当地人开的民宿和客栈，在家庭餐馆享用餐食和酒水饮料，确保他们能直接获益。如果受邀去当地人家里做客、吃饭，切勿抱着占便宜的心理，建议带上小礼物作为回馈。

北京·灵感

辉煌中轴线

这条伟大的城市中轴线，不仅构造了都城的景观秩序，
也见证了近800年来北京的城市变迁。

在中国人的哲学中，“中”与“正”是理想世界秩序的基础，不偏不倚的“中庸之道”则是为人处世的至高境界——建筑与城市规划领域中的中轴线，正是对这类抽象哲学理念的具象表达。

这条诞生于13世纪元大都的中轴线，继承并总结了中国漫长历史中城市规划的思想，并在此后的数百年不断加增、延长、演变，最终成为梁思成所称赞的独一无二的杰作：“一根长达八公里，全世界最长，也是最伟大的南北中轴线穿过全城。北京独有的壮美秩序就由这条中轴的建立而产生。”

从最南端的永定门到北面的钟鼓楼，这条“传统意义”上的中轴线一直是北京最重要的发展轴。如今的中轴线连接起这座古都最负盛名的古迹、全国最为人熟知的政治地标，当然还有充满老北京风味的日常生活。你可以漫步在故宫、天坛的雄伟古迹中，也可以登临天安门城楼重温开国大典的庄严景象，或是在国家博物馆中欣赏珍贵的历代文物，再潜入前门周边或钟鼓楼下的胡同走街串巷，感受原汁原味的老北京生活。

上图：从景山眺望中轴线上的故宫

灵感

古今辉映的伟大轴线

北京的中轴线不只是保存了大量珍贵文物建筑的历史空间，它同样是充满生命力的城市轴线。从忽必烈定都元大都以来，这条轴线经过历代的增建、延伸与演变，最终形成今日的格局。

世界遗产

2024年，“北京中轴线——中国理想都城秩序的杰作”被列入《世界遗产名录》，自北向南共涵盖了15处遗产点：钟鼓楼、万宁桥、景山、故宫、端门、天安门、外金水桥、太庙、社稷坛、天安门广场及建筑群（天安门广场、人民英雄纪念碑、毛主席纪念堂、国家博物馆和人民大会堂）、正阳门、南段道路遗存、天坛、先农坛、永定门（见28页示意图）。世界遗产委员会认为，它体现了中国传统都城规划理论，为世界城市规划史做出了重要贡献，也是中国传统都城中轴线成熟阶段的杰出典范。

毫无疑问，北京的中轴线保存着这座古城的精华部分。你也可以通过北京中轴线官网（www.bjaxiscloud.com.cn）了解更多信息。

元代：中轴线的诞生

元至元四年（1267年），忽必烈为了增强对中原地区的控制能力，决定从元上都（今内蒙古自治区锡林郭勒盟正蓝旗上都镇）迁都元大都。这座新的都城是在辽金时期的故都附近规划建设的，在此之前，忽必烈已经在金中都的东北郊营建太宁宫，其中的琼华岛广寒殿曾是金朝皇室营建的皇家园林，在大都的宫室落成前，忽必烈曾长期在这处离宫居住。

一方面由于金中都久经战乱，早已破败不堪；另一方面或许也与忽必烈的个人偏好和蒙古人的生活习性有关，后来的元大都便以琼华岛所在的

太液池为核心进行营建，在其东面修建大内，在其西面修建太子居住的隆福宫和皇太后居住的兴圣宫。这是中国历史上第一次以湖泊为核心展开的都城规划。

琼华岛所在的太液池，便是今日的北海。其北侧的积水潭又向东北伸出，在积水潭的东岸上选定一处中心点，筑中心台，并从这里沿着南北方向延伸出一条轴线，作为都城的中轴线。元大都延续了中国都城规划中宫城要面南、居中的思想，因此，积水潭的东西宽度也成为元大都东西宽度的一半。

有趣的是，元大都的中轴线并非正南正北，而是与子午线形成了一个2度十几分的夹角。有学者认为，这个偏角使这条中轴线遥指元上都，是刻意规划的结果。

左页图：首都博物馆元大都宫殿模型
上图：景山公园万春亭

明清：中轴线的定型

元代的中轴线长度约3.8公里。永乐年间，明朝定都北京，将原本偏离在中轴线西侧的钟鼓楼重建到了中轴线的北端，又将南面的丽正门（即后来的正阳门）继续南移，使这条轴线延长到约4.8公里。这一时期营建了许多重大工程，包括紫禁城、万岁山（即景山）、太庙、社稷坛等建筑。

明嘉靖年间，北京城开始向南增筑外城，将原本位于城外的天坛、先农坛也纳入城墙范围之中，这条中轴线就理所当然地继续向南延伸到外城的正门（即永定门），全长达到7.8公里，历史时期的中轴线至此便基本定型。

后来的清代在此基础上没有做出重大的改变，不过做出了一些继续完善的“补丁”设计。清乾隆年间将寿皇殿从景山的东北角迁移到了中轴线上，又在景山上修建景山五亭——位于正中央的万春亭，在几百年的时间中一直是中轴线上的最高点。这些改变也使中轴线更趋壮美。

北京中轴线示意图

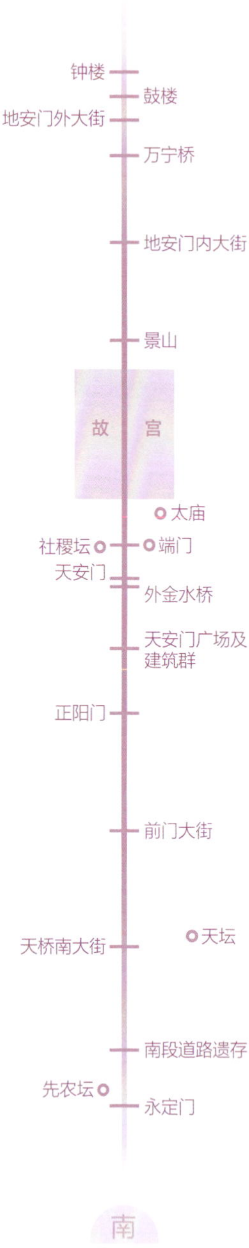

近现代：中轴线的延伸

民国时期，北京的中轴线迎来了功能的剧变，昔日的皇宫禁囿回到了人民手中。紫禁城成为博物馆，各处祭坛、皇家园林也相继成为对外开放的公园。

中华人民共和国成立后，天安门广场的建设成为中轴线上的重要变动之一，在其营建过程中还是延续了中轴线的规划思想，国旗杆、人民英雄纪念碑都择址于中轴线上兴建。广场东西两侧新建设的中国历史博物馆、中国革命博物馆和人民大会堂正是“左祖右社”在现代社会的投射。

在古代，北京的城市发展相对缓慢，中轴线的延伸自然也缺少动力。但在20世纪80年代后，北京迎来了爆发式的城市扩张，尤其是1990年的亚运会和2008年的奥运会，这两届赛事的主要场馆就分布在中轴线附近，进一步延伸了中轴线的北端。奥运会开幕式上由蔡国强设计的“大脚印”烟花，展现了从南端的永定门一步步迈向鸟巢的场景，正是古今辉映的最佳案例。

这条已有约800年历史的中轴线至今仍在影响着北京的城市规划与日常生活——2019年投入运营的北京大兴国际机场，也是沿着这条中轴线规划建设的，被视作中轴线的“南大门”。在机场四楼值机岛E岛的背后，还设计有一处“一城一线一世界”的雕塑景观，就位于这条中轴线上。

上图：大兴国际机场
右页图：中轴线上的北京钟鼓楼

古今辉映 壮美秩序

灵感

故宫：从紫禁城到博物院

作为明清两朝的皇宫，故宫的旧名“紫禁城”取自天文学中的紫微垣，用以象征天子的居所。1911年，辛亥革命爆发，清朝灭亡，延续2000多年的帝制时代抵达尾声。为了实现政权的平稳过渡，新成立的中华民国临时政府依据《清室优待条件》，给予逊位的末代皇帝溥仪一系列保障，其中就包括允许他继续居住在紫禁城中。

1924年，冯玉祥发动北京政变，将溥仪逐出紫禁城，并夺取了一部分清宫珍宝。在此之前，溥仪已经开始有计划地偷运文物出宫，其中就包括《步辇图》《中秋帖》《伯远帖》《洛神赋图》《韩熙载夜宴图》等上千件书画精品和古籍善本。

1924年底，故宫开始了历史上第一次文物清点工作，直到1930年方告完工，统计共有文物117万余件（套）。1925年10月10日，故宫博物院正式成立，昔日的皇宫禁苑从此成为对公众开放的博物馆。

如今，故宫凭借其超过180万件（套）的文物收藏，跻身世界范围内最重要的博物馆行列。

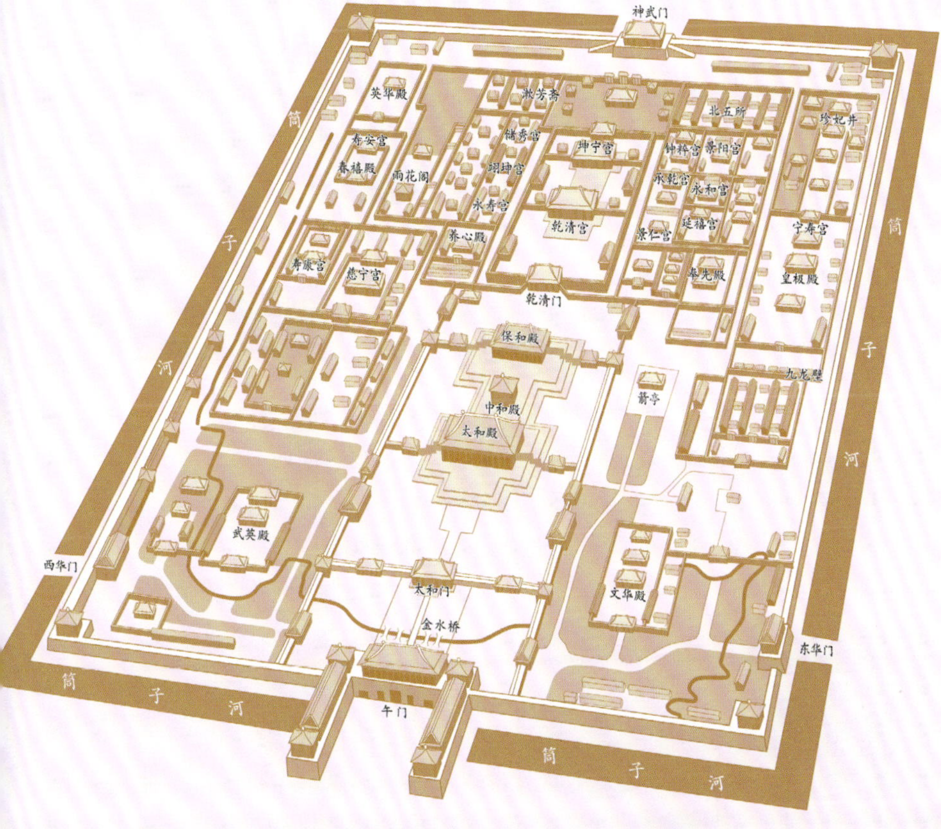

左页上图：故宫的垂兽
左页下图：金碧辉煌的紫禁城
上图：故宫宫殿分布图
下图：故宫的脊兽

故宫年票

文博爱好者们时刻关注着故宫的最新展讯，他们的参观重点往往不是地标式的三大殿，而是午门上的正殿与东西雁翅楼，或是文华殿、神武门——这几处场所是故宫主要的临时展厅，不定期地推出诸多重磅展览，其中不乏来自海外博物馆的临特展。频繁“进宫”看展的秘籍之一就是持有一张故宫年票（300元/张，可入院10次，不含钟表馆、珍宝馆）。一般于每年12月发售次年年票，一个日历年内有效，须在“故宫博物院”微信小程序购买。购买年票的过程可以用“火爆”来形容，一定记得定好闹钟。

4

5

1

2

3

常设展陈

参观故宫的秘诀之一就是不要在乎自己错过了什么，“进一寸有进一寸的欢喜”，我们推荐你可以重点关注几个常设展厅。

钟表馆（奉先殿）收藏了来自欧洲各国和清宫做钟处、广州的精品，不少钟表都极富中西合璧的风格。

珍宝馆（宁寿宫）无疑是最受欢迎的展厅之一，在皇极殿两庑的展厅内展出以金银、翠、玉、珍珠等珍贵材质为主的文物，其中包括定陵出土皇后凤冠、金瓯永固杯和翠白菜花插。珍宝馆内还有一处容易错过的石鼓馆，收藏着极为重要的十件先秦时期石鼓，这些石鼓自唐初于陕西宝鸡出土以来，一直为文人墨客所称颂，其上古拙的篆文记录了周王太史来秦宫与王出游的故事，有着极高的历史和艺术价值。乐寿堂内展示着一座巨大的青玉大禹治水图山子，由扬州工匠历时6年在一件完整的和田玉上雕刻而成。

1.金嵌宝石炉瓶盒
2.青花喜鹊登梅图如意耳扁壶
3.点翠嵌珍珠宝石金龙凤冠
4.官窑粉青釉弦纹盘口穿带瓶
5.黑漆描金木楼钟

到底有多少个故宫？

严格地说，“故宫”一词并非北京故宫专属，而是可以用来指代一切昔日王朝的宫殿。因此，南京有明故宫遗址，沈阳也有努尔哈赤时期修建的沈阳故宫。在定都北京后，沈阳的宫殿成为盛京行宫，最终也在民国时被改建为博物馆。

1933年初山海关沦陷，北平局势危急，故宫博物院决定将文物南迁至上海、南京，淞沪会战后再分三路西迁，最终抵达四川。抗战胜利后，故宫文物被送往南京。在随后的国共内战中，一部分文物（2972箱）迁往台湾，成为今日台北故宫博物院的收藏。中华人民共和国成立后，一部分文物（2211箱）仍然保留在南京博物院的朝天宫库房内，绝大多数文物（1万余箱）则被运回北京故宫。

2022年，香港故宫文化博物馆落成开馆，长期展示一部分来自北京故宫的文物收藏。同年底，位于北京海淀西北旺一带的故宫博物院北院区破土动工，预计将于2025年建成，有望极大改善故宫博物院的文物展览条件。

陶瓷馆（武英殿）非常值得一看，展品从馆藏的36万件陶瓷文物中精选而出，可称之为中国最出色的陶瓷展厅之一。展陈年代覆盖从新石器时代到民国，其中不乏非常重要的陶瓷作品，如青釉堆塑谷仓罐、北朝青釉莲花尊、青花釉里红镂雕怪石花卉图盖罐等。这也是为数不多可以尽览宋代五大名窑的展厅，能看到著名的汝窑淡天青釉弦纹三足樽式炉、官窑粉青釉弦纹瓶。

雕塑馆（慈宁宫）分为雕塑荟萃馆、汉唐陶俑馆、砖石画像馆、修德白石馆、佛教造像馆等五个展厅，其中不仅展出了来自西安的兵马俑原件，还包括大量河北曲阳的白石造像，在以传世文物为主的故宫，这些造像是相对“另类”的出土文物。

此外，故宫的书画、青铜器、家具收藏也非常值得一看，本书调研时，这几处专题展厅正在改造中。

上图：青花釉里红镂雕怪石花卉图盖罐
下图：香港故宫文化博物馆

2天
中轴线精华之旅

你至少需要预留两天时间才能走马观花地看到中轴线的精华部分，当然，这也是北京的精华部分。从天安门广场到故宫，从天坛到南锣鼓巷，你至少可以自豪地声称："我去过北京。"

上图：天安门城楼
右页图：北京钟鼓楼

第1天

早起，汇入汹涌的人潮前往❶**天安门广场**（见191页）。你可以站在广场上向四周眺望，国家博物馆、正阳门、人民大会堂、天安门分列于广场的东南西北，广场中央的毛主席纪念堂和人民英雄纪念碑也总是挤满游客。如果你想要获得《开国大典》的"同款机位"，可以预留一些时间登上天安门城楼。

沿着中轴线前往❷**故宫**（见187页）的午门，在这里检票进入这处世界上规模最大的宫殿与博物馆。参观故宫的时长因人而异，但即便是走马观花，也至少需要两个小时才能勉强看完中轴线上那些主要建筑，这是大多数人初访故宫的线路。如果还有余力，不妨多关注一下遍布故宫的各大展厅，里面的文物也是这座博物院的精华所在。慈宁花园附近有一座冰窖餐厅，可以解决午饭或下午茶。出神武门后，赶在黄昏来临时登上❸**景山公园**（见200页）。想要一览北京的中轴线，山顶的万春亭当然是最佳拍摄点。我们推荐你绕行至景山东面的明思宗殉国处上山，再从西面的辑芳亭、富览亭一侧下山，迎面而来的是夕阳里的北海风光。

故宫东面的北池子大街上有一些不错的餐厅，餐后再远眺一番夜色中的角楼，给第一天画上一个圆满句号。

贴士 四季民福烤鸭店（故宫店）有可以望见故宫的座位——当然一座难求。好在店内的烤鸭出品足够出色，非常适合初来北京的游客"打卡"。

第2天

☀ 你可以乘地铁直达天坛东门或天桥（天坛的西门），但如果你非常注重参观❹**天坛公园**（见233页）的仪式感，那我们推荐的是交通最为“不便”的南门昭亨门。从这里沿着天坛的中轴线，依次向北参观圜丘和皇穹宇（回音壁），最后于甬道尽头望见祈年殿。

☀ 乘地铁8号线前往❺**南锣鼓巷**（见218页），你可以在胡同中找到各式餐厅解决午餐。这处商业街区最迷人的部分其实在游人喧嚣的主路之外，从清朝王爷到近现代文艺名人，你可以在这里找到各色人等的旧居。别忘了去看一眼南北并列的❻**北京钟鼓楼**（见214页），这是北京中轴线上的特殊设计。南面不远处的❼**万宁桥**（见216页）始建于元代，是中轴线上最古老的桥梁。

☾ ❽**什刹海**（见216页）是北京著名的酒吧区，在这里找一家酒吧或餐厅，欣赏北京迷人的夜色。

贴士 如果你是带孩子旅行，还可以抽空去一趟天坛西门附近的国家自然博物馆。节假日期间一票难求，记得预约门票。

4天

中轴线全景之旅

4天时间足够你从南到北，充分了解这条轴线如何塑造了北京建筑景观的秩序。你也将有更充裕的时间参观故宫、国博等重要博物馆——当然，待在展厅里的时间总不嫌多。

上图：前门牌楼下的铛铛车

1.彩绘木雕观音菩萨坐像
2.绿釉陶男俑
3.画珐琅五蝠碗
4.击鼓说唱俑

第1天

☀ 乘坐地铁前往永定门外，然后步行前往❶**永定门城楼**，这是北京中轴线最南端的标志性建筑。城楼虽为复建，但附近的中轴线南段道路遗存（御道）是货真价实的清代遗存。然后从这里前往天坛的西门，花费半天时间游览这处中国现存规模最大的祭祀建筑群。

☼ 先去参观在❷**先农坛**（见234页）基础上改建而来的北京古代建筑博物馆，然后前往❸**大栅栏**（见237页）和❹**前门大街**（见236页），充满历史感的街区中散落着丰富的名人故居和各地会馆，也能找到不少有趣的餐厅和小店。不要错过前门礼遇中轴线文创。

☾ 如果你喜爱文艺演出，可以去❺**天桥**的德云社听一场相声，天桥艺术中心或天桥剧场也有丰富的演出。

你还可以体验……

如果你执着于了解中轴线的"前世今生"，可以继续一路向北——在美妙的"蓝调时刻"中，亮起灯光的鸟巢、水立方、奥林匹克森林公园共同勾勒出这条中轴线的现代面孔（见44页）。

贴士 天坛会开放至22:00，但只有周末或节假日时，祈年殿才会亮灯。如果赶上了，不妨把天坛安排至黄昏以后参观。

第2天

☀ ☀ 赶早前往天安门广场东面的❻**中国国家博物馆**（见194页），参观这座博物馆至少需要预留一整天的时间。建议你优先参观地下一层的古代中国展厅，这里集中了中小学教科书上的众多明星文物。如果时间、体力允许，再继续参观青铜器、佛造像、复兴之路等展厅。在结束了国博的高强度参观后，你可能已经精疲力竭。但还是要打起精神，不要忘了进❼**天安门广场**（见191页）与那些最重要的地标性建筑合影。

☾ 去❽**王府井大街**（见201页）吃晚饭，东堂有好看的夜色，久负盛名的北京人民艺术剧院也在这条街上，建议提前查询演出计划并在线购票。

贴士 如果早起参观天安门广场的升旗太具挑战，不妨在参观完国博后，把降旗仪式作为"平替"。可提前通过"天安门广场预约参观"小程序预约。

第3天

☀ 和前一天一样幸运的是，你有整天的时间留给故宫。但“不幸”的是，参观故宫绝不会比国博更省力。

你可以先去天安门城楼上换个视角欣赏天安门广场，然后在中轴线东西两侧的⑨**太庙**（见192页）或社稷坛坐落其中的⑩**中山公园**（见200页）中择一游览，感受“左祖右社”的空间秩序。所有游客都会从午门进入⑪**故宫**（见187页），午门如今也是一处重要的临时展厅，一些热门展览往往大排长龙。过太和门参观故宫中轴线上的“前朝后殿”等主要建筑，你也将有更多时间探索东西六宫和文华殿、武英殿、珍宝馆、钟表馆等众多展厅。

☾ 在夜色降临前登上⑫**景山公园**（见200页）欣赏故宫的全景，或前往暮色中的⑬**北海公园**（见199页）歇脚，舒缓一天的疲惫。

贴士 节假日期间前往故宫的游人众多，从天安门进入将非常拥挤。我们推荐你从长安街进入太庙，再前往故宫位于午门的检票处，可以巧妙避开拥挤的人群。

上图：太庙
右页上图：什刹海银锭桥
右页下图：什刹海日落

第4天

☀ 赶在旅行团到来前进入⑭**恭王府**（见215页），如果意犹未尽，可以继续探索⑮**什刹海**（见216页）周边众多的名人故居、前清王府或纪念馆。然后去⑯**北京钟鼓楼**（见214页）下找一家餐厅享用午餐。

☀ ⑰**南锣鼓巷**（见218页）中有不少小店和名人故居值得探访。无论是骑行还是徒步，你都可以轻松地穿越宜人的胡同街巷，继续前往⑱**雍和宫**（见213页）、⑲**孔庙和国子监博物馆**（见214页）等周边景点。

缤纷双奥之城

作为全球首个举办过夏季奥运会和冬季奥运会的城市，北京早已将奥林匹克精神镌刻在了自己的城市肌理中。

左图：奥林匹克森林公园
右图：“冰丝带”和“钉子塔”

从2008年的热血沸腾到2022年的冰雪奇缘，北京以它独特的方式将奥林匹克精神传递给世界各地的旅人。这里推荐的路线，将带你深入探索这座“双奥之城”的多样魅力。从充满活力的奥林匹克公园，到焕发新生的首钢园，再到静谧优美的延庆奥林匹克园区，每个地方都见证了奥运带给这座城市的改变与创新。无论是站在鸟巢前，感受那份昔日的喧嚣与荣耀，还是在首钢的工业遗址中，穿越时光触摸到这座城市的坚韧，北京的奥运旅程从来不只关乎竞技，它更多的是一种对历史与未来的思考和体验。

准备好了吗？让我们一起走进这座缤纷多彩的双奥之城，去发现那些藏在奥运场馆与城市角落里的故事与奇迹。

2008年
北京夏季奥运会大事记

2001年
7月13日
北京成为2008年奥运会主办城市。

2003年
8月3日
会徽“中国印 · 舞动的北京”在北京天坛祈年殿正式发布。

2005年
6月26日
北京奥组委宣布第29届奥运会主题口号：“同一个世界，同一个梦想”（One World，One Dream）。

2005年
11月11日
奥运会吉祥物在北京公布。

2007年
4月26日
奥运会火炬接力传递计划路线及火炬在北京中华世纪坛发布。

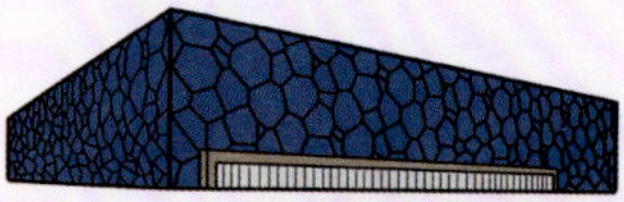

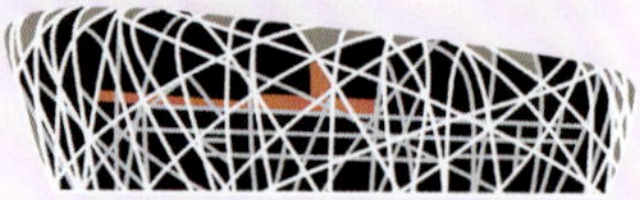

2008年
8月8日
奥运会开幕。

2008年
8月24日
奥运会闭幕。

2022年
北京冬季奥运会大事记

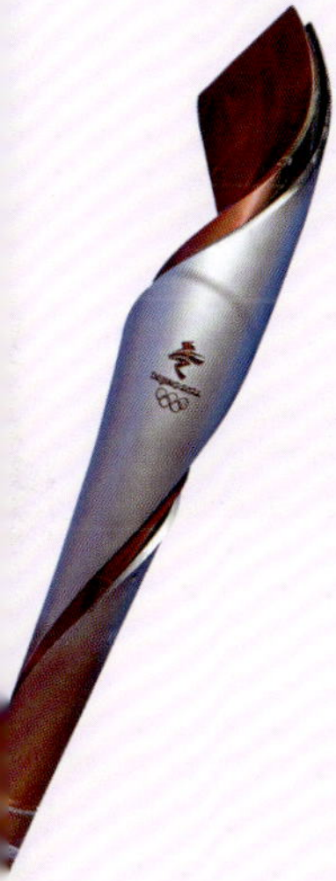

2017年
12月15日
冬奥会会徽“冬梦”和冬残奥会会徽“飞跃”在国家游泳中心水立方正式亮相。

2019年
9月17日
冬奥会吉祥物“冰墩墩”和冬残奥会吉祥物“雪容融”揭开面纱。

2021年
2月4日
冬奥会和冬残奥会火炬“飞扬”正式亮相。

2021年
9月17日
冬奥会主题口号“一起向未来”（Together for a Shared Future）正式公布。

2022年
2月4日
冬奥会开幕。

2022年
2月20日
冬奥会闭幕。

2天 奥运与科技文化探索之旅

这条线路将带你深度体验两次作为奥运赛场的奥林匹克公园周边。从曾经的奥运比赛场馆，到新近落成的各种历史、文化与科技博物馆，感受“双奥之城”的独特魅力。

上图：国家游泳中心（水立方）
右页图：国家速滑馆

第1天

一天的行程从标志性的❶**国家体育场（鸟巢）**（见274页）开始，这座体育场以其独特的钢结构而闻名，承载着2008年奥运会和2022年冬奥会两次开幕式的辉煌。绕着宏伟的场馆走一圈，感受设计的现代感与力量吧。鸟巢南侧有一家❷**北京奥运博物馆**（见276页），记录了北京承办两次奥运会的点点滴滴，展示了从火炬到奖牌的珍贵文物，重现了那些振奋人心的比赛时刻，不妨花上一小时细细游览。带孩子的游客，千万不要错过可以虚拟体验各种奥运会项目的体验区。离开鸟巢，步行几分钟即可到达❸**国家游泳中心（水立方）**（见274页）。白天，这座蓝色的建筑如同一颗晶莹剔透的水晶。你可以买票进入会场参观，或者去地下一层的水上乐园尽情玩乐。

下午参观❹**中国工艺美术馆**（见277页），深入了解传统与现代的艺术工艺。晚上在横跨公园中心区地下的北投新奥购物中心找一家餐厅无疑是性价比最高的选择。无论是本地风味还是国际连锁餐饮，你都能找到适合自己口味的食物。

你还可以体验……

如果你是科技迷，可以前往中国科学技术馆（见276页），享受互动的科学体验。历史爱好者可以选择中国共产党历史展览馆（见277页），探索建党的光辉历程；而中国考古博物馆（见277页）则会带你穿越古今，揭示中国数千年的文明历程。

第2天

☀ 对体育迷来说，❺国家速滑馆（见274页）是必打卡的现代体育建筑，它曾是2022年北京冬奥会的速滑比赛场地。

☀ ☾ 漫步于❻奥林匹克森林公园（见280页），这处城市绿洲为你提供了一个远离城市喧嚣的宁静空间。公园内有不少徒步小道，适合慢慢探索。夕阳西下，登上❼北京奥林匹克塔（见275页）。这座摩天塔提供了360° 的观景平台，让你可以俯瞰整个奥林匹克公园和周边地区。远眺北京的天际线，夜幕降临的灯火辉映出城市的独特魅力。如果还有精力，下塔后可以再回到鸟巢和水立方欣赏夜景。入夜的水立方被梦幻的灯光点亮，闪烁着水波般的光影；鸟巢则被璀璨的灯光环绕，金属结构在光影交错中熠熠生辉，宛如一件发光的艺术品，散发着独特魅力。

贴士 鸟巢经常承办大型体育赛事和演唱会，计划参观前（尤其是周末）不妨先去“鸟巢”微信公众号查询相关安排，尽可能避开这些拥挤时段。

3天 冬奥古今穿越之旅

这条“穿越古今”的线路，将带你先后游览2022年冬奥会主赛场之一的首钢园、举办过2013年中国（北京）国际园林博览会的北京园博园（包含复建了多座国内经典园林的中国园林博物馆），以及全民族抗战的爆发地——始建于金代的卢沟桥。

第1天

从❶**首钢滑雪大跳台**开始一天的行程。如果坐地铁来，你可以在金安桥站下车。将园区完整游览一圈需2—3小时。中午你可以在❷**六工汇购物广场**逛街并用餐，这个由旧工业建筑改造而成的购物中心结合了复古与现代元素，是体验北京新兴潮流文化的热门打卡点。

位于首钢园北部一高炉旧址的❸**SoReal科幻乐园**（见316页）提供各种富有未来感的科幻体验项目。你还可以前往不远处的❹**功碑阁**，俯瞰北京美景。

夜幕降临，首钢园区内灯光亮起，异彩纷呈，仿佛赛博朋克世界。

贴士 园区大部分商户10:00才会开门，若来得早，可先游览其他室外区域。

第2天

今天的游览从❺**北京园博园**（见317页）开始。中国园林博物馆馆内完整复刻出了苏州畅园、扬州片石山房与广州余荫山房三座国内极具代表性的园林。领略过古典园林的风韵后，如还有兴趣与时间，可以在园博园中继续漫步，除了全国各地充满当地色彩的展区外，南侧的阿拉伯园附近是最有异域风情的地方。

从园博园南门至❻**卢沟桥**（见314页）东门景区入口，可搭网约车（约10元）或骑共享单车（约15分钟）。之后走上这座令马可·波罗赞叹不已的古桥参观吧。卢沟桥景区内东岸桥头的卢沟桥历史博物馆16:30闭馆，若想深入了解这座桥的历史经纬，记得提前到达。

沿原路从东门离开卢沟桥后，即是❼**宛平城**（见314页）的范围了。现在城中的核心区域中国人民抗日战争纪念馆是难得晚间仍然开放的博物馆。在这里你将会对这段长达14年的苦难岁月有更深的理解。抗战纪念馆21:00闭馆，至少留出1—1.5小时参观。

贴士 著名的“卢沟晓月”本指的是破晓时分的景色，但由于现在的开园时间限制，你最可能欣赏到接近这一景色的时段就是闭园前的黄昏（夏季接近19:00，冬季接近17:00）。若是个有月亮的晴天，在景区内待到闭园前最后一刻，会让此行格外有意义。

左页图：首钢园三高炉夜景
上图：卢沟桥石狮子
中图：北京园博园梦唐园
下图：首钢滑雪大跳台

第3天

8 **延庆奥林匹克园区**（见341页）是2022年北京冬奥会高山滑雪和雪车雪橇项目的举办地。冬季可滑雪与体验雪车，其他季节也可玩公路滑车及参观冬奥会场馆。

若需过夜，附近的海坨山谷度假区有很多民宿，也可以住在由冬奥运动员村改造而来的冬奥村度假酒店。

你还可以体验……

继续向西，可前往戒台寺或潭柘寺，两寺推荐路线可参考“古寺名刹之旅”（见136页）。

长城巡礼

一句“不到长城非好汉”，让无数国人心中都怀着一个“长城梦”，而其中一大部分人，都选择到北京来圆这个梦。

上图：层林尽染的八达岭长城

对很多人来说，登长城不仅是一种身体上的攀登，更是一种文化与精神上的追求。这座巨大的古代工程，不仅象征着中华民族的坚韧与智慧，也承载着一代又一代人的家国情怀。长城蜿蜒在山脊之间，仿佛一条纽带，将古今连接在一起。无论是在八达岭的城墙上俯瞰，感受历史的厚重，还是站在九眼楼上远眺无人的山脉，体验荒凉与孤寂，每个人都能在长城上找到自己的故事。

十三陵则是北京另一不容错过的历史文化景观。它位于昌平区群山环抱之间，是明朝十三位皇帝的陵寝所在地。这里不仅是皇权与封建礼制的象征，更像是一部关于明朝兴衰的沉默史书。走在石牌坊和神道之间，巨大的石像生立于路旁，仿佛守护着这一片神秘而宁静的土地。长陵、定陵、昭陵等主要陵寝各具特色，而定陵地宫的发掘，更是揭开了中国古代帝王墓葬的神秘面纱。

长城与十三陵，一者为生前的坚固屏障，一者为死后的静谧归处，二者共同构成了北京无与伦比的历史风景，也让每一位到访者都感受到浓厚的文化传承与历史的重量。

灵感

什么是长城？

游长城小贴士

- 长城城墙上没有树木可以遮阴，请做好防晒保护。
- 即使在开放的长城景区，接近直上直下的陡坡也并不罕见，还有一些非常崎岖难登的部分。好在各个景区都提供了较为简单的替代路线选项，请量力而行。即使没爬到那些最难的部分，只要安全归来，你也一样是“好汉”。
- 大多数长城旅游团都有固定的游览路线，一般只会集中在某个入口附近的一小片区域。想体验人更少、更安静的长城，可以选择避开这个区域。

右页图：八达岭长城

不到长城
非好汉

爬长城，怎么选？

北京为数众多的长城景区常让旅行者挑花了眼。我们总结了常见长城景区各自的特色：

八达岭长城

称得上北京最知名的长城，景区开放规模巨大，从北京市区往返乘坐公交也最方便，还可以跟十三陵、八达岭森林公园或京张铁路遗迹组成一日游。但这里游客也最多，尤其是暑期和节假日人头攒动的场面，可能让观感大打折扣。

慕田峪长城

开放区域同样很大，可玩性很高，与八达岭相比国内游客更少，却很受外国游客欢迎。北京市区往返交通略不便（公交需换乘，直达大巴较贵）。适合自驾游，或跟红螺寺、雁栖湖等怀柔区景点联游。

居庸关长城

景区没有前两者大，但可以同时游览长城和居庸关关楼，公交也较方便，大部分区域游客较少，适合时间有限想“一举两得”的旅行者。

黄花城水长城

部分城墙连入水中，湖光山色交织，景色独树一帜。但交通不便，票价也较高，且需另买船票才能玩得尽兴。适合自驾游、亲子游和想体验泛舟乐趣的旅行者。

响水湖长城和九眼楼长城

响水湖长城和九眼楼长城的规模都不大，交通也较不便，因此游客相对少，可以轻易拍出“无人大片”。前者可体验几乎直上直下的真正“好汉坡”，后者则拥有万里长城规格最高的九眼敌楼和保存完好的明代兵营遗址，适合另辟蹊径的旅行者。

此外，北京还有为数众多的未开放旅游的长城，俗称“野长城”。有些人觉得目前开放的长城景区修缮过度，丧失了长城遗迹应有的韵味，因而另辟蹊径，去攀爬那些没有修缮也没有开放旅游的城墙。虽然“野长城”未经修缮，保持了原始风貌，但许多路段年久失修，石块松动，道路狭窄且没有护栏，旅行者极易滑倒或摔落。同时，因为这些长城大多地处偏远，一旦受伤，救援十分困难。因此，建议不要攀爬任何未开放区域的长城。如果实在想感受长城的原貌，推荐去开放景区中修缮最少的司马台长城，可在安全与“原生态”中取得一定平衡。

左页上图：居庸关长城
左页下图：司马台长城
上图：火车穿越居庸关长城花海
下图：夕阳下的火车

坐火车游北京

如果你想要前往远郊区的景点，不妨考虑火车与公交/打车组合的出行方式，往往能节省许多交通费用和旅途时间。城际列车可通过12306网站或App购票，如北京北站、清河站前往呼和浩特、太原等地的动车组会途经八达岭长城站（注意与S2线的八达岭站区别），出站后步行即到八达岭长城景区。

北京也已建成多条市郊铁路，支持一卡通刷卡或扫码乘车。北京站、北京西站有市郊列车（城市副中心线）往返乔庄东站，换乘通游专线7路即可到达北京城市图书馆、北京大运河博物馆；北京北站、清河站有市郊列车往返昌平北站（可前往十三陵、白浮泉）、雁栖湖站（可前往红螺寺、慕田峪、雁栖湖）、黑山寺站（可前往云蒙山、黑龙潭、桃源仙谷）和古北口站（可前往金山岭、司马台、古北水镇）；昌平区境内的黄土店站有S2线往返八达岭站，这一线路仍沿老的京张铁路行驶，会在青龙桥站换向——你可以在旅途中重温列入语文课本的《詹天佑》一文。

微信公众号“北京市郊铁路”提供最新的车次时刻和票价。你也可以参考由个人开发者制作的“中国铁路地图”（cnrail.geogv.org），直观了解各地的车站分布。

另辟蹊径
原始风貌

1天 八达岭长城与十三陵

这条线路适合时间非常有限的旅行者，可以在一天内快速游览长城和十三陵各自最著名的部分，建议多带些干粮和饮用水，攀爬长城非常消耗体力。

清晨在德胜门箭楼西北侧乘872路前往定陵，全天的行程非常满，最好赶上7:30的首班车，这样后面才会比较从容。到达定陵前，公交车会经过❶**十三陵景区大门**，这座红色大门拥有三个标志性的门洞，此时在右手侧还能看到十三陵的下马碑。经过神道，而后到达唯一被打开地宫的中国古代帝王陵墓❷**定陵**。

下午乘坐公交车到达❸**八达岭长城**（见334页）。检票进入景区后首先到达的是❹**瓮城**。有两条游览路线，北线路线较长、游客也更多，南线短且陡峭，但游客较少。由于此时已是下午，我们不建议同时游览南北两线，除非搭配缆车及滑车以节省时间。之后可前往❺**八达岭站**乘坐市郊铁路S2线回到北京市区。这条线路大部分区段仍行驶在詹天佑主持修建的京张铁路原线上，发车不久即经过著名的“之”字形爬坡路段。

你还可以体验……

如果你的时间没有那么紧张，建议将八达岭长城和十三陵分两天来体验。这样既可以顺道游览八达岭长城附近的八达岭国家森林公园和京张铁路青龙桥站等地点，也有时间去参观十三陵的神道、长陵、昭陵等区域。如果你不执着于去八达岭长城，其南侧的居庸关长城（见335页）尽管规模稍小，却也可以让你体验到长城的巍峨与关隘的雄奇。且因游客更少，你“漫步长城”的照片会更好看。

贴士 返程乘坐S2线列车尽管更有历史意义，但用时较长，且遇上节假日很可能没有座位。若在节假日出行或希望早点回到市区，可提前购买八达岭长城站至北京北站或清河站的动车票，只需20—30分钟即可回到市区。

左页图：冬日的八达岭长城
下图：十三陵长陵

1天 慕田峪长城与雁栖湖

这条线路可以带你体验规模超过八达岭长城的另一著名长城区段：慕田峪长城。你在臣服于山的巍峨之余，还能在自然风光与国际化并存的雁栖湖感受水的灵动。

上图：慕田峪长城秋色
右页图：雁栖湖国际会展中心

☀ 在地铁东直门站C口搭乘慕巴士前往❶**慕田峪长城**（见335页），约一个半小时后可到达慕田峪长城入口。建议南线与北线择一游览。若想在中午前游遍两条线路的20座敌楼，则需结合缆车与滑道。

☀ 中午从慕田峪长城景区入口搭网约车前往❷**雁栖湖**（见341页），目的地建议选择湖东岸京加路附近的虹鳟鱼馆，各家的价格和味道都差不多。饱餐一顿后，可沿雁栖湖路骑行。而后前往❸**西山栈道**，沿指示牌攀登约10分钟后可到达观景台，将雁栖湖景色尽收眼底。继续前行，经过造型别致的❹**雁栖湖国际会展中心**，到达❺**雁栖湖站**。从雁栖湖站乘坐动车组列车前往北京北或清河站约需1小时。

你还可以体验……

慕田峪长城东南侧的红螺寺（见339页）是京北名刹，可将其与慕田峪长城放在一天中游览。雁栖湖西北侧的雁栖岛，是很多旅行者可能错过的“秘境”。雁栖湖南侧有两家各具特色的书店：中信书店和藏书房的图书选品都非常有格调，自驾者可顺路游览。

贴士 自驾者可将车停在雁栖湖东门附近的京加路辅路，两侧有免费停车格。西山栈道可能会在11月至次年3月的防火期关闭，建议提前在微信公众号“北京雁栖湖”查看相关通知。

慕田峪长城
国家级旅游景区
1 慕田峪长城
神堂峪自然风景区
九谷口
自然风景区
G111
通怀路
雁
栖
河
范崎路
京加路
怀柔北站
雁栖湖
2 雁栖湖
怀黄路
雁栖湖西路
西山步道
3
红螺寺
景区
圣泉山
旅游风景区
雁栖湖国际会展中心 4
雁栖湖站 5
京
密
引
水
渠
雁
栖
河
S227
G111
杨雁路
雁栖大街
怀
沙
河
怀黄路
靶场路
红螺寺路
0
2.5 km

1天
九眼楼长城与银山塔林

这一线路适合有条件自驾的深度历史爱好者，你可以在一天中先后造访金代塔林与万里长城中规格最高的九眼敌楼，途中还可沿京畿长城国家风景道欣赏一路“如影随形”的长城景观。

第1天

☀ 从北京市区出发，沿安四路前往❶**银山塔林**（见340页）。银山塔林游览需1—2小时，有余力者可选择登上景区最高的中峰顶，但如果你想为下午的行程保存体力，也可在转腰塔折返。

沿安四路向北，可先导航至❷**黄花城水库**公交站，这里可以让你免费欣赏到“水长城”景观。继续向北进入❸**京畿长城国家风景道**最精华的路段，盘踞其上的长城始终与你相伴。而后到达“万里长城第一楼”的❹**九眼楼长城**（见336页）。尽管九眼楼长城闭园后不清场，但天黑后下山非常危险，请妥善安排行程。

贴士 九渡河桥的加油站是之后几十公里内唯一的加油站，若车辆剩油不多，建议在此加满。
安四路尽管景色优美，但全线（尤其是北段）都是北京摩托车爱好者的胜地，大量“摩友”在此风驰电掣，驾车务必注意安全，不要在路边随意停车，尤其是转弯处，以免造成事故。从九眼楼长城返回北京市区至少需2—3小时，且前半段大都是山路，夜间驾驶务必注意安全。

你还可以体验……

如果你的时间与体力都充裕，可中途前往黄花城水长城（见335页），简单游览约需2小时。

左页图：银山塔林
上图：黄花城水库
下图：初夏的九眼楼长城

探访皇家园林

“三山五园”承载着悠久的历史和雍容的皇家风尚，也为这座城市记录着四时变幻的风景。

北京营建皇家园林的历史几乎与其建都历史相伴始终。历史悠久的北海自辽金时期开始，就已经成为世界上最古老的皇家园林，而它延续至今，转而成为人们所熟知的童谣意象。

金章宗时期，在城西的香山、玉泉山一带修建了行宫，形成著名的“西山八大水院”，其中的一些构成了如今所见寺院、园林的前身，比如清水院是大觉寺，而潭水院所在的位置大致是今天的双清别墅——正如地名“海淀”所示，这里历史上就分布着许多湖泊、湿地，加上邻近西山，兼具自然山水之胜，因此成为营建园林的理想之地。

北京自元代成为统一王朝的都城以来，北海、中海、南海都被圈入都城之内，而西山诸园也始终是京郊名胜。各大皇家园林的营建广泛吸取江南乃至欧洲的园林风格，杰出的造园艺术也曾引领欧洲的中式园林风潮。北京城内外的园林营建历经数个世纪而不辍，是世界园林史上的典范之作，不仅极大地拓展了城市空间，也使这座古老的都城成为一座庞大华丽的园林城市。

如今，京西的山水形胜之处多已成为对市民、游客开放的公园，而且常看常新——在不同时节、天气下走进其中，你总会有全新的感受。

上图：北海公园

北京的“三山五园”

清代统治者在西山一带修建“三山五园”，使这片区域一跃成为足以和紫禁城并称的政治与文化中心。

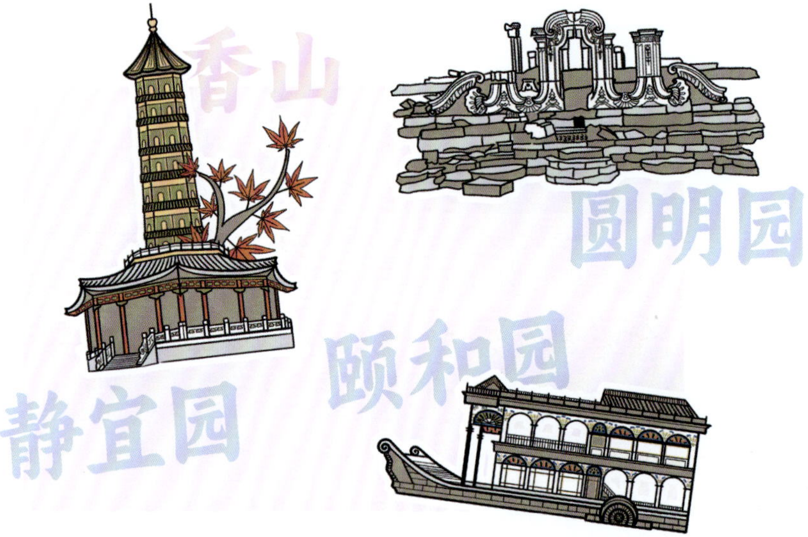

建设

清代是北京营建皇家园林的鼎盛时期。入关的满族统治者不太习惯北京的酷暑，因此在京郊大兴土木，作为避暑的行宫。顺治时便在南郊的明代南海子基础上修建了南苑行宫，这里地势低洼、水面密集，因此被作为皇家猎苑。但人们往往更熟悉这一带的近代历史：清宣统二年（1910年），中国历史上的第一座机场南苑机场在此建成通航；1985年，已经在中国绝迹的麋鹿又从英国引进回国，安置在它们祖先曾栖息的南海子，如今在南海子公园里还有南海子麋鹿苑博物馆和北京麋鹿生态实验中心。

从清康熙十四年（1675年）开始，西郊取代南苑，成为皇室的“新宠”。此后的几年内，相继建设了香山行宫、玉泉山行宫和畅春园，使京西成为进入夏季后的权力中心。各种工程（比如皇亲国戚和朝廷重臣的宅邸园林）也随之而来，掀起了一次建设高潮。

到了乾隆时期，清朝的国力臻于鼎盛，海淀西山一带的庞大工程相继上马，最终在前代基础上建成了著名的“三山五园”。

万寿山

什么是“三山五园”

“三山五园”中的“三山”山即香山、玉泉山、万寿山，“五园”即畅春园（今北京大学一带）、圆明园、玉泉山静明园、万寿山清漪园（今颐和园）、香山静宜园（今香山公园）。但事实上，西山的皇家园林十分密集，三山五园只是其中最具代表性的几座。

畅春园

玉泉山

静明园

损毁

清咸丰十年（1860年），在第二次鸦片战争中，英法联军焚毁了西郊的各大园林，圆明园正是在这次战争中遭受重创。此后的同治年间，虽有计划要重建西郊园林，但终因财力困窘未能实现。时至光绪年间，慈禧太后“还政”时重建了清漪园的前山部分，后取“颐养冲和”之意而更名为颐和园。这次重建的经费甚至挪用了北洋水师的款项，不免使人将其与10年后的甲午战争惨败联系起来。而重建的颐和园同样命途多舛，在八国联军侵华时再次遭到破坏，宫殿内的文物陈设遭到抢劫，而许多残存建筑、古树名木则是遭到了周边百姓和八旗驻军哄抢破坏。战争平息后，清廷再次耗费40余万两白银进行修复，直到清光绪三十四年（1908年）慈禧去世，颐和园一直是她主要的活动场所。

重生

颐和园尚“有幸”被重建，圆明园、畅春园却再未被恢复。圆明园残存的西洋楼遗址成为中国近代史上饱受侵略者欺侮的标志，以十二水法铜兽首为代表的大量珍贵文物更流散至世界各地。21世纪以来，十二兽首中的7件已经回归北京，分别安置于中国国家博物馆、保利艺术博物馆和圆明园博物馆。畅春园的“存在感”甚至更低，地表上仅存恩佑寺、恩慕寺的两座小型琉璃山门，就在北京大学西门外。这两座园林残存的许多建筑构件、名石古木被搬运至别处，在如今的颐和园、北平图书馆旧址、北京大学等地，都保留着昔日圆明园、畅春园的遗物。在游览过程中，你不妨注意一下这些文物的前世今生。

上图：颐和园佛香阁

2天
皇家园林精华之旅

这条线路将带你一览北京皇家园林的精华，两天的行程，足够让你在舒适的节奏中，感受京城悠久的历史和雍容的皇家风尚。

上图：颐和园十七孔桥
右页上图：北京大学未名湖
右页中图：北京秋日的银杏叶
右页下图：圆明园遗址公园

第1天

☀ 早起前往市区西北的❶**颐和园**（见296页），这座园林是清代官式建筑的集大成者。旅行者的入口通常是靠近地铁4号线的北宫门，如果只有半天的游览时间，你很难深入颐和园的南面和西面，建议你在参观完苏州街和四大部洲后再前往佛香阁，沿着昆明湖的北岸去德和园与颐和园博物馆。如果时间充裕，也可以继续向南去看十七孔桥，然后从东面的新建宫门离开。

☼ 从颐和园继续前往有“万园之园”美誉的❷**圆明园遗址公园**（见297页），尽管惨遭毁坏，这座园林仍然有着丰富的遗存。如今的圆明园涵盖昔日的绮春园、长春园和圆明园三座毗邻的皇家园林，最著名的西洋楼遗址位于东北角的长春园内，这曾是一片比想象中规模大得多的西洋风格建筑群。在参观结束前，不要错过南门出口处附近的正觉寺，如今这里是圆明园博物馆。

你还可以体验……

对那些精力充沛的旅行者而言，还可以在第一天行程中挤出一两个小时，逛一逛不远处的北京大学（见301页），校园纳入了清代的若干座皇家园林，著名的“一塔湖图”便是从淑春园演化而来的。

贴士 你可以从颐和园博物馆附近的东门或十七孔桥附近的新建宫门离开颐和园，两处都有公交车可前往4号线西苑地铁站，地铁站C口有商业综合体，可以在这里解决午餐。

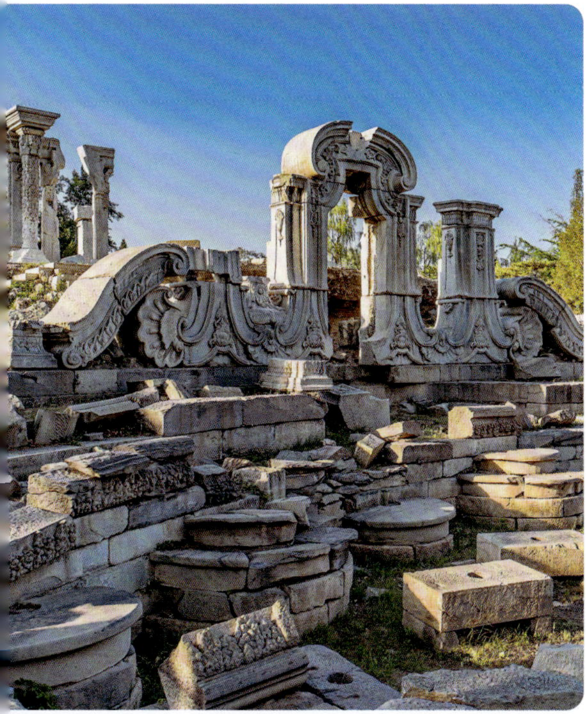

省钱之道：公园年票

尽管北京的景点门票已经非常便宜，但还有更省钱之道。北京公园年票（100元）一般在前一年12月中开始发售，至次年1月底前可无限次进出颐和园、天坛公园、北海公园、中山公园、香山公园、景山公园、北京动物园、玉渊潭公园、大观园、地坛公园等16座公园（不含园中园、二道门票）。可通过微信公众号“畅游公园”查询办理电子卡，市属各公园也都可通过该公众号单独购票。

第2天

☀ 在晨光熹微中，跟随晨练的“老北京”一同涌入风光旖旎的❸**北海公园**（见199页）。你可以从南门一侧的团城开始游览，上琼华岛，访先蚕坛，然后抵达北海的北岸，这里保留着大片珍贵的古建筑群，不要错过用金丝楠木修建的大慈真如宝殿和全国仅存三座的九龙壁之一。

🌤 你需要一些耐心来等候无尽的旅行团，❹**恭王府**（见215页）通常在临近关门时分才会回归宁静，因此十分考验你规划行程的能力。在欣赏过如此多皇家园林后，不如在行程的末尾回归什刹海畔，这是属于普通市民的城市园林，自有一番趣味。

贴士 伴着《让我们荡起双桨》的歌声泛舟北海，一定会是一段美妙的旅行记忆。北海公园的水面上有多种类型的游船可供选择；依当日天气情况，或临时调整游船时间。

上图：恭王府
下图：恭王府荷叶
右页图：北海公园九龙壁

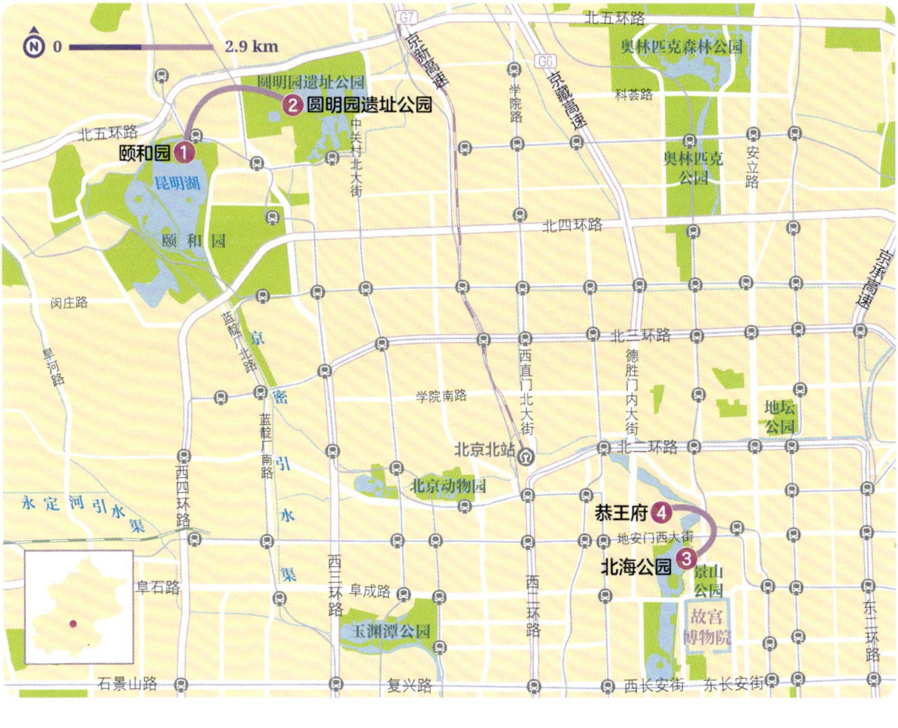
0
2.9 km
北五环路
奥林匹克森林公园
科荟路
圆明园遗址公园
2 圆明园遗址公园
京新高速
京藏高速
学院路
中关村北大街
北五环路
颐和园 1
昆明湖
颐和园
奥林匹克公园
安立路
北四环路
京承高速
闵庄路
北三环路
蓝靛厂北路
京密引水渠
旱河路
学院南路
西直门北大街
德胜门内大街
地坛公园
蓝靛厂南路
北京北站
北二环路
西四环路
北京动物园
永定河引水渠
恭王府 4
地安门西大街
北海公园 3
景山公园
西三环路
阜石路
阜成路
西二环路
故宫博物院
玉渊潭公园
东二环路
石景山路
复兴路
西长安街
东长安街

胡同漫游

在自行车的铃铛与亲切友好的招呼声中，
感受胡同里沧桑历史与鲜活市井风情的流转。

上图：鼓楼的胡同烟火气
右页图：北京胡同里的鸟笼

毫无疑问，胡同是北京城最独特的文化符号之一。元至元十三年（1276年），元大都基本建成，在当时，这座全新规划、建设的城市，是世界范围内最庞大、最繁华的城市，大多数街巷都是横平竖直的。按照都城的设计，大街宽24步，小街宽12步，胡同宽6步（每6步约折合9.3米），大量的四合院分布在胡同沿线，由于住宅多坐南朝北，因此胡同以东西走向的居多——胡同与四合院，构成了北京城的血脉与细胞。

关于“胡同”一词的起源至今众说纷纭，但多数意见都认为源出蒙古语，意为“水井”或“街巷”，这两者看似并不相关，但只要理解古代人在生活中对水井的依赖，便不难想象有多少街巷是依傍水井而生的。随着明清时期的城市建设与发展，胡同数量激增，形成了错综复杂的网络。到了民国时期，已是“有名的胡同三千六，没名的胡同赛牛毛”。

然而，在现代化的城市进程中，以胡同、四合院为代表的北京传统民居文化正在面临严峻的危机。20世纪50年代，北京城的四合院面积达到1700万平方米，为当时北京建筑占地总面积的90%以上，而到了2000年，这一数据已经急剧下降至300万平方米。在建设高峰期，北京的胡同曾以每年600条的速度消失。

幸运的是，北京的旧城改造正从昔日的大拆大建逐步转变为有机更新，许多古老的四合院内涌现出许多有意思的现代设计，人们不仅能在胡同中保持原有的生活传统，也能过上体面的现代生活。如今，你可以在胡同探访茶馆、书店和艺术空间，感受北京浓厚的文化氛围，也可以加入当地人，聊天、下棋、晒太阳，或在胡同口的小店里来一碗豆汁儿、炸酱面，体验独一份的北京烟火气。

胡同游逛指南

除了通常会在旅行者清单上出现的大栅栏、南锣鼓巷、什刹海等胡同集中的区域，还有一些相对小众的胡同片区，呈现出不同的时代断面，也适合胡同爱好者深度探访。

保留元代格局的胡同

东四

在东至朝阳门北小街、西至东四北大街的东四一带，还保留着元大都时期的胡同格局，街道排列相对整齐，多数胡同都是东西走向，从东四三条到东四五条，都保留着不少四合院。东四六条的崇礼住宅是一组晚清时期的四合院，保存非常完好，号称“东城之冠”。东四八条坐落着朱启钤、叶圣陶等近代名人的故居。

想了解更多关于东四的历史文化，你也可以去参观**东四胡同博物馆**（东城区东四四条77号；免费；9:00—12:00，14:00—17:00，周二、周四闭馆）。

南北走向的“非典型胡同”

草厂

与内城大多呈东西走向、横平竖直的胡同不同，南城（外城）的胡同似乎要“自由散漫”得多。历史上，这里有较为丰富的水系，许多胡同的走向是沿着河流水系排布的，而历经沧海桑田，河流改为道路或埋入地下，因此形成南城一带错综复杂的胡同格局。

草厂胡同主要由草厂头条到草厂十条组成，因为历史上居住着许多以织席为业的作坊和业主而得名，也是北京唯一的南北走向胡同群。其中的草厂九条就是曾经的古河道，其他胡同的走向也都依次平行分布。草厂一带曾经商贸繁荣，几乎每条胡同中都有各地的会馆。近年整修以后，草厂四条被评为“北京十大最美街巷”，老样式的木质灯杆、青砖灰瓦的民居院落、“五星级公厕”都能带你领略新时代美好的胡同生活。

上图：东四胡同里的猫
下图：草厂四条

在老北京遇见“小上海”

泰安里

你可能想象不到两大一线城市会在这里完美融合。仁寿路上的泰安里是一组建于1915年的近代建筑群，已被改造为泰安里文化艺术中心。泰安里是民国时期“香厂新市区”规划的一部分，其建筑设计仿照上海里弄，成为当时外城市政改造的“模范试点”。英伦风格的多幢联排式建筑与古老的胡同相结合，是北京开放、包容的象征。

泰安里所在的香厂一带，是北京城市近代化进程中的重要区域，孕育了革命思想，成为新文化运动的摇篮。万明路上有一家延续了民国风格的东方饭店，李大钊、蔡元培、胡适、郭沫若、张学良、老舍、巴金、茅盾、叶圣陶等名人都曾下榻于此，鲁迅著名的杂文《记念刘和珍君》也是在这里写就的。

上图：泰安里文化艺术中心内部
下图：海派弄堂泰安里

民国风格

如何读懂四合院

四合院是北京最常见的民居形式，正房、东西厢房和倒座房将一个庭院围合在中央，因此而得名。

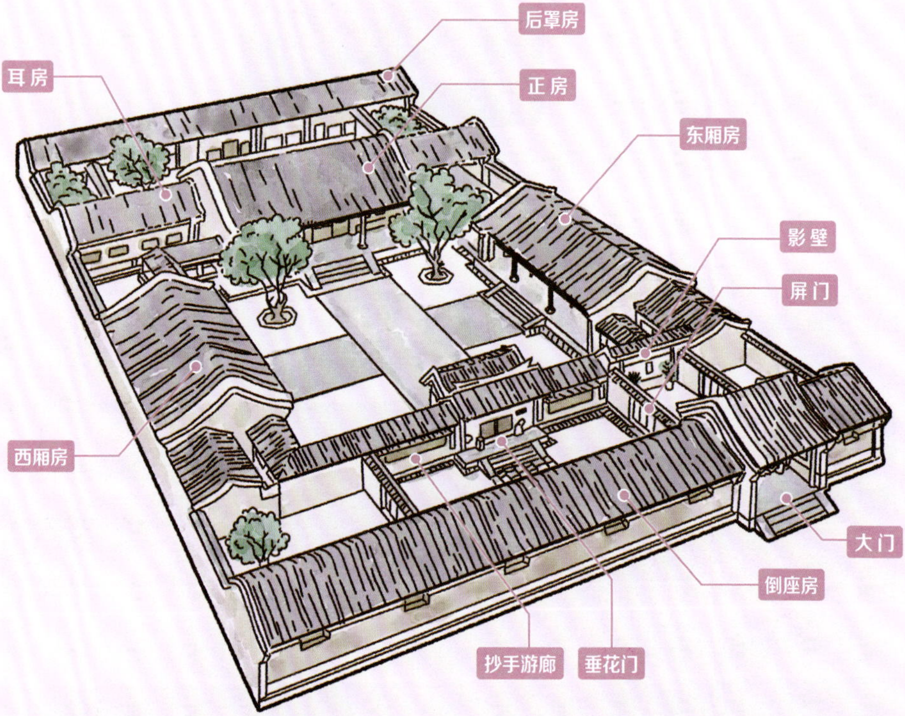

四合院的格局

要想读懂四合院，需要先了解这种民居的基本格局。四合院的最南面是倒座房，通常为仆人居住，私塾、厕所也开设于此。一般在倒座房的东段修建大门，取“紫气东来”之意。入大门后迎面而来的即是影壁，以阻隔来自胡同中的外部视线，营造更好的私密性。穿过外院、二门（垂花门）后抵达四合院中心的内院，内院的北侧为正房，正中的堂屋是招待亲友、举办祭祀先祖等重大活动的场所，左右两侧是主人的居所。内院东西两侧的厢房分配给子孙居住。正房的背后还有后罩房，有时作为家中女眷的居所。在这个基本格局上，可以依据财力、需求的不同，演化出多进、多路的四合院群落。

旧居新住

在胡同中游览时，要注意许多四合院仍是私宅，并不对外开放。除了一些建在胡同里的博物馆、餐厅、咖啡馆以外，名人故居也是了解四合院的好去处，鲁迅、老舍、茅盾、郭沫若、梅兰芳等名人故居都是对外开放的纪念馆。在一些四合院酒店度过一晚通常是略显奢侈的体验，阅微庄（东城区东四四条37号）曾是纪晓岚的宅邸，前门四合院漫心府（东城区大江胡同120号）有相对新潮的装修，房价通常都在千元以上。2024年，位于草厂胡同的前门文华东方酒店（东城区草厂十条1号）正式开业，只有42间庭院式客房，一跃成为中国最昂贵的酒店之一。不过也有一些平价选择，比如北京北平国际青年旅舍（东城区南锣鼓巷113-2号），提供一两百元的床位。

四合院的门

即便只是在胡同里游逛，你也可以通过各种形制的大门来了解这座四合院的历史地位。北京四合院的大门形制非常丰富，有较为简单的如意门、蛮子门，两者的区别就在于前者的门面部分砌有砖墙，而后者的门面全以木装修，级别也略高。还有级别更高的金柱大门、广亮大门，通常是官宦人家的门面，两者都已经形成了独立的门楼空间，区别在于金柱大门的门扉相对靠外，在靠近外柱的金柱位置，而广亮大门的门扉则开在中间的中柱上，使门外侧的进深更大、级别也更高。此外还有等级更高的王府大门，往往面阔三间乃至五间——你只要去过恭王府，就明白有多气派了。

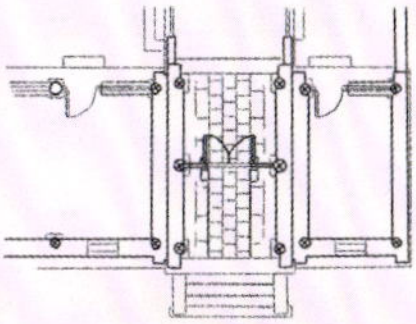

广亮大门 剖面

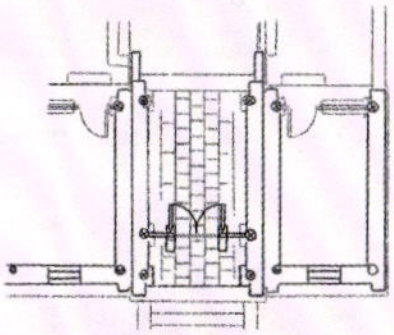

金柱大门 剖面

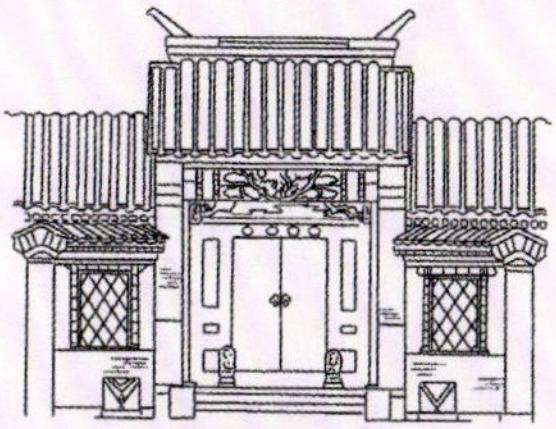

广亮大门 正面

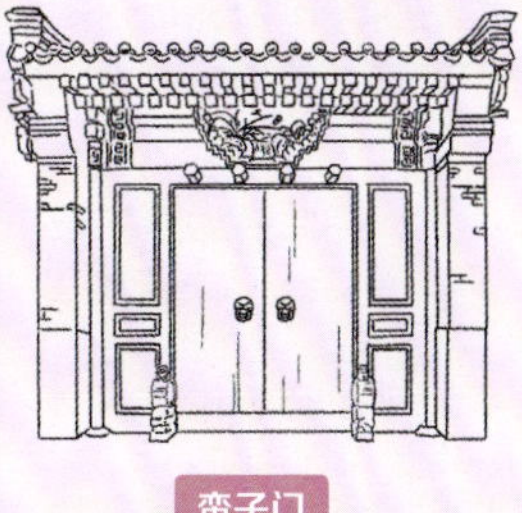

蛮子门

王府大门

如意门

1天

前门周边

前门是适合将北京胡同“一网打尽”的地方，东交民巷有诸多民国建筑，前门大街满是老字号，北京坊更是汇集了新潮书店、咖啡厅、酒店和餐厅，让你一站式感受北京的传统人文和都市气质。

上图：前门大街上的老字号
右页图：杨梅竹斜街上的咖啡馆

☀ 你可以从❶**崇文门地铁站**E口出发，沿着❷**东交民巷**（见201页）依次游览圣弥厄尔天主堂、法国邮政局旧址、正金银行旧址（中国法院博物馆）和花旗银行旧址（北京警察博物馆）。然后沿正义路向南前往❸**北京会馆文化陈列馆**，感受南城精彩的会馆文化。之后继续向南，在鲜鱼口街向西拐，进入前门东路后向南，在❹**台湾会馆**了解清末以来台湾士子、商人在北京的活动历程。临近中午时，折回❺**鲜鱼口**尝尝小吃，如今这是一条热闹的老字号美食街。

☀ 沿着宽阔的❻**前门大街**（见236页）去探索沿线的各种老字号，西北侧的❼**北京坊**（见237页）内集中了许多有意思的文创商店，你可以在PAGEONE书店找到欣赏前门楼子的最佳视角，不要错过谦祥益和劝业场的老门面。接下来，沿煤市街向南去中国最老的影楼❽**大观楼影城**了解中国电影的发展历程，然后在❾**杨梅竹斜街**找一家可爱的咖啡馆歇歇脚。不远处的❿**琉璃厂**（见238页）仍然保留着宣南一带浓郁的文化气息。

☾ 在附近饱餐一顿，之后沿南新华街向南走，在京华印书局旧址内开设的⓫**中国书店**找几本和老北京有关的读物，或是去马路对面的⓬**湖广会馆**看一场传统戏曲的演出。

你还可以体验……

老舍的忠实读者们不要错过老舍茶馆，这是集合了茶馆、文创点、皮影戏的综合空间，每天晚上，茶馆的三楼都有相声、京剧、评书等演出。

贴士 大栅栏有不少有趣的书店，只有30多平方米的内观堂书店摆满了各种旧书和老物件，你可以在这里体验最原始的“淘宝”快乐。

西长安街
天安门西
天安门东
东长安街
王府井
东单
广场西侧路
广场东侧路
正义路
台基厂大街
崇文门内大街
北新华街
东交民巷
东交民巷
新壁街
西交民巷
东交民巷
前门
和平门
前门西大街
前门东大街
起点
1
崇文门
崇文门
地铁站
北京会馆
文化陈列馆
3
北京坊
7
前门大街
鲜鱼口
5
鲜鱼口街
西兴隆街
东兴隆街
崇文门外大街
南新华街
杨梅竹斜街
8
琉璃厂
10
9
大观楼影城
4
台湾会馆
前门大街
6
祈年大街
磁器口
铁树斜街
煤市街
桥湾
珠市口东大街
珠市口
中国书店
11
珠市口西大街
天桥南大街
终点
12
虎坊桥
湖广会馆
0
700 m
天坛路
2

1天 什刹海与南锣鼓巷

什刹海、南锣鼓巷是北京的老“网红”了，这里三五步都能碰见历史建筑和名人故居，走累了也能轻松找到幽静的咖啡馆、餐厅和酒吧。

上图：什刹海夜景
右页图：北京钟鼓楼

☀ 早上从6号线❶**北海北地铁站**B口出发，先去❷**郭沫若故居**（见220页）了解这位社会活动家、学者的传奇生平。北面不远处就是❸**恭王府**（见215页），在这座保存最完好的清代王府中寻找有“天下第一福”之称的“福字碑”。王府西边就是中西合璧的❹**辅仁大学旧址**。一路向西步行，在德胜门内大街西侧看看❺**梅兰芳纪念馆**（见220页），沿着松树街北上，去参观有“皮影第一家”美誉的❻**汪氏皮影艺术馆**（见221页）。

午饭后一路向北，在什刹海北岸参观❼**宋庆龄同志故居**（见221页），然后沿着❽**什刹海**旁的步道前往热闹的❾**烟袋斜街**，找一家咖啡馆歇歇脚。南面不远处的❿**万宁桥**（见216页）是北京中轴线上为数不多的元代建筑。沿着桥下的⓫**玉河故道**，途经⓬**婉容旧居**、⓭**齐白石旧居纪念馆**，前往游人云集的⓮**南锣鼓巷**（见218页），从这里一路向北可到⓯**北锣鼓巷**。在暮色中折返，沿鼓楼东大街向西回到中轴线上的⓰**北京钟鼓楼**（见214页），回味晨钟暮鼓的古老传统。

你还可以体验……

钟楼和鼓楼附近有热闹的沿街小店，北锣鼓巷藏着几家很有质感的小酒馆，很适合在绰绰光影下，伴着晚风闲适地来上一杯。

贴士 烟袋斜街附近的糖房咖啡有一个漂亮的露台，可以坐拥什刹海和钟鼓楼的风景。

北护城河
北二环路
鼓楼大街
安定门
安定门内大街
西海
宋庆龄同志故居
7
鼓楼西大街
郎家胡同
净土胡同
北锣鼓巷
15
分司厅胡同
华丰胡同
终点
16
北京
钟鼓楼
宝钞胡同
北锣鼓巷
新街口东街
什刹海
8
后海
后海北沿
鼓楼西大街
羊房胡同
鼓楼东大街
鼓楼东大街
烟袋斜街
9
6
汪氏皮影艺术馆
地安门外大街
后海南沿
南锣鼓巷
后圆恩寺胡同
交道口南大街
德胜门内大街
棉花胡同
松树街
柳荫街
方砖厂胡同
婉容
旧居
辅仁大学
旧址
前海东沿
什刹海
14
南锣鼓巷
前海北沿
帽儿胡同
12
恭王府
梅兰芳
纪念馆
5
4
3
前海
10
万宁桥
11
玉河故道
北兵马司胡同
13
齐白石旧居纪念馆
郭沫若故居
2
南锣鼓巷
起点
1
北海北地铁站
地安门西大街
地安门东大街
北海
公园
北海
地安门内大街
美术馆后街
0
560 m

1天

西四周边

2021年经过修缮的妙应寺白塔终于对公众重新开放，西四附近的人气再次飙升。老北京地道美食搭配博物馆和教堂等历史建筑，让这里成为北京又一个颇具文艺气质的打卡地。

上图：北京鲁迅博物馆雕塑
右页图：夕阳下的妙应寺白塔

早上乘地铁4号线前往❶**西四地铁站**，从B口出发向东不远即到❷**西什库教堂**（见261页），在宁静的清晨，你兴许能赶上一场弥撒活动。沿着西安门大街向西到西四南大街，在路口的西侧可以望见古老的❸**万松老人塔**（见262页），塔下的院子里有文创店和书店可以买到有趣的纪念品，也不要忘记感受砖塔胡同的历史气息。然后返回西四地铁站所在的路口，先去参观❹**中国地质博物馆**（见258页），再去❺**广济寺**（见262页）门口领取几支免费的赠香，在寺内的古树阴凉中小坐。

从广济寺一路向西，就是庄严恢宏的❻**历代帝王庙**（见259页）。继续向西即到❼**妙应寺**（见259页），如果你不想买票进入景区，也不难在附近找到一些拥有绝佳“塔景”的咖啡馆。在短暂的午休过后，可以继续向西，去宫门口二条探访❽**北京鲁迅博物馆**（见253页），了解这位大文豪的“北漂”往事。

你还可以体验……

如果还想感受西四的文化气息，可以前往藏在胡同里的postpost艺术书店，这里不仅售卖老板精选的来自全世界的创意和艺术书籍，也有中古相机、服饰可供挑选。书店出品的咖啡也很不错。这家书店还是张律执导的《白塔之光》中的重要取景地。

贴士 西四地铁站附近的西四北大街上集中了不少美食，华天延吉冷面、西四炸鸡、杏园餐厅、来个烧饼等餐厅可满足旅行者不同的口味，是解决午餐的好选择。

西直门南小街
西弓匠胡同
大茶叶胡同
赵登禹路
西四北五条
西四北四条
西四北三条
西四北大街
大红罗厂街
西黄城根北街
西什库大街
安平巷
西四北二条
西四北头条
西二环路
终点
8 北京鲁迅博物馆
历代帝王庙
广济寺
起点
1 西四地铁站
2 西什库教堂
宫门口头条
7 妙应寺
6
阜成门内大街
5
阜成门
阜成门内大街
西四
中国地质博物馆 4
羊肉胡同
砖塔胡同
万松老人塔 3
西安门大街
金融大街
太平桥大街
西四南大街
西黄城根南街
府右街
0
380 m

1天
雍和宫周边

雍和宫的人气带旺了周边的五道营胡同、地坛公园和国子监，这里有各种宝藏买手店、餐厅、咖啡馆等待你的探索。夜晚的簋街更是北京最具人气的美食一条街，大排长龙的各色店铺会让你体会到浓郁的烟火气。

上图：簋街店铺前的红灯笼
右页图：香火旺盛的雍和宫

☀ 趁着清早时分进入❶**孔庙和国子监博物馆**（见214页），感受游人不多的短暂美好时光。在了解中国历代的科举文化后，前往北边的❷**五道营胡同**，感受老胡同里的新潮生活，顺便在这里找一家餐厅解决午餐。

午后随着人流涌入华丽的❸**雍和宫**（见213页），这座昔日的皇家寺院，如今在年轻人中享有盛誉。东边的胡同中隐藏着并不开放的柏林寺和一些四合院，你可以把它们作为胡同漫步的点缀。穿过这片区域可以抵达北京的第一家尼姑寺❹**通教寺**，在闹市中享受难得的片刻清静，南面不远处就是展示海外移民文化的❺**中国华侨历史博物馆**（见220页），在此可以了解波澜壮阔的移民历史和他们做出的巨大贡献。

夜幕降临后，汇入❻**簋街**（见218页）觅食的队伍，从麻小、卤煮、川菜到粤菜，这里能满足你的各种需求。

你还可以体验……

文学爱好者不要错过雍和宫北面不远处的地坛公园（见217页），这里是史铁生名篇《我与地坛》的诞生地。赶上地坛书市（通常在9月），还能去淘几本喜欢的书。

贴士 雍和宫的高峰期通常是在上午，午后时分人流稍减，但也免不了摩肩接踵。宫内不同的楼阁殿宇往往承担着不同的“保佑业务”，在求神拜佛前，建议你做好功课。

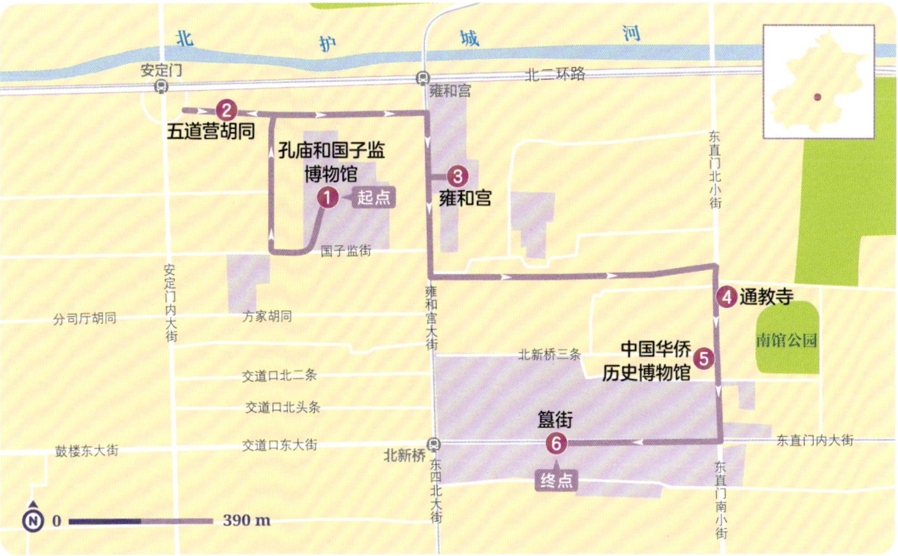
北护城河
安定门
北二环路
雍和宫
2
五道营胡同
孔庙和国子监
博物馆
1
起点
3
雍和宫
东直门北小街
国子监街
安定门内大街
雍和宫大街
4
通教寺
分司厅胡同
方家胡同
南馆公园
北新桥三条
中国华侨
历史博物馆
5
交道口北二条
交道口北头条
簋街
鼓楼东大街
交道口东大街
6
东直门内大街
北新桥
东四北大街
东直门南小街
终点
0
390 m

城市书香之旅

这片书香缱绻的文学沃土，有多种不同的打开方式。

在历史长河中，北京不仅是政治的中心，更是文学的沃土。从陈子昂的《登幽州台歌》，到老舍、汪曾祺、王朔等作家笔下的北京故事，这座悠久辉煌的城市从来不乏书写者。

你可以在北京重新发现那些熟悉的文学作品，从老舍的《茶馆》《龙须沟》，到史铁生的《我与地坛》，书中的文字段落足可构建一个专属于你的城市文学版图。你也可以跟随作者的生活足迹去探访这座城市——鲁迅在北京辗转留下了四处故居，每一处都见证了耳熟能详的名篇诞生；宣南一带有林海音的“城南旧事”，也有张恨水年轻时的“北漂”记忆；而在城北，南锣鼓巷里居住着暮年的茅盾，从作家李碧华到民谣歌手赵雷，他们都仰望过不远处的鼓楼。

当然，你也可以把书店、图书馆、高校当成旅行目的地——北京拥有超过2100家书店、6000座图书馆，足以让每一个爱书之人雀跃不已。遍布全城的各大高校不仅时刻推送着新鲜的展览、讲座信息，许多校园本身也是名胜的一部分，朱自清的身影还在清华的荷塘边徘徊，未名湖畔矗立着蔡元培、李大钊的塑像，引领着后来者们追寻一个更加自由的世界。

对资深的人文爱好者而言，北京的各处宫殿园林、名胜古迹、胡同街巷都有不少图书专著可供深入了解，“按图索骥”是充满乐趣、切实可行的旅行方式。在尝试了解如此丰厚的文化积淀后，或许你能约略体会到老舍的心境——“我真爱北平。这个爱几乎是要说而说不出的。”

上图：PAGEONE书店

在北京逛书店

北京无疑是中国书店最多、最好的城市之一，你可以在旅途中穿插一些逛书店行程，当作逛街游览时的歇脚地，不少书店都售卖丰富的文创产品，也不时推出丰富的讲座、展览等文化活动。

老牌书店

王府井大街上集中着不少书店，北边的涵芬楼书店（东城区王府井大街36号）是著名出版社商务印书馆的附设书店，“涵芬楼”一名取自出版家张元济于清光绪三十年（1904年）在上海设立的藏书楼，在二层的展厅内介绍了中国近代出版业的发展历程。靠近美术馆路口处的三联韬奋书店（东城区美术馆东街22号）是北京老牌的人文书店，近年又新开设了三里屯店（朝阳区北三里屯南43号楼底商）和方庄旗舰店（丰台区芳群园4区24号楼），新店设计更年轻化，也有更多公共阅读空间。

出版社书店

类似由出版社主办的书店还有人民文学出版社读者服务部（东城区朝阳门内大街166号）、文物出版社读者服务部（东城区五四大街29-1号）、中央编译出版社的中央文献书店（西城区前毛家湾甲1号）、北京大学出版社的北大书店（北京大学新太阳学生中心B2层）。旅行或地理爱好者不要错过中国地图出版社的地图主题书店（西城区三里河路甲50号；西城区白纸坊西街3号），有大量地图、指南及旅行类读物。

2100家书店

6000座图书馆

左页图：钟书阁
本页图：模范书局诗空间

高校书店

海淀区高校集中，这里的独立书店具有鲜明的学术色彩与人文关怀。享有盛誉的万圣书园（海淀区成府路28号）由北大学人刘苏里、甘琦等人于1993年创建，店内的图书超过30万册，堪比一座中型的图书馆，在过去30多年里数迁其址，“通过阅读获得解放”的口号始终影响着一代代学子，店内的销量排行榜在某种程度上甚至可以视作社会风向标。不远处的豆瓣书店（海淀区成府路262号）虽与爱书人集中的豆瓣App无关，但许多折扣书籍仍然吸引了诸多读者。人文考古书店（海淀区西三环北路66号）拥有大量珍贵的考古图录，齐全程度相比许多图书馆也不遑多让。

新风格书店

近年也涌现出一些充满设计风格的新书店，比如钟书阁（西城区西单北大街110号老佛爷百货B1层）、单向空间（朝阳区郎园Station D3-1座）、茑屋书店（朝阳区朝阳门外大街10号）等。北京坊的PAGEONE书店，提供了欣赏前门的最佳视野。许多历史建筑也被活化改造为书店空间，万松老人塔下有正阳书局，圣公会救主堂变身为模范书局诗空间（西城区佟麟阁路85号），昔日的印刷厂旧址中开出了中国书店总店，另一家中国书店雁翅楼店（西城区地安门内大街1号）也开设在古老的木结构建筑内，为宝书局（东城区地安门外大街156号）的建筑是一栋中西合璧的二层小楼，店内图书也以北京的历史文化、建筑民俗为特色。

丰富多样的北京图书活动

北京还有许多书市、书展可以参加。规模最大的北京国际图书博览会（www.bibf.net）通常在每年6月或8月举办，可以听到许多著名作者的讲座，也能看到各国的图书展台。地坛书市一般在9月举行，活动往往持续10天，在此期间可以参与各种“非遗”活动、文化讲座。另外，宣南一带的报国寺每逢周末也有旧书市场，可以来此感受淘宝的乐趣。

了解北京，可以从这些书和电影开始

BOOK

书

《北京城的生命印记》

历史地理学家侯仁之的作品，带你迅速建构起理解北京的时空框架。同作者的《北平历史地理》有更鲜明的时间脉络，可以择一阅读。

《北京三千年》

由北京日报特别报道部编著的通俗读物，以平实的语言生动展现了自西周琉璃河遗址以来北京城市发展的脉络，可作为考古主题的旅行推荐。王南的《古都北京》则是以建筑学者的身份来理解这些考古遗址与名胜古迹。

《北京古建筑地图》

如果你是人文旅行爱好者，热衷于发现城市中的文物史迹，那么这套书非常适合你按图索骥，不仅涵盖了各大世界遗产，也包括许多犄角旮旯里鲜有人至的文物建筑。另有一本《寻迹北京》，收录了北京的上百项全国重点文物保护单位，也非常适合作为访古之旅的路书。

《故宫三书》

作为北京的“封面”，故宫值得你用更多时间“预习”或“复习”。这套书共计三册，分别从建筑、文物、宫廷生活的视角，介绍了这处世界上最庞大的宫殿建筑群。

《城记》

新华社记者王军的作品，展现了20世纪五六十年代以来北京城所面临的城市规划抉择与文物保护危机。他还写有类似主题的《采访本上的城市》《拾年》。

《散文中的北京》

你也许没有充裕的时间去阅读那些与北京有关的长篇文学作品，这本书收录了老舍、沈从文、汪曾祺、郁达夫、史铁生等名家笔下的北京，可以带你迅速遍览那些与北京有关的美好段落。

《北京文学地图》

张鸿声主编，系统梳理了北京各大古迹园林、高校、胡同、会馆的“文学背景”，可以作为文学爱好者的指南书。

1.明月下的万春亭与中国尊
2.从景山眺望国贸CBD
3.旧时的北京四合院
4.胡同里的旧自行车
5.颐和园佛香阁

《中国》1972
导演 米开朗基罗·安东尼奥尼

电影拍摄于“文革”时期，共分为三个部分。其中第一部分着重描绘北京，出现了著名的天安门广场、长城、故宫、王府井，有中国政府安排的参加小学课间活动、医院的针灸生产、工厂的工人家庭生活、生产合作社的状况等。

《末代皇帝》1987
导演 贝纳尔多·贝托鲁奇

《末代皇帝》是第一部也是唯一一部获准在故宫内取景的电影。影片讲述了末代皇帝溥仪的一生，从三岁起登基，之后成为日本伪满洲国政权的傀儡，再到重回北平，溥仪的一生经历了多重政治风波，充满悲剧色彩。影片聚集了当年众多明星，包括尊龙、陈冲、邬君梅、英若诚和坂本龙一。

《霸王别姬》1993
导演 陈凯歌

影片改编自李碧华的同名小说，讲述了从小一起长大的师兄弟段小楼和程蝶衣一个演生，一个饰旦，一向配合天衣无缝，尤其一出《霸王别姬》，更是誉满京城。两人虽然彼此间感情深厚，对戏剧与人生关系的理解却有本质不同，段小楼深知戏非人生，程蝶衣则是人戏合一。

《洗澡》1999
导演 张杨

影片将镜头对准了北京丰台区的老澡堂“双兴堂”。早年丧偶的老刘苦心经营了一辈子澡堂子，共有两个儿子。长子大明常年离家，身边只有傻二儿子，澡堂子生意日益冷清。一日大儿子突然归来，面对犯病的父亲和弟弟，大明开始尝试了解自己的亲人以及养育了大家族一辈子的澡堂。

《十七岁的单车》2001
导演 王小帅

王小帅导演的“城市三部曲”之一。17岁的农村少年阿贵在北京找到一份送快递的工作，因为得到许诺，当赚到600元时可以拥有公司暂借他用的银色越野单车，他每日工作都很勤恳，可是就在梦想即将成真时，单车却丢了。

《世界》2004
导演 贾樟柯

位于丰台区的北京世界公园如今已是冷清的景点，公园里聚集了微缩版的世界名胜：埃菲尔铁塔、比萨斜塔、泰姬陵等。身为北京世界公园民俗村的一名舞蹈演员，赵小桃对身边微缩的世界早已厌倦，渴望有一天同在民俗村做保安队长的男友成太生一起坐飞机去看看外面真实的世界。本片是贾樟柯导演首部在中国大陆公映的电影。

《白塔之光》2023
导演 张律

本片讲述独自生活的美食专栏撰稿人谷文通，偶然间认识了同样孤身一人的摄影师欧阳文慧，两个孤独的灵魂相互陪伴，一起徘徊在人来人往的北京胡同和街头，寻找内心的归宿。西四的妙应寺白塔是电影中的重要取景地和意象。

紫禁城

胡同里的单车

白塔之光

作为中国的首都，北京总是充满传统与现代之间的矛盾和角逐，因此也是电影导演们钟爱的题材和取景地。看看世界各地导演镜头下不同年代的北京，可以让你感受光影中的城市魅力。

1天

清华北大周边

来到北京，肯定不能错过北大、清华这两所学术圣地。幽静美丽的校园里，各处角落都蕴藏着动人的故事，大学附设的书店、图书馆、艺术博物馆也都是帮助你更好理解校园文化的地方。

上图：北京大学均斋
右页上图：清华大学“水木清华”牌匾
右页下图：俯瞰清华大学

上午前往❶**北京大学**（见301页），参观的路线通常是从东门进入，先去参观图书馆和百周年纪念讲堂，南边的新太阳地下二层即为北大书店，可以买到文创纪念品。图书馆以北即为著名的“一塔湖图”，未名湖的东侧为博雅塔，西侧则坐落着赛克勒考古与艺术博物馆、蔡元培像和校史馆等重要看点。

下午前往❷**清华大学**（见302页），你可以从清华西门进入，途经近春园去往二校门，依次参观日晷、科学馆、大礼堂、图书馆。位于校园东侧的清华大学艺术博物馆是近年来新晋的国家一级博物馆，时常推出重磅展览，参观前可以通过公众号了解最新的展讯。从博物馆一侧出学校后，沿着荷清路向南走约1公里就到五道口地铁站，❸**万圣书园**就在附近的五道口购物中心3层。

你还可以体验……

位于北三环旁的觉生寺（见298页）是清雍正皇帝敕建的皇家寺院，因藏有一口永乐年间的铜钟，而被称为大钟寺，目前也是古钟博物馆。这座寺院离其他各主要景点都不太近，建议在参观清华北大时顺路游览。

贴士 在寒暑假期间，北大、清华都是热门的旅行目的地，请务必提前了解预约参观规则，在学校微信公众号上预约参观。

东升八家郊野公园
北五环路
荷清园
京新高速
G7
北京东升花园中心
中关村北大街
圆明园遗址公园
双清路
清华大学
2
清华东路西口
荷清路
中关村北大街
圆明园
北京大学
1
五道口
3
万圣书园
北京大学东门
成府路
中关村东路
北四环路
中关村
N
0
1.3 km

水木清華

1天 中国国家图书馆周边

作为世界规模最大的图书馆之一，国家图书馆是文学爱好者的殿堂，你可以在这里阅览珍稀文献和古籍资料，周边的动物园、五塔寺、天文馆也是本日行程的亮点。

早上先前往❶**北京天文馆**（见257页），了解宇宙和天文学知识。从这里向北过马路就到中国动物种类最多、开放历史最悠久的❷**北京动物园**（见258页），可以观赏到大熊猫、朱鹮、金丝猴等中国特有的珍稀动物，园址还是清代的农事实验场。从动物园的西北门出来就可以到达北京石刻艺术博物馆❸**真觉寺**（见260页），大家更熟知的叫法是“五塔寺”。

从五塔寺出来，沿着南长河向西就可到国家图书馆，南区（老馆）开辟了❹**国家典籍博物馆**，经常会有一些与古代典籍有关的临展和特展，非常值得关注。在结束一天的游览后，可以继续前往充满现代感的❺**中国国家图书馆北区**（新馆），庞大的阶梯式中庭体现了自由、开放的空间理念。

你还可以体验……

北京也有一些文学主题博物馆，比如体量庞大的中国现代文学馆（朝阳区芍药居文学馆路45号），馆徽是一个逗号，也象征着书海无涯，阅读、创作永无止境。

贴士 本日的行程非常充实，旅行者可根据自己的脚力和日程安排灵活调整。北京天文馆内有宇宙剧场、科普讲座等活动，可以提前通过公众号或官网预约参与。国家图书馆的中外文文献开架阅览区有年龄限制，12周岁（含）以下的读者可以前往北区一层北侧的少年儿童馆。

左页上图：中国国家图书馆
左页下图：北京动物园小熊猫
上图：五塔寺石翁仲与华表柱

1天 北京城市图书馆一日游

通州作为北京的城市副中心，这里全新修建的博物馆、图书馆和艺术中心水准一流，代表着北京艺术之都的最高水平。

尽管通州远离绝大多数旅行者的常规路线，但这个城市副中心里崭新的“三大文化建筑”值得你专程跑一趟。上午先去❶**北京大运河博物馆**（见345页）了解大运河的前世今生，这项工程对北京的城市发展起到了重要作用。如果赶上一些重磅特展，建议你尽早入馆，先去特展厅门口排队，以免去漫长的等候之苦。博物馆内设有咖啡厅和餐厅，可以解决午餐。

下午可以去北边不远处的❷**北京城市图书馆**（见342页）歇歇脚，这座庞大的图书馆内设有许多不同的展馆和主题空间，也拥有极富镜头感的中庭。孩子们可以去1楼的元宇宙体验馆感受多媒体的魅力，旅行者则可以去1楼的地方文献馆和2楼的北京典籍博物馆，深入了解北京的历史文化。

夜幕降临后，到图书馆北边的❸**北京艺术中心**（见342页）看一场演出也是不错的选择。

你还可以体验……

既然“来都来了”，通州其实也有不少可玩之处：城区中的燃灯塔依运河而建，一直是通州的地标；南边的张家湾历来是运河重镇，还保留着城墙和通运桥。通州区图书馆有运河专题文献收藏，部分馆室开放至22:00。

贴士 本书调研时，“三大馆”所在的城市绿心森林公园周边缺乏足够的餐饮和商业设施，为数不多的餐厅、咖啡馆也普遍偏贵，建议你行前准备好水和干粮。

左页图：北京大运河博物馆
下图：北京城市图书馆

新潮游艺

在千年古都玩点新鲜的，收获快乐原本就很简单。

上图：北京环球度假区
右页图：霍格沃茨城堡

这座城市的潮流之风似乎从未止息，无论是老胡同里的咖啡馆，还是那些走在时尚最前沿的街区，总能让人发现惊喜。而在那些大气磅礴的皇家园林和厚重的历史建筑背后，北京的潮玩好去处蓬勃崛起，吸引着一批又一批的年轻旅人。从环球影城的沉浸式体验，到798艺术中心的创意碰撞，再到三里屯和亮马河周边的摩登都市生活，这些新潮地标是北京与世界接轨的最前沿。深入其中，看看这座古都如何以它特有的方式展现另一面。准备好了？那就一起迎接一场游乐之旅吧。

灵感

在北京的折叠时空里遨游

主题公园的欢乐结界

环球影城

环球影城用7大主题区构建出全天候的欢乐结界。变形金刚基地的“霸天虎过山车”以上百公里的时速制造持续尖叫声，哈利·波特魔法世界飘满黄油啤酒的焦糖香气，侏罗纪世界正上演着激烈的霸王龙追逐战，未来水世界的特技表演惊心动魄，功夫熊猫盖世之地到处都是中国风元素，好莱坞大道的灯光将整座乐园变成炫酷的光影画布，小黄人乐园里各种语意不明的可爱声响让人心情愉悦。这一切，让快乐具象化。

工业废墟的文艺重生

798

沿着酒仙桥路向北，包豪斯风格的锯齿形厂房群正在上演艺术与工业的对话。北京798艺术中心的灵魂藏在直径24米的巨大水泥罐里——这些苏联援建的电子管厂遗迹，如今改造成环形展厅。阳光透过弧形穹顶的玻璃天窗，在斑驳的混凝土墙面投射出变幻的光影。艺术家工作室与机械车间的混搭，让工业文明的蒸汽朋克美学得以延续。这里最受欢迎的打卡点不是某件展品，而是保留着“安全生产”标语的铸铁楼梯，提醒着参观者艺术创作与工业生产的共通本质。

情感化设计

本页图：环球影城小黄人

右页上图：北京798艺术中心墙绘

右页下图：三里屯太古里

时尚基因的进化图谱

三里屯

工体北路与三里屯路的交会处，隐藏着北京最复杂的时尚密码。太古里的玻璃幕墙折射出潮人身影，而向北300米的机电院里，废弃厂房正孵化着独立设计师品牌。这里既有全球首店的概念空间，也有胡同改造的买手店——红砖墙上的LED灯带勾勒出老锅炉房的轮廓。夜幕降临时，亮马河畔的酒吧街会亮起霓虹灯阵，与使馆区的古典路灯遥相辉映。从老牌酒吧街到机电院精酿吧，驻唱乐队与鸡尾酒文化交织着全球语言，三里屯以包容姿态诠释着北京的都市灵魂。

灵感

北京环球度假区

环球影城主题公园

即“环球影城”，是环球度假区的主体，共分七大区域，大多以环球影业出品的电影命名，各区域的主要项目如下（按日常火爆程度排序）。

哈利·波特禁忌之旅

刺激指数： ★★★

排队指数： ★★★★★

行前参考： “哈迷”最爱，4D沉浸式体验，“骑着扫帚”造访魔法学校里的各个地点。注意晃动较激烈，晕车者请慎重乘坐。项目本身位于复刻的霍格沃茨城堡内，还可自行参观电影中出现的各个场景——试着找到“魔药教室”吧，你会听到教授正在大声呼喊纳威·隆巴顿的名字。最低身高要求1.22米。

鹰马飞行

刺激指数： ★★★★

排队指数： ★★★★

行前参考： 中型过山车，坐在柳条编成的鹰马背上飞越哈利·波特园区，从空中俯瞰霍格沃茨城堡壮观的景色（尤其是约19:30的霍格沃茨城堡夜间灯光庆典期间）。在环球影城的过山车中激烈程度居中，可坐完这个再决定是否要体验更刺激的霸天虎过山车。

三把扫帚餐厅

费用：人均约150元

排队指数： ★★★★★

行前参考： 园区最火爆的餐厅之一，可选择在哈利·波特电影风格的复古室内或坐拥霍格沃茨城堡景观的室外用餐。排队1小时是常事，最好避开用餐高峰，11:00前和15:00—16:00人最少。招牌是428元“美食盛宴”，包含排骨、烤鸡、玉米、蔬菜，足够3人吃；人少可单点128元的排骨拼盘或98元的烤鸡拼盘。

这座庞大的主题乐园如同一台欢腾的传送器，一键直达，将游客传入经典的电影世界中。从哈利 · 波特的霍格沃茨城堡到变形金刚的科幻战场，这里仿佛是一场献给电影迷的狂欢派对。不管你是亲子出游，还是一位喜欢惊险体验的年轻人，环球影城的魅力总能让你瞬间忘记都市的喧嚣，沉浸在电影编织的奇幻之中。

2 侏罗纪世界努布拉岛

飞跃侏罗纪

刺激指数： ★★

排队指数： ★★★★★

行前参考： 实际上是一场“坐在悬吊椅上飞跃环球影城”的旅程（日落时分和华灯初上时景色最佳）。排队人数非常多，但不少游客直到体验结束才意识到：这个“侏罗纪”里并没有恐龙。

侏罗纪世界大冒险

刺激指数： ★★★

排队指数： ★★★★

行前参考： 这个4D沉浸式体验才更应该叫“飞跃侏罗纪”。经典的“侏罗纪公园”电影场景栩栩如生地复现，凶恶的霸王龙对你张开血盆大口……值得多等一轮，坐到第一排。

哈蒙德餐厅

费用：人均约200元

排队指数： ★★★★

行前参考： 正宗的西餐厅。138元的哈蒙德汉堡套餐分量十足，很受欢迎（另有98元的小汉堡套餐）。火爆程度仅次于“三把扫帚”，但可提前取号并在附近游玩，到号时会通过手机通知，10分钟内返回即可。

狂欢派对

3 变形金刚基地

霸天虎过山车

刺激指数：★★★★★

排队指数：★★★★

行前参考：全园最刺激的项目，长达一分半钟不停歇的巨型过山车，有心脑血管疾病和晕车者勿乘。坐第一排需要单独排队，但二、三排同样有不错的视角。想再刺激点可坐右侧，晃动幅度比左侧更大。最低身高要求1.32米。

火种源争夺战

刺激指数：★★

排队指数：★★★★

行前参考：4D沉浸式体验，坐在“汽车人”中造访电影中的经典场景。擎天柱、大黄蜂、霸天虎悉数出场，科幻感十足。较“哈利·波特禁忌之旅”晃动较小。

转轮小厨

费用：人均30元

排队指数：★★★

行前参考：园区最便宜管饱的餐饮选择，金枪鱼煎饼45元一个，足够一人食，或填饱两个“小鸟胃”。

4 小黄人乐园

小黄人闹翻天

刺激指数：★★★

排队指数：★★★★

行前参考：4D沉浸式体验，跟随镜头遨游“小黄人训练场”，中间有少量喷水。项目本身并不惊险，但镜头变化很快，晕车者请慎重。

萌转过山车

刺激指数：★★

排队指数：★★★

行前参考：全园最“温柔”的室内过山车，在小黄人搞笑的叫声中穿越卡通世界，尤为适合亲子同游或不敢坐其他过山车的游客。对成年人来说，唯一的“刺激”来自头部似乎要撞上上方物体的错觉，个矮的小朋友则无此困扰。

5 功夫熊猫盖世之地

功夫熊猫：神龙大侠之旅

刺激指数：★★★

排队指数：★★

行前参考：“激流勇进”类项目，乘着小船穿越中国风的场景。中间及后排位置相对溅水较少，请自带雨衣并穿防水的鞋子。

平先生面馆

费用：人均约80元

排队指数：★★

行前参考：正宗的中餐馆，提供全国各地代表性面食。价格不算便宜，但北京炸酱面和四川担担面确实味道都不错。

6 

未来水世界

未来水世界

刺激指数： ★★

排队指数： ★

行前参考：以“水”为主题的大型实景表演。飞奔而来的各种物体（以及工作人员）都会将水溅到你身上。前排蓝色座椅被喷水最多，中排绿色座椅相对较少，怕被喷水的游客可坐后排红色座椅，只会有少量水雾水滴。因场内禁止打伞，建议自带雨衣，剧场内也可买，但价格较贵。12:00—16:00共6—7场，冬季及风雨天气会取消演出。

漂流者小馆餐厅

费用：人均约100元

排队指数： ★★★

行前参考：198元的招牌“漂流套餐”含猪肋排、炸鸡、炸鱼、玉米、蔬菜等，分量足够2—3人吃饱。味道与时刻大排长龙的三把扫帚餐厅大同小异，价格却便宜不少，且除用餐最高峰时段外基本无须排队。

7 

好莱坞

不可驯服

刺激指数： ★

排队指数： ★

行前参考：环球辉煌剧院中的实景表演，跟随驯龙高手前往博克岛。一楼体验更身临其境，二楼前排则视野更开阔。一楼坐满后才会开放二楼，坐到二楼需要运气。12:00—18:00共7—8场。

灯光，摄像，开拍！

刺激指数： ★★★

排队指数： ★

行前参考：还原斯皮尔伯格好莱坞电影摄影棚的实景演出，中间会有喷水和喷火，亮点在最后（就不剧透了）。开园后至约20:00，每10分钟一场，完全不用担心排队。

注意

每天傍晚园内会有环球大巡游，数辆巨型花车沿园区主干道巡游，怪物史莱克、马达加斯加、功夫熊猫、小黄人等一众电影角色尽数出场。雨天可能取消。环球影城所有项目的开放时间及价格均会动态调整，本书中仅列出调研时的大致时间及价格。实时价格及时间信息请查阅官方App或小程序。

好莱坞大道

GO

小黄人乐园

2

侏罗纪世界

努布拉岛

★侏罗纪世界大冒险

3

哈利·波特的魔法世界

★哈利·波特禁忌之旅

★鹰马飞行过山车

霍格沃茨城堡

★夜间灯光庆典

1

环球大巡游

5

变形金刚基地

★霸天虎过山车

★火种源争夺战

4

环球影城省时大法

1 冬季和工作日，不仅门票便宜，更可以少排队。如果只能休息日来，尽量避开暑期和黄金周，周日（尤其晚间）人流量比周六更少。

2 早起的鸟儿有虫吃。官方小程序销售的“提前入园门票套餐”，只比普通门票贵100多元，却可以让你“快人一步”。安排得当的话，“提前入园卡”可以值回2—3个优速通。

3 如果没有提前入园卡，做第一批进园的游客（通常至少需提前1小时排队），仍然可以抢占很多先机。

4 官方App和小程序可显示各项目实时预估排队时间，足以成为你的最佳省时助手。

5 18:00—19:00后人会少很多，很多热门项目的排队时间较白天会减半，甚至更少。

6 变形金刚区的项目（火种源争夺战）可能因离入口较近，所以中午前后比下午排队时间更长。而哈利·波特区的项目则无此规律，建议上午先去哈利·波特区，下午再去变形金刚区。

7 侏罗纪世界区离任何区都很近，不妨多留意排队状况，发现它排队用时减少可随时“转移阵地”。这一区项目有时还会征集单人补位，若是单人出行或接受跟同伴分开乘坐，可节省大量时间。

8 靠近剧场的项目，如“不可驯服”表演旁的飞跃侏罗纪、霸天虎过山车，在演出散场后人会突然增多，而人最少的时间则是演出即将散场时。

9 避免用餐耽误时间。城市大道的餐厅尽管性价比高些，但步行往返却很耗时；而园区内诸如三把扫帚这样的“网红”餐厅常排队1小时起，建议要么去别家，要么避开用餐高峰，也可以自带干粮。

10 优速通尽管费钱，但确实能让你快速玩到想要的项目。节假日热门项目的优速通会很快售完，一定要在网上预订。如果心仪项目的优速通已售完，可以买三项、五项版优速通“曲线救国”。

1天
北京环球度假区

这是一个可以让你无须购买优速通，只需一张提前入园卡，就能在一天中体验环球影城所有主要项目的行程安排，适用于工作日及非暑期的周末。冬季的工作日甚至可能无须提前入园卡，而在暑期、周末等时段，或需额外买1—2张“优速通”才能保证良好的体验。

上图：霍格沃茨城堡夜间灯光庆典

如果没有“玩遍环球影城”的执念，建议从行程中按喜好精简部分项目，游玩起来会更轻松。环球度假区距北京市区较远，不妨提前到环球度假区内的酒店住一晚，第二天更能从容游玩。购买提前入园卡，正式开园前1小时即可进场。穿过好莱坞大道后右转，经小黄人乐园快步去往哈利·波特的魔法世界区，开始体验平时排队最多的**哈利·波特禁忌之旅**，结束后若有兴致可顺便玩一圈**鹰马飞行**过山车。返回小黄人乐园区，观看**小黄人闹翻天**，结束后去北侧侏罗纪世界努布拉岛区的**侏罗纪世界大冒险**。

之后去西北侧的变形金刚基地，园区内最刺激的**霸天虎过山车**应该可以在15分钟内排到，不敢体验的人可换成隔壁的**火种源争夺战**。

17:00有排场十足的**环球大巡游**，无论身在哪个区域都能看到，不要错过。黄昏时的**飞越侏罗纪**能让你体验美妙的日落风光。晚餐可以走去园外的**城市大道**收获更丰富的美食选择，或叫外卖到环球影城酒店外卖柜。19:30的**霍格沃茨城堡夜间灯光庆典**值得专程观看。

贴士 午餐后晚餐前的时段，部分大热项目排队火爆，此时你可以从容地在园区游荡，在哈利·波特区的霍格莫德小镇拍拍照，去好莱坞星光大道跟“明星”合个影，或者按时刻表看看演出，让你浑身湿透的“未来水世界”、好莱坞区壮观的“不可驯服”和“逼真的灯光，摄像，开拍！”各有各的精彩。

环球影城摄影贴士

1 很多项目晃动剧烈或有溅水，给手机拴根结实的腕带，再带片随时擦镜头的眼镜布。

2 360° 相机可以让你在各种颠簸的项目中不必取景，但同样请注意挂绳固定。另外部分激烈的项目需遵从引导，不要携带手机和相机。

3 提前租一套魔法袍可以让你在霍格沃茨城堡前拍的照片更加出彩。

4 每个好机位都会挤满人，大光圈或广角镜头能尽可能“去掉”挡镜头的路人甲。

5 人最少的时候是一早一晚，而光线最好的时刻是日落前后。如果你来环球影城的第一任务是“出片”，就买张提前入园卡，再把傍晚的时段空出来吧。

1天
798艺术中心周边

这条线路将798艺术区（简称“798”）及周边几座著名的艺术博物馆串联起来，你可以随意组合，整日徜徉在艺术的海洋中，尽情感受创意与美的碰撞。

用一上午的时间，参观❶**中国电影博物馆**（见319页），感受中国电影百年发展史。

下午前往❷**北京798艺术中心**（见281页）。这片面积超过27万平方米，遍布文艺店铺与各色展览的区域，足以轻松消磨掉整个午后时光。出园区北侧小门，穿过外面的酒仙桥北路，对面那座巨大的❸**北京民生现代美术馆**是很多游览者都会忽略的区域。博物馆隔壁还有一座小而美的❹**松下纪念馆**，尽管本质是企业宣传，但完全按照日式叙事逻辑精心布展，会让人恍惚以为到了东京。

你还可以体验……

如果你的兴趣不只是艺术，那么中国铁道博物馆（东郊展馆）和民航博物馆（见319页）同样值得一游。二者距离798艺术中心都不远，可以很方便地打车前往。

贴士 艺术家们比你更能睡懒觉，大多数展览在11:00后才开放，而下午才是798真正开始“苏醒”的时间。如果想看展，建议下午前往798；反之，拍照爱好者将在上午（尤其是工作日）得到一个独享的“巨型片场”。

左页图：北京798艺术中心工业风装置
下图：北京民生现代美术馆“早期中华文明探寻大展”

1天

新新人类城市体验

这片区域将自然与城市的活力巧妙结合，在河边的绿道放慢脚步感受自然的清新，河畔的创意市集、手作工坊和户外咖啡馆更能满足你对新潮的追求。如果你想暂时远离城市的喧嚣，又不愿彻底脱离现代生活的舒适，亮马河周边会是个理想的选择。

☀ 一天的行程从❶**日坛公园**（见283页）开始。连接❷**侨福芳草地**（见275页）与公园的芳草地西街，东侧与朝鲜大使馆相对的区域有一排挂满朝鲜文招牌的神秘小店，不时有挂着像章的使馆人员光顾，值得你进店探索一番。侨福芳草地作为北京颜值最高的购物中心之一，10:00刚开门的时段是顾客最少、最容易出片的时段。遍布商场内外的艺术装置与雕塑足够你大拍特拍。不要错过商场10层免费开放的侨福当代美术馆（有专用电梯直达），国内外艺术家的各类作品常年在此展出。从商场出来，可以去北侧的小卖部咖啡（朝阳区化家楼西单元一层西侧）来一杯“土洋结合”的豆汁冰滴咖啡，为一天充电。之后的午餐，就去东大桥路对面中骏世界城商场门口的BOTTEGA意库，尝尝曾入选全球“前50比萨”榜单的正宗意大利比萨。

美好的下午从三里屯开始。工人体育场北路的❸**三里屯太古里**大牌云集，几乎就是北京的时尚地标，足够消耗掉一下午时间，不过先别着急，晚上还会回到这里。找一辆共享单车，在太古里北区以北的使馆区晃悠一圈，穿行于行道树掩映的幽静街区，从飘扬着各色国旗的使馆前路过。❹**三里屯北小街**沿街分布着不少正宗的西餐厅和进口超市，等待你的光顾。三里屯北小街的北侧尽头即是被戏称为“东方塞纳河”的亮马河。夏季不少人在水中划着桨板悠然而过（除自带外，昆仑饭店南侧河边可租赁皮划艇和桨

你还可以体验……

这条路线附近还有东岳庙（北京民俗博物馆，见278页）、全国农业展览馆（中国农业博物馆，见278页）等场所。如果想让行程更丰富多彩，它们都是不错的选项。

贴士 如果中午不想吃得那么正式，也可以直接去三里屯，三里屯SOHO有不少量大管饱又正宗的平民美食，如阿塞拜疆老板开的烤肉卷店Doner Kebap，也可去下沉广场的刘二姐襄阳牛肉面挑战一下自己的吃辣极限（点微辣就好，最正宗的“襄阳辣”请慎选）。

左页图：侨福芳草地雕塑
本页图：亮马河夜景

板，150—200元/小时）。两岸崭新的亮马河步道就是观赏这一切的最佳位置。沿亮马河继续向东，朝阳公园路东的⑤**蓝色港湾**是吃晚餐的好去处。若只是想随便吃两口，买个滕州菜煎饼，坐在旁边的⑥**亮马河国际风情水岸公园**湖边吃也别有风味。

当夜幕降临，霓虹灯亮起，无论是亮马河还是三里屯，都以另一种面貌登上舞台。可以从蓝色港湾码头乘夜航船欣赏亮马河两岸风光，或在不远处的朝阳公园附近任选一家格调不错的酒吧，开启属于你的北京夜生活！

贴士 蓝色港湾码头的亮马河游船，往返航程约40分钟，19:00—21:00的夜航平日/周末价格每人120/180元，而15:00—18:00的日间游船，同样的行程，平日/周末价格只要80/100元。

场馆演艺新空间

作为中国的文化“心脏”，北京不仅拥有悠久的历史传承，更在当代成为多元化的演艺之都。

上图：国家大剧院

作为游客，白天游览各类景点之后，在夜晚，北京的演艺世界会为你揭开这座城市的另一面：从老牌剧院里令人沉醉的京剧与相声表演，到新潮Livehouse里年轻人热衷的摇滚、电音现场，北京的演出形式丰富多样，不论是传统艺术迷还是现代音乐粉丝，都能在这里找到自己的心头好。而那些在鸟巢或五棵松体育场常年举办的国际巨星演唱会，更是值得乐迷专门安排一次北京之旅。不论你是想在古典与现代之间穿梭，还是期待用一场音乐盛会点燃夜晚，北京都为你准备了最令人难忘的舞台。

京剧

“国粹”京剧，虽然如今已不再是大众文化的“顶流”，但在北京，这门古老的艺术依然顽强地生存着。来北京听京剧，不仅是看一场表演，更像是体验一种文化的“仪式感”——在这个快节奏的时代里，花两个小时沉浸在水袖、锣鼓和韵味十足的唱腔里，有什么比这个更“慢生活”呢？

水袖锣鼓

什么是京剧？

京剧是中国传统戏曲艺术的精粹，融合徽剧、汉调与昆曲，自清代中叶在北京成形。舞台之上，唱念做打，虚实相生：挥鞭即策马，摇桨便行舟，空翻腾跃间山河俱现。生旦净丑四大行当，借油彩勾画忠奸善恶——红脸关羽义薄云天，白面曹操奸诈多疑，金银脸谱多为神佛灵怪。演员以四功五法为基，水袖一甩能搅动风云，翎子微颤可传递心绪。戏服纹样暗藏乾坤，蟒袍玉带显贵贱，凤冠霞帔辨尊卑。作为国粹，这门艺术至今仍用锣鼓点敲击着时代的脉搏。方寸舞台，自有天地。

坐在台下，听老戏骨一亮嗓子，就会明白，京剧在这座城市中的分量依然无可替代。

以下是北京主要的京剧演出场所，查看剧目及购票可前往同名公众号或大麦等售票App：

长安大戏院 地址：东城区建国门内大街7号光华长安大厦1层（地铁1、2号线建国门站A口）

吉祥大戏院 地址：东城区王府井大街88号银泰in88北区7层（地铁8号线金鱼胡同站B口）

梅兰芳大剧院 地址：西城区平安里西大街32号（地铁2、6号线车公庄站C口）

人民剧场 地址：西城区护国寺街74号（地铁4、6、19号线平安里站B口）

湖广会馆 地址：西城区虎坊路3号（地铁7号线D口）

北京北站
西海
后海
鼓楼西大街
0
1.4 km
北新桥
鼓楼东大街
东直门
西直门
新街口
什刹海
赵登禹路
人民剧场
北海北
张自忠路
东四十条
东四十条
车公庄
地安门西大街
南锣鼓巷
平安里
梅兰芳大剧院
北海
景山公园
东二环路
东四
阜成门
阜成门内大街
朝阳门内大街
朝阳门
西四
文津街
中国美术馆
北河沿大街
西二环路
府右街
中海
北长街
故宫博物院
吉祥大戏院
灵境胡同
金鱼胡同
灯市口
金宝街
西单北大街
长安大戏院
太平桥
南海
王府井
天安门西
天安门东
东单
西长安街
东长安街
建国门内大街
建国门
西单
北京站
至湖广会馆 (2km)

韵味十足

京剧表演

给“新票友”的京剧指南

刚开始接触京剧的人难免会对这门古老的艺术感到陌生，别担心，京剧的魅力在于它的细腻、深邃和丰富的表现力，作为“新票友”，慢慢感受其中的韵味，是个令人兴奋的过程。相信我，等你听懂了那一声拖腔、看懂了一个水袖，你就彻底“入坑”了!

以下是一些简单的指南，帮你更好地融入这门国粹的世界：

1. 京剧净角
2. 京剧旦角

左页&上图：京剧盔头

1

2

1. 从经典剧目入手

如果你是第一次听京剧，建议从几部耳熟能详的经典剧目开始，比如《霸王别姬》《贵妃醉酒》或《空城计》。这些戏不但情节生动，还展示了京剧的精髓：唱、念、做、打的完美结合。而且这些故事家喻户晓，观赏起来也更加轻松有趣。

2. 位置选择有讲究

尽量选择靠前的位置，离舞台近一点，才能更好地看到演员精致的表演和复杂的脸谱细节。京剧的表演不仅表现在唱腔上，演员的身段和手势同样精彩。

3. 学会“听”

京剧的唱腔对初听者可能有点难懂，但别急，先放松心情，享受旋律。慢慢来，仔细体会演员的音韵变化和语调处理，每一字每一句都蕴含着情感和技巧，尤其是听一听那些有名的“老生”和“旦角”的声音，时间长了，你会发现其中的美。

4. 注意表演的细节

京剧讲究“做功”，演员的每个动作、眼神都有深意。比如，人物的喜怒哀乐、情感流露，往往通过细腻的身段和舞台动作表现出来。别光盯着剧情，多留心这些细节吧。

5. 适应京剧的节奏

京剧的节奏相对缓慢，尤其是文戏，讲究细腻而有层次的情感表达。作为新票友，不妨带着好奇心，给自己一点时间去适应这种与现代节奏不同的表演方式，别急于求快。

相声

作为相声的发源地之一，北京的相声早已不只是单纯的表演，而更像是老北京人日常生活里的一抹调味剂。走进任何一家演出相声的戏园子，扑面而来的总是浓浓的京味儿。你可以一边端着盖碗茶，嗑着瓜子儿，一边听台上的先生们侃侃而谈，抖包袱、甩梗子，时不时在捧腹大笑中体会属于北京的智慧与风趣。

传统相声与经典剧场

德云社自然是当代北京相声的“扛把子”，尽管近年来他们新开了不少剧场，但很多场次依然一票难求。可在“德云社”微博关注每周五21:30发布的下周节目单，并在半小时后的22:00起在大麦App抢票。

目前德云社共在北京的5家剧场开演，各自地址及特色如下：

广德楼戏园 地址：西城区大栅栏街39号（地铁2、8号线前门站C、I口）

广德楼的历史可追溯到清嘉庆元年（1796年）。现在的剧院建于中华人民共和国成立后，曾名“北京曲艺厅”，侯宝林、郭启儒、高德明等一系列相声大师都曾在此演出。这里也是德云社20世纪初创时最早表演的场所之一。

三庆园 地址：西城区大栅栏街18号6幢（地铁2、8号线前门站C、I口）

与广德楼一街之隔，同样是历史可追溯至清代的老戏园。

天桥剧场 地址：西城区北纬路30号（地铁8号线天桥站A口）

位于“酒旗戏鼓天桥市，多少游人不忆家”的老天桥区域，是德云社走向今日辉煌的重要地点。

群英荟萃的北京相声

德云社的相声固然很有知名度，然而群英荟萃的北京相声界远不止德云社一家。像是同样火爆的喜笑会（微博：北京喜笑会，市内有多个剧场），或是长年坚持以30元门票回馈观众的公益性周末相声俱乐部（演出地点：东城区文化馆；微信公众号：票行天下），都值得去体验。

“名角光顾”的新剧场

以上三家剧场都是年代较为久远的老剧场，优点是氛围感十足，然而条件一般，尤其是空调经常被观众诟病。若希望环境更舒适，可去以下两家新剧场，尤其是经常有名角光顾的三里屯剧场。

三里屯剧场 地址：朝阳区三里屯SOHO商场B1层（地铁3、10号线团结湖站D口）

学院路剧场 地址：海淀区学清路甲8号1号连廊2层（地铁15号线、昌平线六道口站B口北600米）

听相声小贴士

1 前排票价最高，但视野未必好，可能需要全程仰头看演员。对大多数人来说，最舒服的位置是二三排的桌子。

2 场内零食和茶水大都不便宜，且通常禁止外带。好在并非强制消费，可以吃饱喝足再去听相声。

3 一场相声通常要2—3小时。而全场最大的角、最好的节目一般都在最后，一定要打起精神来。

4 德云社的名角们大部分时间都在各地走穴，在北京小剧场常难觅其踪。如果刚好遇到他们出现，就是订票“拼手速”的时候了。然而在现场听相声主要是为了感受氛围，其实不必拘泥于名角们。

音乐现场

Livehouse

20世纪90年代末，北京的地下音乐开始萌芽，摇滚乐、民谣等独立音乐形式在这座城市里找到了自己的声音。最早的一批Livehouse诞生，不仅为本土乐队提供了舞台，也让北京逐渐成为中国音乐爱好者的聚集地。

如今，Livehouse早就成了北京独立音乐文化的代名词。这些地方不像传统演出场馆那么“正经”，反而充满了随性和自由，氛围也更加亲密。无论是坐着听摇滚嗨翻全场，还是站着听一场温暖的民谣，你都能在这里感受到最纯粹的现场音乐体验。

我们为你整理了北京人气颇高的Livehouse，你可以在其微信公众号（大多同名）找到近期演出安排及订票入口。

北京人气Livehouse分布图

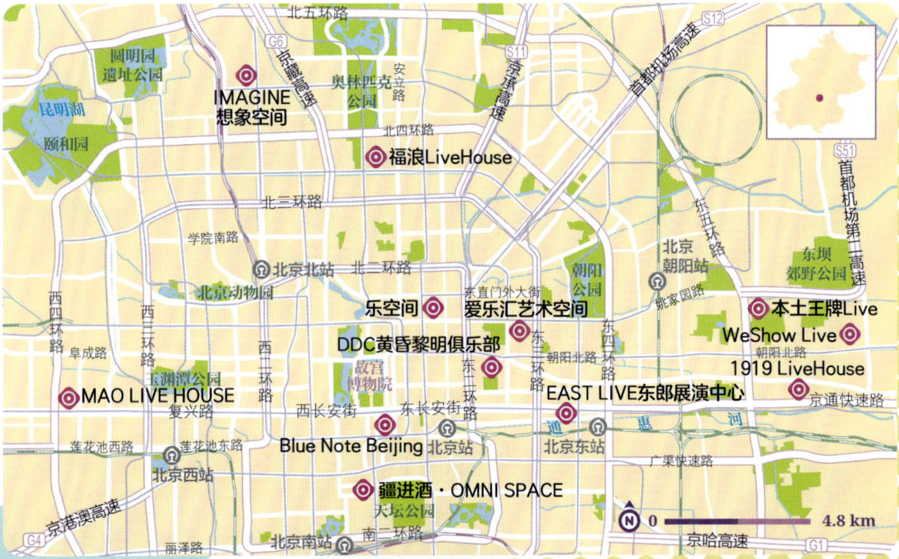

参加音乐节的乐迷

在北京参加一场音乐节

如果Livehouse还不能满足你对音乐的追求，那就参加一场音乐节吧。草地上铺个垫子，手里举着啤酒，四周都是穿着极富个性的音乐迷，你可以跟着摇滚乐队跳到嗓子哑，也能在民谣舞台前闭眼感受内心的平静。

以下是在北京已举办多届的音乐节及相关信息。大多数音乐节都集中在五一或国庆假期前后。如果在其他时间来北京，则可关注每年举办多次的奥森城市森林音乐季。

名称	流派	时间	地点	购票平台
草莓音乐节	流行 摇滚 说唱	五一前后	延庆区世园飞行营地	“正在现场”App或小程序
大运河音乐节	流行 摇滚 说唱	中秋、国庆前后	通州区城市绿心森林公园	大麦
MDSK音乐节	说唱	国庆前后	延庆区世园飞行营地	大麦等App
北京国际音乐节	古典 爵士	10月	多场馆	“国际音乐节”小程序
奥森城市森林音乐季	流行 摇滚 说唱	每年多次	朝阳区奥林匹克森林公园公园南门露天剧场	大麦等App

MUSIC FESTIVAL

宝藏云集

博物奇旅

在这座博物馆之城，无论你的兴趣有多么小众，都不难找到一家属于你自己的博物馆。

没有哪座城市比北京更适合开启一段博物奇旅了。截至2024年底，北京市共有备案博物馆241家，其中国家一级博物馆就多达18家。这座城市几乎能满足任何博物馆爱好者的需求，从故宫、国博、首博这样的综合性大馆，到天文、航空、军事等专题领域的博物馆，这是一座值得好好挖掘的宝藏城市。

遍布全城的各式博物馆、美术馆、纪念馆常年“推陈出新”，高规格的临展不断，时刻关注展讯已成为看展达人的必备技能，在热门展厅外的长队中，你甚至也不难见到那些拖着行李箱风尘仆仆从高铁站、机场赶来的外地观众。但北京的迷人之处同样也在最平凡的社区、胡同之中，那些不断涌现的小型展馆、纪念馆，承载着本地的生活记忆，也始终坚持举办讲座、导览等活动。

事实上，古老的北京城本身就是一座庞大的博物馆——长城、北京故宫、周口店遗址、颐和园、天坛、明十三陵、大运河和北京中轴线共8项世界遗产，共同搭建出这座都城引以为傲的历史骨架。3840处不可移动文物、501万件（套）国有可移动文物、超过100项非物质文化遗产国家级代表性项目，如此丰富的文化资源使你无论何时都有机会“另辟蹊径”，不必总在拥堵的热门景区中摩肩接踵。

左页图：中国国家博物馆馆藏彩绘石骑马人
上图：故宫博物院珍宝馆馆藏金嵌珍珠宝石八宝

选择适合自己的博物馆

在北京的众多博物馆中，你或许只能挑选少数几家作为目的地。我们在此梳理了不同的参观需求及对应的推荐，方便旅行者做出更好的行前决策。

文物爱好者及摄影师

如果你想要尽可能多地参观那些重磅知名文物，故宫博物院、中国国家博物馆无疑是首选。近年新开的中国考古博物馆也收藏了许多来自二里头、殷墟等大遗址的珍贵文物。新近改陈的首都博物馆终于拥有了一个像样地展现北京通史的基本陈列，新开放的北京大运河博物馆则有着大运河历史的全景呈现。

如果你想要拍摄出一些精彩的文物照片，这几家“财大气粗”的博物馆也是最佳选择，它们往往有无反光玻璃展柜，同时更注重展厅布置和文物打光。几家大馆也经常举办各种主题的临展，是拍摄各地乃至海外文物珍品的好机会。

带孩子旅行

北京天文馆、中国科学技术馆、国家自然博物馆往往最能吸引孩子的眼球，这些科学类展馆能提供丰富的互动体验设施，也经常组织讲座、电影、导览活动。另外还有由中国科学院设立的国家动物博物馆（朝阳区北辰西路1号院5号）、中国古动物馆（西城区西直门外大街142号），相对小众。

上图：中国考古博物馆馆藏：绿松石龙形器
下图：北京天文馆中国三垣二十八宿星官体系图

“视觉系”观众

可以前往中国电影博物馆看一场颇为震撼的IMAX巨幕电影。艺术爱好者可以参观名作云集的中国美术馆，或去中央美术学院美术馆赶一场初夏时节的毕业作品展，你将有机会领略年轻艺术家的灵感与激情。新开放的中国工艺美术馆以“非遗”技艺为主，可以近距离感受中国艺术的巧夺天工。

上图：中国电影博物馆
左图：中国铁道博物馆
右图：周口店北京人遗址博物馆雕塑

“交通迷”和“军迷”

最值得一看的有中国铁道博物馆、中国航空博物馆，有消息称后者可能会在近年迁至长春，那么民航博物馆、北京航空航天博物馆也是不错的选项。另外，北京还有地铁文化公园（大兴区西红门镇南环路）、北京公交博物馆（丰台区莲花池西里29号）。“军迷”的参观首选当然是中国人民革命军事博物馆，也别忘了卢沟桥附近有一座中国人民抗日战争纪念馆。

新老“北京人”

常居于此的新老市民将有更多时间去探索北京古老的人类史、文明史。周口店北京人遗址博物馆、西周燕都遗址博物馆、山戎文化陈列馆（延庆区张山营镇玉皇庙村）、大葆台西汉墓博物馆、辽金城垣博物馆、明十三陵博物馆将以考古的视角呈现一个“地下北京”。

3天 北京博物馆精华之旅

这条线路为期3天，无论你是想要开启丰富学识之旅的独自旅行者，还是带孩子研学的家庭旅行者，都能够获得远超预期的神奇体验。

第1天

☀ 参观❶**中国国家博物馆**（见194页）通常要从地下一层的古代中国看起，即便只是走马观花，这个明星展品云集的庞大展览也会耗去半天时间。如果时间充裕，还可以依兴趣继续参观复兴之路或4层的瓷器、玉器、钱币、书画、佛像等专题陈列。

☀ 虽然❷**国家自然博物馆**（见241页）已显得有些老旧，但周末和节假日仍是一票难求。古爬行动物、古哺乳动物、恐龙公园、水生生物馆都是颇受孩子欢迎的展厅。

贴士 如果带孩子旅行，可以提前了解国家自然博物馆的"实验乐翻天""自然学堂""标本零距离"等体验或课程项目，可通过官网的"教育"栏目了解具体的活动安排。

第2天

☀ 在开启探索北京各大名胜古迹的行程前，不妨先来❸**首都博物馆**（见253页）了解一下北京的历史。方形展厅的2—4层是最值得一看的北京通史陈列，需要预留至少2小时参观。圆形展厅则为专题艺术陈列，4—6层的主题分别为燕地青铜艺术、古代玉器艺术、古代佛塔文物。在博物馆B1层设有餐厅，可以解决午餐。

☀ 可乘地铁1号线或公交1路前往西面不远处的❹**中国人民革命军事博物馆**（见256页）。馆内除了展示中国的军事建设成就外，也有不少战争中的战利品。

贴士 军博拥有丰富的体验项目，但在暑期旺季时，微信公众号上释放的预约名额几乎总是秒无，记得设置闹钟、"掐点"预约。每场体验活动刚开始时往往大排长龙，建议先自行参观附近展厅，等到活动时段临近结束时再返回参与。

逛遍北京的博物馆

北京博物馆通票

费用：全年120元，半年60元

发售时间：前一年11月起发售

使用期限：发售日始至当年12月底前

使用范围：包括孔庙和国子监博物馆、国家动物博物馆、中国地质博物馆等场馆，可享受百余家博物馆的一人次或两人次的免费、折扣权益，在非旺季也可以凭此享有部分博物馆的免预约参观权益。

通票模式：一本包括各博物馆简介的小册子，在每次使用时须盖章核销。

官网：www.bowuguan.com.cn（可查询具体权益及场馆名录）

微信公众号：北京博物馆通票

左页上图：国家自然博物馆馆内展览
左页下图：首都博物馆馆藏文物：
青花凤首扁壶

你还可以体验……

奥体及大屯路一带已经成为北京新的博物馆集中地，你可以按照兴趣来安排游览中国科学家博物馆、中华民族园（北京中华民族博物院）、北京奥运博物馆、中国工艺美术馆、中国共产党历史展览馆和国家动物博物馆。

第3天

☀ 上午前往⑤**中国考古博物馆**（见277页）参观，基本陈列共有5个专题，完整看完至少需要2—3小时，当然参观并非“匀速”，建议你重点关注新石器时代和夏商周时期的展品，这才是考古博物馆的优势时段。中午可以在西面不远处的新奥天虹商场吃饭。

☀ 从史前时代穿越到尖端科技，只需要沿着北辰东路向北步行约1公里。体量巨大的⑥**中国科学技术馆**（见276页）值得你安排半天游览，其中还有专门为孩子设计的儿童科学乐园。馆内设有4座影院，播放各类科普电影及纪录片，逛累了可以歇歇脚，但眼睛不能闲着。

贴士 中国考古博物馆的临展多为收费展，且普遍票价昂贵，性价比并不高。

摩登都市摄影之旅

古都的新装不再满足于传统与现代的简单拼贴，光影流转的北京，吸引着无数镜头捕捉其多元的魅力。

上图：北京CBD夜景

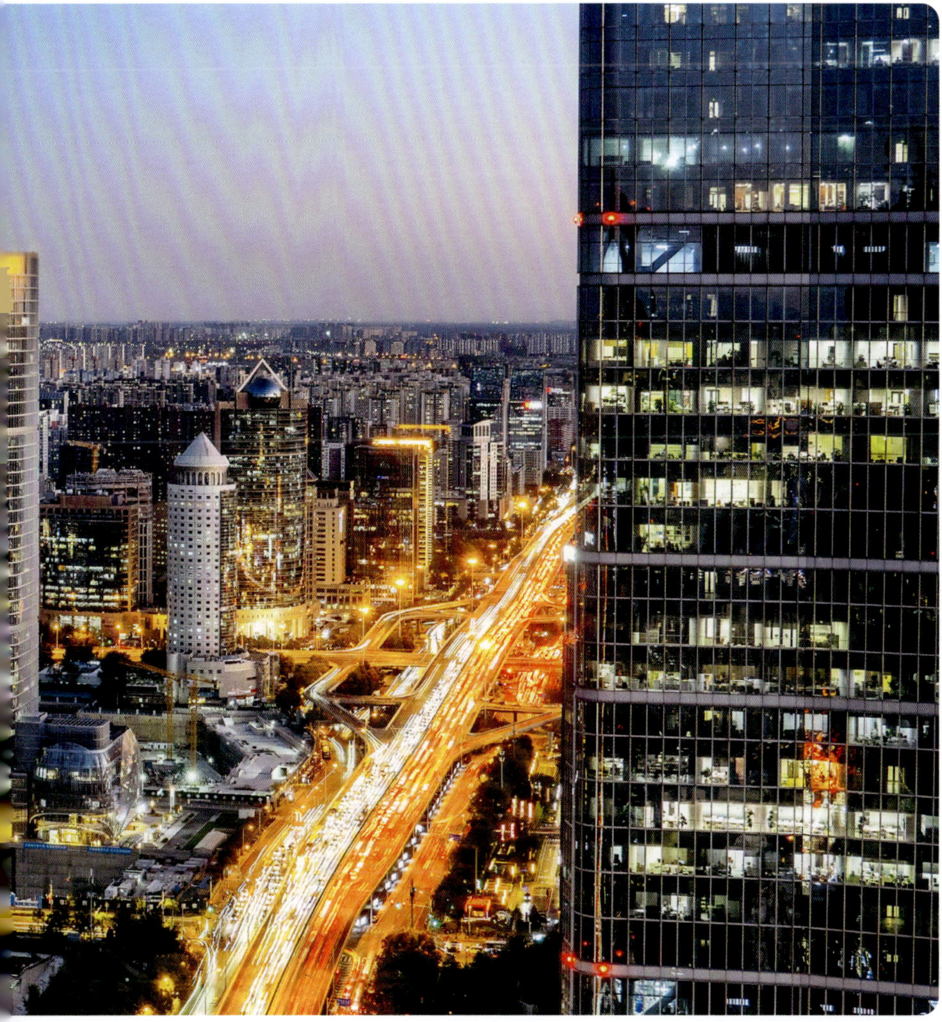

对摄影爱好者来说，北京身为摩登都市的一面无疑是一片充满灵感的创作天地。从古香古色的故宫、天坛，到高耸入云的“中国尊”，再到灯火璀璨的国贸CBD夜景，每个角落都充满了独特的视觉冲击力。这趟“摩登都市摄影之旅”将带你捕捉北京最前沿的建筑设计、街头文化和生活瞬间，用镜头定格属于这座城市的时尚脉动与繁华气息。无论是追求极简的建筑美学，还是街头的活力色彩，你都会在每一次按下快门时找到新的灵感。

时代感满满的“北京十大建筑”

除了以故宫、天坛为代表的古代建筑，以及以扎哈·哈迪德作品为代表的当代建筑，在北京还能看到很多融合了中国传统元素与苏联式建筑特点的建筑。它们大多建于20世纪中叶，尤以1959年前后为庆祝中华人民共和国成立十周年而集中建设的“十大建筑”为代表。

20世纪50年代末，中国正处于大规模工业化和城市现代化的起步阶段。“十大建筑”大多秉承苏联的“宏伟建筑”理念，强调尺度感和纪念性。这种风格与中国传统建筑的对称性和屋顶设计相结合，形成了独特的建筑语言。

1

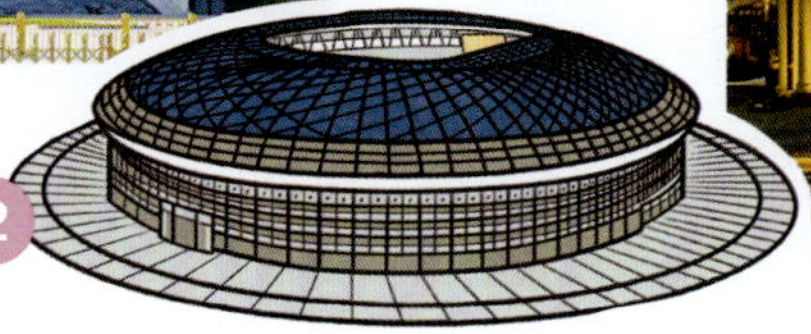

2

彰显国家力量

人民大会堂无疑是其中最具代表性的，它的大尺度设计、庄重的立面以及内部的华丽装饰，使其不仅是一座政治场所，还通过宏伟气势彰显了国家权威。而与其沿北京中轴线对称的**中国历史博物馆**与**中国革命博物馆**（两馆属同一建筑内，即今中国国家博物馆）则通过简洁对称设计和巨大的柱廊形成了象征国家权力和历史记忆的“门面”，凸显了国家力量与革命历程。

效率与功能兼具

除了政治象征，这些建筑在功能上也满足了国家当时的实际需求。**北京火车站**是中国交通现代化的重要标志，融合了中国传统的建筑元素与苏联强调效率和功能性的设计理念。**北京工人体育场**则是另一个典型例子，作为中华人民共和国最早举办国际体育赛事的大型体育设施之一，它的设计注重功能性和容量，与苏联同时期的大型体育场（如莫斯科的卢日尼基体育场）有很多相似之处。

北京的“十大建筑”融合了中国传统和苏联现代主义风格，既是对社会主义文化的诠释，也是国家希冀走向现代化的象征。它们不仅功能多样，满足了政治、文化和社会需求，同时也兼具纪念性和实用性，成为当代北京城市景观不可或缺的一部分。

这些建筑通过对形式与功能的综合考虑，成功打造出一种既现代又不失民族特色的城市景观。无论是面向国内的日常使用，还是面向国际的外交场合，这些建筑都具备了时代感与历史感，充分体现了当时中国建筑界的创新思维。

1.人民大会堂
2.北京工人体育场
3.北京展览馆
4.民族文化宫

苏式浪漫

中外融合的美学大观

北京展览馆是典型的苏联式展览建筑，其庞大的展厅和广场设计与莫斯科的全俄展览中心如出一辙。与此同时，北京展览馆的建筑顶部融入了中国传统的飞檐设计，形成了独特的中苏结合的风格。展示新中国农业成就的**全国农业展览馆**同样采用了典型的苏联展览建筑风格，尤其注重广场空间与展厅的通透性。

钓鱼台国宾馆虽然位于传统的皇家园林中，但内部设计强调功能性和国际化，典型的苏联式“简约而宏大”的风格在这里得以体现。**民族文化宫**则融合了各民族文化的装饰元素和苏联式的功能设计，象征着新中国的民族团结。除此之外还有一座**华侨大厦**，但原建筑已于1988年拆除，新的华侨大厦于1992年重新开业。

建筑师扎哈 · 哈迪德与北京

扎哈 · 哈迪德（Zaha Hadid）享有“解构主义女王”之称，是世界上最具创新性的建筑师之一。作为首位获得普利兹克建筑奖的女性，她以极具未来感的设计、流畅的曲线以及前卫的建筑语言彻底改变了当代建筑的面貌。她大胆挑战传统建筑形式，强调建筑与自然的融合，创造出如同雕塑般的建筑体量，让人仿佛置身于科幻电影中。

在她辉煌的职业生涯中，北京成了她重要的创作舞台。她的代表作之一便是**银河SOHO**（见上图）。这片位于市中心的建筑群由四个巨大的圆形建筑体相互交织而成，充满了流动的曲线与开放的空间，彻底颠覆了传统的建筑形式。银河SOHO不仅是办公、商业和娱乐的综合体，更是一件巨型雕塑，象征着北京这座古老城市在现代化进程中的活力与变革。

她的设计赋予了建筑生命感和流动感，
为这座历史悠久的城市注入了
充满未来感的创新元素，深刻影响了
北京的城市面貌与建筑文化。

望京SOHO（见上图）则进一步展现了扎哈对流线型建筑的极致诠释。三座高耸入云的塔楼以丝带般的优美曲线缠绕在一起，展现出一种强烈的动感和未来感。它不仅是望京地区的地标性建筑，更成了北京现代商业和办公区的象征。这座建筑的每一个角度都充满了视觉张力，仿佛在动态中凝固。

扎哈·哈迪德在北京的作品不仅是对建筑美学的突破，更是传统与现代的对话。

扎哈·哈迪德在北京的最后一件作品是**丽泽SOHO**（见右图）。建筑位于新兴的丽泽金融商务区，呈现出扎哈标志性的双螺旋结构。建筑中庭高达190米，以连续流动的曲线设计将多个楼层的空间有机地连接在一起，其结构宛如DNA双螺旋，象征着生命与科技的结合。

著名建筑的常见拍照机位

故宫

- **景山公园**：在景山公园的山顶向南可以拍到故宫北门神武门与若干著名建筑。需要中长焦镜头。
- **西北角楼**（东城区景山前街与北长街交会处）：著名的故宫角楼机位。超广角或广角镜头均可。

天坛

- **北京体育馆北门附近天桥**：向西可以拍摄到道路尽头的天坛祈年殿。每年春分秋分前后，可以拍摄悬日从祈年殿落下的著名场景，但届时拍摄者非常多，可能会限制拍摄。需要长焦镜头。

奥林匹克公园

- **奥林匹克塔**：可俯瞰整个园区的“官方”机位，除了门票贵点，没别的缺点。建议用中长焦镜头。

首钢园

- **功碑阁**（园区西侧山上）：可俯瞰整个园区建筑。建议用中长焦镜头。
- **三高炉**：付费登顶后，可近距离俯瞰园区景观。建议用广角或中焦镜头。
- **香格里拉酒店**：大堂室内装置艺术令人称奇。超广角、广角及中焦镜头（拍摄细节）均可出片。
- **首钢国际会展中心1号馆**：被包裹在建筑内的三号高炉令人印象深刻。可用超广角镜头拍摄。

国贸CBD

- **景华南街**：著名机位，可以拍摄到道路尽头的中央广播电视总台（“大裤衩”），清晨车辆较少。需要长焦镜头。
- **国贸商城北区6层观景台**：可从高处拍摄“大裤衩”及周围建筑。广角或中焦镜头均可。
- **建外SOHO**（国贸地铁站C口）：著名的俯瞰国贸立交桥和CBD楼群机位，日落后的蓝调时间尤为壮观。此处为写字楼，禁止外人进入，但有时有些写字楼高层的商家会推出摄影团购套餐，花小钱就可合法进入拍照。需要超广角或广角镜头。
- **钟楼**：天气好时可向东南方向拍摄到CBD全景。需要长焦或超长焦镜头。
- **LV国贸商城店**（国贸地铁站A口）：被网友挖掘出的“颠倒世界”拍摄地，原理是利用商铺镜面顶的门头，将其中反射的人像与旁边显得倒置的高楼一起取景。著名的转角处可能排队者非常多，其实非转角处也可拍摄。

扎哈·哈迪德作品

以下建筑均建议用超广角镜头拍摄。

- **银河SOHO**（朝阳门站G口）：室内室外均非常值得拍摄。
- **丽泽SOHO**（丽泽商务区站D口）：除了建筑外观，一楼大堂的顶部是著名拍照机位（可惜楼上不对游客开放）。
- **望京SOHO**（望京地区中心）：留意建筑周围地面（及对面公园）的“官方拍摄点”，那是官方认可的“最佳机位”。

灵性之旅

古寺

古寺名刹之旅

作为一座既现代又古老的城市，探索北京的古寺名刹是感受这片土地深厚历史和文化的绝佳方式。

红螺寺的静谧山林，云居寺的石刻经文，戒台寺的庄严肃穆，潭柘寺的古老深沉，共同构成了北京佛教文化的丰富画卷。漫步在这些寺庙之间，欣赏古建筑的精美与自然景观的秀丽，你可以感受到古人对信仰的虔诚与对生活的思考。我们将带你远离都市喧嚣，进入一段宁静而充满灵性的旅程。无论是古树、佛像，还是寺庙庭院，都能让你在这片古老的土地上找到内心的平和。

左图：潭柘寺的香炉
上图：卧佛寺秋叶黄

北京的古寺名刹

北京的古寺名刹承载着千年文明积淀，其历史脉络与建筑艺术共同构筑了古都独特的宗教文化景观。作为中国北方佛教文化发源地之一，北京现存寺院可追溯至西晋至隋唐时期，历经辽金、元明清各代扩建修缮。这些历经沧桑的古寺，以物质遗存与非物质文化共同构建起北京宗教史的空间叙事。从西晋禅林到皇家梵刹，从藏传佛殿到民俗庙会，寺院既是信仰实践的场所，更是城市记忆的容器，持续书写着传统文化与现代文明的对话篇章。

水环佛刹

寺隐山林

佛教东传

“先有潭柘，后有幽州。”北京地区佛教寺院始兴于西晋永嘉年间，位于门头沟的潭柘寺即为现存最早实例。潭柘寺的选址颇有深意，后山双溪汇流成潭，寺周柘树成林，形成“寺隐山林，水环佛刹”的格局。至唐代，法源寺（原悯忠寺）作为幽州城核心佛寺，成为北方佛教弘法重镇。寺内存放、展出大量佛造像、壁画、碑石、经幢，具有极高的文物价值。

辽金元时期寺院功能拓展

辽代佛教盛行，西山地区成为寺院密集区。辽代扩建的八大处灵光寺，因供奉佛牙舍利而地位显赫，其八角十三层密檐砖塔展现中国古代佛塔的艺术精髓。元代藏传佛教传入，始建于元至元十六年（1279年）的妙应寺，寺内白塔为中国现存较早较大的元代藏式佛塔。由元丞相府邸改建的护国寺，其建筑风格体现多元文化碰撞下的建筑创新。

1

2

明清皇家寺院体系建构

明代敕建寺院多具政治象征意义。清代增建行宫建筑群，构成“寺宫合一”的特殊形态。清雍正年间改建的雍和宫，将王府建筑转化为藏传佛教格鲁派寺院，成为北京唯一以“宫”命名的寺院。历经明清几度兴建的万寿寺最终形成了集寺庙、行宫、园林于一体的格局。

近现代功能转型与文化传承

20世纪以来，古寺逐步向公共文化空间转化。法源寺自1956年设立中国佛学院，延续讲经弘法传统；大钟寺辟为古钟博物馆，系统展示从商周编钟至清代道钟的礼乐文明；万寿寺经多年修缮，其东路僧房改建为北京艺术博物馆，使寺院建筑群成为“活态文化载体”。

1.大钟寺内的永乐大钟
2.法源寺天王殿

左页图：潭柘寺香林净土

追赶“花事”，从寺院到公园

遍布北京的寺院、宫殿、园林都是如今市民游客赏花的去处，正如朱自清《看花》中Y君的感叹，“北平看花，是要赶着看的”。

清末民初时，北京的市政服务远不如今日完善，“公园”的概念亦未普及，因此当年赏花往往是往寺院里去，民谚中常把“崇效寺的牡丹，花之寺的海棠，天宁寺的芍药，法源寺的丁香”并称为北京城的四大花事，梁思成、林徽因、徐志摩等人便把法源寺游赏丁香作为招待泰戈尔的“保留节目”。

寺院花事正是北京城人文与自然完美融合的缩影：从3月底开始，古城内的智化寺便渐次被梨花、丁香、海棠环绕，城郊的大觉寺、潭柘寺内玉兰飘香；到了4月底至5月间，华贵的牡丹花更衬托出戒台寺不凡的皇家背景。

从1924年起，原本作为逊帝私产的各大皇家园林在整修后也逐步对外开放，成为市民公园，北京城的春季花事变得更为繁忙热闹。大致从3月中旬起，颐和园西堤上的桃花便竞相绽放，与湖光阁影交相辉映，居庸关及市郊铁路S2线沿线杏花盛开，火车在花海中穿行。3月底开始，天坛古柏下的二月兰营造出一片“香雪海”的景观，每逢周末，还可能赶上中和韶乐的音乐展示。玉渊潭公园的樱花、中山公园的郁金香、陶然亭公园的海棠也会从3月底持续至4月。4月上中旬，可以去元大都遗址公园赏海棠，“海棠花溪”景区有城内最大的海棠林。4月中旬开始，景山公园由牡丹、芍药领衔，

1.智化寺智化殿前梨花绽放
2.法源寺春季丁香花开
3.天坛祈年殿前盛开的红色月季
4.玉渊潭的樱花与中央电视塔

献上春季花卉展，同时还搭配各种文创展卖、“非遗”展演和夜游活动。4月底，红螺寺内的“紫藤寄松”的奇观准时上演，恭王府、颐和园长廊上的紫藤也是花开成瀑。5月以后，天坛、景山等地月季盛开。国家植物园的花期更为漫长而灿烂，从3月开始，玉兰、梅花、山桃、海棠、丁香、牡丹、芍药将无缝连缀起整个春天。

当然，北京的花事并非只在春天。夏季，各大公园的水面上几乎都有莲、荷绽放，你可以去清华大学感受一番“正版”的《荷塘月色》。9月中下旬起，景山、北海、天坛等地都可以赏菊，正如老舍在《北平的秋天》中所说：“北平的菊种之多，式样之奇，足以甲天下。”值得一提的是，在繁花纷纭中，月季、菊花才是北京的市花，市花专属的月季文化节、菊花文化节都已经连续举办多年。

你可以通过微信公众号“畅游公园”或微博“首都园林绿化”，了解北京的最新“花事”。

北京寺院“花事”地图

1天

红螺寺与雁栖湖

这条线路可将怀柔两大著名目的地结合在一天中遍览。若时间允许，也可提前到周边的民宿住一晚，第二天早起登山或环湖，可以得到游人更少也更凉爽的旅行体验。

上图：红螺寺的银杏
右页左图：红螺池
右页右图：雁栖湖日落

起个大早，乘车或自驾前往❶**红螺寺**（见339页），依次游览山下的红螺寺与半山的观音寺，有余力的话还可步行前往山顶的观景台与中天门。若想节省体力并体验一下刺激的感觉，也可搭乘滑道往返于红螺寺与观音寺间。红螺寺南200米处有一家宠物友好的咖啡店❷**tomo'coffee**（怀柔区怀柔村怀柔镇芦庄村1号，9:30—17:00），如果携“毛孩子”来游玩，不妨在此小憩。

从红螺寺下山后前往❸**雁栖湖**（见341页），秋季来此，可以见到湛蓝的湖水与浓郁的彩林交相辉映的美景。

你还可以体验……

红螺寺也可与慕田峪长城组成一日游。红螺寺以南1公里的红螺湖，面积虽不如雁栖湖，却是多种鸟类的乐园，包括火烈鸟与非洲鸵鸟等，值得小朋友和动物爱好者一探究竟。

贴士 游览整个红螺寺景区需要爬大量台阶。若在暑期，将游览安排在上午，能尽可能躲开午后的炎热；反之在冬季，下午相对温暖的阳光可以减少山上的寒意。

怀柔北站
京加路
雁栖湖
雁栖湖
龙德行路
3 雁栖湖
雁栖湖西路
G111
雁西湖路
京
1 红螺寺
红螺寺
雁西湖南路
密
新峰街
引
京加路
雁
水
tomo'coffee
渠
栖
立科路
2
永乐大街
杨雁路
河
0
1.3 km

1天

房山访古精华之旅

这条线路将远古时代的周口店北京猿人遗址与收藏了大量隋代以来珍贵石经的云居寺、石经山串联在一起，让你在一天内“穿越”50万年历史。

上图：云居寺
下图：云居寺南塔
右页图：石经山藏经洞

一早从北京市区出发，前往曾发掘出北京猿人头盖骨的❶**周口店国家考古遗址公园**（见340页），实地感受历史的气息，之后在遗址附近的周口店镇用午餐。

花1—2小时游览❷**云居寺**（见339页），如果体力允许，之后可前往对面更大的❸**石经山**。从石经山大门往返山上藏经的千佛洞约需2小时。

你还可以体验……

云居寺以西约10公里有十渡（见343页），若想将历史与自然结合，自驾游客可将其与云居寺、石经山合并在一天中游览。但请注意十渡部分收费景点闭园较早，时间允许的话可以在十渡附近的民宿住一晚。

贴士 周口店遗址入口前有周口店遗址博物馆，但规模较小。从北京市区自驾前往周口店需1—1.5小时，若上午想游览完遗址和博物馆，请尽早出发；若想从容游览，也可将上午部分略过，直接前往云居寺。

周口店国家考古遗址公园 1
周口店站
周口店
上方山国家森林公园
周张路
京周路
S317
S320
牤
牛
河
周
口
店
河
阎周路
G234
孤山口站
周张路
龙下路
瓦梨路
石经山 3
云居寺站
云居寺 2
京昆高速
G5
房易路
岳琉路
周张路
S320
G234
0
3.5 km

慈悲取舍度有缘

1天

戒台寺与千灵山

这条线路将拥有全国三大戒坛之一的戒台寺与附近拥有完善登山步道的千灵山结合起来，让你在一天内同时感受佛国清幽与户外徒步的乐趣。

上图：丁香盛放的戒台寺
右页图：千灵山护国宝塔

上午先游览❶**戒台寺**（见337页），探访寺内号称“天下第一坛”的国内最大戒坛。完整游览寺庙需1—2小时，之后可在寺庙的大斋堂用素斋。

午餐后稍事休息，前往千灵山。从❷**千灵山北门**进入，依次经过护国宝塔、观音洞、摩崖碑、文殊庵、金灯洞，一直到达北天门。从此处继续向前不远即是京西南第一高峰，海拔669米的❸**极乐峰**。下山可走南线，依次经过兜率天、极乐洞、北天门、南天门、实山上人塔、佛岩垂笑、伏虎亭、药师洞、道孚塔，之后转向仙人谷登山步道，经千灵山文化石刻、聚仙榭到达龙王庙，再转到左侧向北的玉亭沟步道一路回到千灵山北门。景区内上下山全程需2—3小时。出景区后，若还有余力，可不走来时的路，而是沿南侧的千灵山休闲步道再绕行约2.5公里（约1小时），回到戒台寺。

返回市区的路上可顺道游览❹**首钢园**（见316页），黄昏景色尤其宜人。此处也是用晚餐的好去处。

你还可以体验……

戒台寺与潭柘寺（见337页）相去不远。若想一天造访两座佛寺，也可将两寺分别安排在上下午游览，但请注意二者间无公交车，只能搭网约车或自驾。

贴士 戒台寺的素斋每日有11:30和12:00两轮，每人20元不限量。夏季可将千灵山徒步安排在上午，能凉快一些。但请尽量早出发，以免错过戒台寺的素斋时间。戒台寺山下石佛村方向岔路有戒台寺的石牌坊、北京最大的明代摩崖造像群，以及芦潭古道仅存的最后一段。若还有体力，非常值得顺道游览。

金安桥
苹果园
阜石路
杨庄大街
4 首钢园
四道桥
石担路
北辛安
桥户营
新首钢
古城
金安路
石景山路
上岸
首 钢 园
永
古城南街
栗园庄
G4501
小园
莲石快速路
石厂
定
西六环路
河
G108
京昆线
北宫路
北京园博园
千灵山北门
1 戒台寺
北宫国家森林公园
2
极乐峰 3
千灵山
大灰厂路
园博园
张郭庄
大灰厂站
园博园南路
长兴路
0
2 km

1天 潭柘寺与檀谷

这条线路将带你在一天内先后感受北京最古老的寺庙潭柘寺的历史底蕴与新晋“网红打卡地”檀谷的潮流感。

上图：雪中的潭柘寺
右页上图：檀谷 · 慢闪公园
右页下图：潭柘寺的祈福牌

☀ 从北京市区出发前往❶**潭柘寺**（见337页）。寺内游览需1—2小时，中午可在寺门口环境优雅的嘉福宾舍素食餐厅用餐。

☀ 乘931路或M32路公交均可从潭柘寺直达檀谷。檀谷分两个区域，❷**檀谷生活汇**商业街汇集了诸多餐饮与潮流店铺，❸**檀谷 · 慢闪公园**（平日/周末门票19.9/29.9元，调研时关注其微信公众号可免费）更适合拍照与放空。这里的玩法因人而异，你可以在慢闪公园里疯狂拍照，不错过每一个可能的机位，也可以在单向空间书店或其他咖啡馆点杯咖啡，找一本喜爱的书，坐在落地窗边悠闲地阅读一下午。而晚餐同样可在这里解决。

你还可以体验……

若不想在檀谷停留太久，下午也可游览首钢园（见316页），可以轻松安排出多至半天的行程，此处也是用晚餐的好去处。

潭柘寺西南有一座天门山森林公园，内有三条步道，环线游览一圈需2—3小时。因附近无公交车，自驾游的户外爱好者可以考虑将其加入本日行程。

贴士 周末及农历初一、十五是寺庙游览的高峰期。虽然有公交节假日专线直达潭柘寺，但因此也让公交客人停留的上午时段“旺上加旺”。如果在这些天自驾前来，或不介意多花点时间转公交，可将本行程上下午对调，在游人更少的下午参观寺庙。檀谷 · 慢闪公园内有时会举办音乐节，其间门票也会水涨船高至100多元，可提前在微信公众号“檀谷TANKO”了解相关安排。

0
1.1 km
1 潭柘寺
八奇洞
景区
南桑路
潭王路旧线
G234
潭王路
天门山
森林公园
千峰街
京奥中路
檀谷生活汇 2
3
耸翠路
锦屏北街
锦屏街
檀谷・慢闪公园
G108
京昆线
京昆线

MOON

百
事
如
意

京畿户外生态之旅

从苍翠的山峦到蜿蜒的胡同，北京有无数的骑行和徒步路线等待探索。这里不仅是文化爱好者的胜地，也是户外爱好者的天堂。

上图：秋日的雁栖湖

北京，这座千年古都，在历史烟云与现代文明的交织中，为户外爱好者提供了多元化的自然探索场景。从骑行穿梭于城市肌理与山水脉络之间，到徒步丈量长城与京西古道，再到冬奥场馆激荡出的冰雪激情，无论你想要怎样的户外体验，北京都能满足你的期待。

首钢园的工业风与冬奥滑雪大跳台和谐相融，新首钢大桥延伸至永定河畔，骑行者一路畅行。黄花城水长城残垣卧波，砖石肌理中沉淀着600年的戍边记忆。京西古道马蹄窝深嵌石板，与永定楼飞檐构成时空对话。

冰雪运动因冬奥场馆焕发新生。延庆海陀山巅的“雪飞燕”赛道，以31条雪道、900米落差构建出亚洲顶级滑雪场域，11条缆车索道如琴弦般穿梭云海，将滑雪者送入刺激的山地景观。当滑雪板在专业赛道上画出弧线时，山脚下的骑行绿道正蜿蜒穿过野鸭湖湿地，不同季节的户外活动在此形成奇妙共振。

这座城市的户外图谱，既包含着皇家园林的造景智慧，也融入了现代运动设施的科技基因，更延续着燕赵大地的山水魂魄。从永定河畔的车辙到海陀山巅的雪痕，多元化的户外场景正在重新定义人们对北京的空间认知。

骑行

骑行绿道 探索城市新体验

作为一座传统的骑行友好城市，北京的大街小巷基本都设有专用的非机动车道，让骑行者能够轻松串联起城市的各大景点。而近年来陆续开通的遍布城市内外的骑行绿道，更是锦上添花，让骑行不再只是出行方式，更可以成为一种探索城市的新旅行体验。

北京骑行贴士

- 城市道路骑行路况复杂，务必留意周围的车辆与行人。
- 胡同内骑行路窄且路口多，最好放慢速度，既安全又方便看路。
- 各个共享单车品牌都提供实惠的3日、5日等套餐，比按次付费便宜不少。

- **自带自行车乘高铁、地铁，需注意相关规定：**

  高铁等铁路动车组列车（包括北京市郊铁路） 自行车必须装进纸箱等硬质包装内，且包装后长、宽、高之和不超过1.3米，重量不超过20千克（仅小部分折叠自行车符合上述要求）。

  北京地铁 自行车长宽高不超过1.8×0.5×0.5米，重量不超过30千克（大多数折叠自行车符合要求）。

- 尽管没有硬性规定，但我们仍建议你乘地铁时将自行车置于车包内，并避免在高峰期搭乘，以免影响其他乘客。

二环绿道骑行

新近完全贯通的环二环城市绿道，沿北京交通大动脉二环路而建，在北京的城市中心区打造了一条全长数十公里的环形景观带。绿道部分区段设有单独的自行车道，与设有非机动车道的二环辅路和其余周边道路一起，可以画出一条全长约39公里的环形骑行路线，完整骑行一圈需3—4小时。结合沿途密布的各类公园与景点，还可以串联成一条半日至一日的完整游览路线。

难度等级： ★★☆☆☆
道路平坦，绿道偶有上下台阶

安全等级： ★★★☆☆
注意路口车流和跑步者

补给便利度： ★★★★★
全程位于市中心

从❶**明城墙遗址公园**出发，骑行至❷**北京城东南角楼**，之后从二环高架桥下推行至通惠河畔的绿道，向右（南侧）骑行。

东二环南段与南二环全段

北京城东南角楼至金中都公园，约12公里

此段路线可沿通惠河和南护城河畔的绿道骑行，沿途会依次经过龙潭公园、北京外城东南角楼、❸**天坛公园**（见233页）、❹**永定门**（见236页）、❺**陶然亭公园**（见240页）与❻**大观园**（见240页），有时间的话，后四座公园可选择游览。

西二环南段

金中都公园至天宁寺桥，约3公里

此段路线沿南护城河的绿道较窄，虽可勉强骑行，但更建议沿西二环辅路或护城河东的广安门南街骑行，沿途依次会经过金中都公园与滨河公园。而在枣林前街右转约1公里是可以体验诸多清真美食的❼**牛街**（见240页）。

贴士 建议从地铁2、5号线崇文门站开始骑行，使用共享单车，这样随时可还车游览景点或从附近地铁站结束骑行，也方便换乘沿二环行驶的200路内环公交车。

上图：月坛公园藻井

西二环北段与北二环西段

天宁寺桥至潭西胜境，约7.5公里

整体沿二环路辅路骑行，沿途会经过一些带状公园和景点，依次为：西便门小公园、吕祖宫、❽**月坛公园**、顺城公园、潭西胜境。可前往北京五坛之一的月坛公园游览。

北二环东段

潭西胜境至北二环与东二环交界处，约6公里

可沿护城河南岸绿道骑行，但中途会经过一些台阶；也可转向沿护城河北岸的德胜门西滨河路骑行，此段尽管较为平坦，但无独立自行车道，请注意往来车辆。依次会经过：什刹海西海湿地公园、德胜门箭楼、北滨河公园、❾**地坛公园**（见217页），史铁生笔下的名篇《我与地坛》正是诞生于此。

东二环北段

东二环与北二环交界处至北京城东南角楼，约6公里

景点最密集的一段，可沿二环路辅路骑行。此段车辆和路口较多，请注意安全。依次会经过：❿**簋街**（见218页）、⓫**银河SOHO**、⓬**智化寺**（见193页）、⓭**日坛公园**（见283页）和⓮**古观象台**（见194页）。

贴士 二环路车流极大，且出入口密集，务必多加小心。如夜间骑行，建议穿反光背心并自带粘贴式车尾灯。如在绿道骑行，请注意避让行人，尤其是跑步者。部分绿道较窄，未划分专用骑行道。

上图：大观园
右页图：银河SOHO

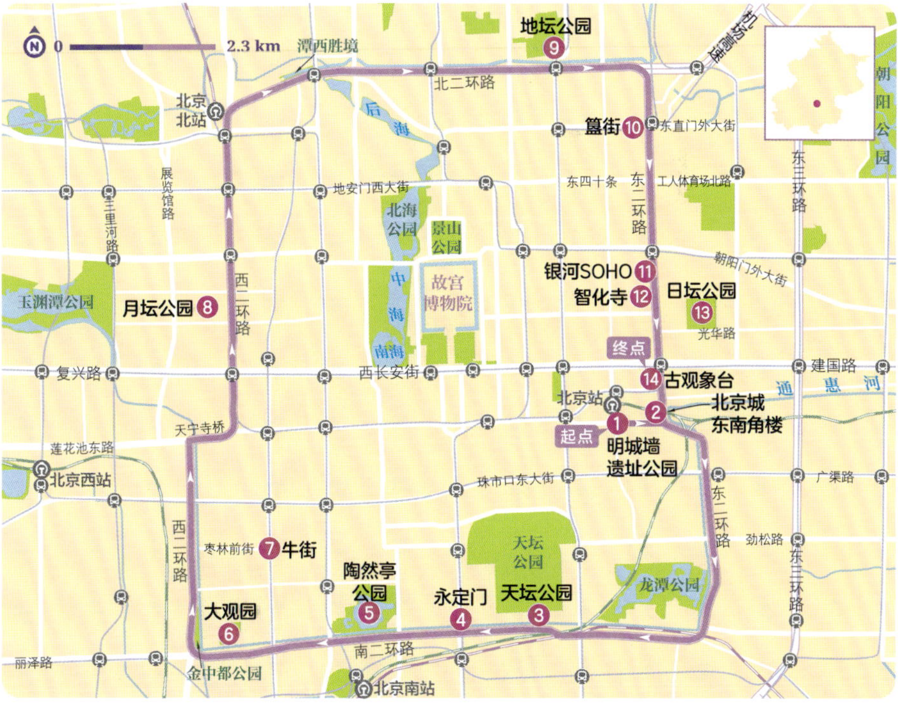
0
2.3 km
N
地坛公园
9
潭西胜境
机场高速
北二环路
北京北站
后海
簋街
10
东直门外大街
展览馆路
地安门西大街
东四十条
东二环路
工人体育场北路
东三环路
朝阳公园
三里河路
北海公园
景山公园
西二环路
银河SOHO
11
朝阳门外大街
故宫博物院
中海
玉渊潭公园
月坛公园
8
智化寺
12
日坛公园
13
光华路
南海
终点
复兴路
西长安街
建国路
14
古观象台
北京站
通惠河
天宁寺桥
2
北京城东南角楼
1
起点
明城墙遗址公园
莲花池东路
北京西站
珠市口东大街
广渠路
东二环路
劲松路
天坛公园
枣林前街
7
牛街
陶然亭公园
龙潭公园
大观园
6
5
永定门
4
天坛公园
3
南二环路
丽泽路
金中都公园
北京南站

通州大运河绿道骑行

京杭大运河穿通州而过，两岸齐备的宽阔绿道，不仅方便步行的游客，也给了骑行者另一种领略大运河之美的方式。依起始点不同，这条线路可以组合出10公里、13公里、20公里、26公里等多种骑行长度，适合半日或一日的休闲骑行。

难度等级：★☆☆☆☆
全程道路平坦

安全等级：★★★★☆
几乎无与机动车交会机会，但需注意绿道步行者

补给便利度：★★★☆☆
起点附近和部分公园内有补给点

从❶**西海子公园**（近地铁6、22号线通州北关站）沿大运河绿道向东南方向骑行，沿途会经过若干以京杭大运河沿岸城市命名的观景台。其中北岸运河文化广场的"天津"观景台处有一家可欣赏运河景观的餐厅❷**南门涮肉**。继续骑行约3公里，到达❸**北运河西站**（地铁6号线），而后可沿北运河西侧绿道向东南方向骑行。约3公里后，至六环路东侧，进入❹**城市绿心森林公园**（见342页），可在南岸绿道的上码头路口处右转进入游览，注意公园除主干道外大部分区域禁止外来自行车进入。

若不进入城市绿心森林公园，也可直接进入❺**大运河森林公园**。与前者相比，这座公园不限制外来自行车进入。

继续向南骑行至❻**梁各庄大桥**，可在此结束行程，也可到达运河另一侧的绿道，向北折返。

贴士 全程非常平坦，且因与步道混流而无法高速骑行，建议使用共享单车骑行，不仅无须自带自行车，也方便随时还车结束骑行。本路线起点西海子公园与温榆河绿道终点邓家窑桥非常接近，可将二者结合骑行。

上图：大运河北段标志建筑燃灯塔
右页图：大运河森林公园

通燕高速
通燕高速
通州北关
起点
1
西海子公园
2
南门涮肉
芙蓉东路
运
潮
减
河
北
运
河
通胡大街
潞源北街
白师路
东六环路
北善大街
堡东路
新华西街
新华南路
新华东街
潞通大街
北运河东
郝家府
东夏园
北运河西站
3
运河东大街
潞城
玉带河西街
玉带河中街
玉乔中路
通济路
果园
通州站
乔庄东站
运河西大街
云帆路
东南路
运通隧道
九棵树
九棵树东路
九棵树西路
梨园北街
梨园南街
G4501
梨园
城市绿心森林公园
大运河森林公园
5
大运河森林公园
胡郎路
临河里
4
城市绿心森林公园
云帆路
云景东路
土桥
东六环路
万盛东
高楼金
群芳南街
群芳
京塘路
终点
北京环球度假区
花庄
张凤路
6
武兴路
梁各庄大桥
环球度假区
张梁路
N
0
2 km

温榆河及清河绿道骑行

沿温榆河而行的温榆河滨水绿道，横跨昌平、顺义、朝阳、通州四区，全长超过100公里，与沿温榆河支流清河而行的清河滨水慢行系统（清河绿道）一起构成了东北郊一条热门的骑行路线。

难度等级：★★☆☆☆
全程道路平坦，仅少数区段道路维护稍差

安全等级：★★★★☆
几乎无与机动车交会路段，但需注意绿道步行者

补给便利度：★★★☆☆
起点附近和部分公园内有补给点

从❶**立水桥公园**（近地铁5、13号线立水桥站）出发，沿河岸向东北方向骑行清河绿道全程，到达温榆河绿道后，沿着温榆河向东南方向骑行，至❷**苇沟大桥**（近机场高速），此处与机场第二高速桥（斯普瑞斯奥特莱斯）之间的路段蚊虫较多，建议做好防护措施并快速通过。继续南行至❸**郑家窑桥**（近地铁6号线物资学院路站），全程约36公里，路途平坦，河岸风景优美，尽情享受骑行的乐趣吧。

贴士 部分路段年久失修，骑行时需留意路面颠簸。夜间骑行应穿着反光衣物并配备车头灯及粘贴式车尾灯，以增强可见性。骑行前务必检查刹车、轮胎等车辆状况，佩戴头盔等防护装备。在园内绿道狭窄区域需特别注意避让跑步者，避免并行骑行以确保通行安全。

上图：温榆河公园鸟居
右页图：温榆河公园湿地风光

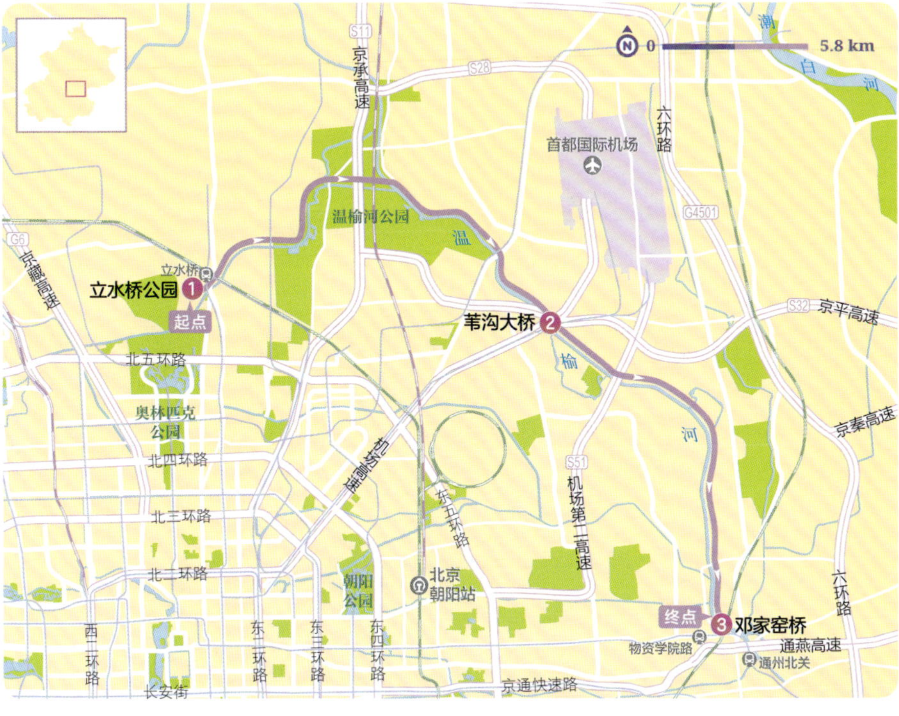
0
5.8 km
S11
京承高速
S28
六环路
首都国际机场
潮白河
G4501
温榆河公园
温
G6
京藏高速
立水桥
立水桥公园
1
起点
苇沟大桥
2
S32
京平高速
北五环路
榆
奥林匹克公园
河
京秦高速
北四环路
机场高速
S51
机场第二高速
东五环路
北三环路
北二环路
朝阳公园
北京朝阳站
终点
3
邓家窑桥
物资学院路
通燕高速
通州北关
西二环路
东二环路
东三环路
东四环路
长安街
京通快速路

三山五园绿道

“三山五园”是北京西郊皇家园林群的统称，如今它泛指香山、玉泉山，以及颐和园、圆明园等区域。三山五园绿道将这些横跨数公里的公园与园林连接起来，使得用骑行串联起海淀的颐和园、圆明园，以及西郊的国家植物园、香山公园和西山国家森林公园成为可能。

难度等级：★★☆☆☆
全程道路平坦，部分区段属于城市道路

安全等级：★★★☆☆
部分路段与机动车并行，其他路段需注意绿道步行者

补给便利度：★★★☆☆
地铁站附近和部分公园内有补给点

从❶**清华大学西门**出发，向西骑行不久即到达❷**圆明园遗址公园**，而后向南，途经❸**北京大学**（见301页），到达❹**海淀公园**，此处可沿绿道环公园骑行。和其他一些完全位于郊区的绿道不同，此绿道由于仍包含不少市区路段，因此很多区段仅仅是一条含有自行车道的城市道路。而能让你体验到在绿野中骑行的区段，主要在❺**北坞公园**（近地铁西郊线颐和园西门站，特别是公园北侧沿金河的路段）和❻**玉泉公园**（近地铁西郊线茶棚站）以及北旱河（近地铁西郊线国家植物园站）周边。地铁站周边可以找到一些共享单车，如果只是想休闲骑行，着重探索这些区域就好。

贴士 可在百度地图或高德地图直接搜索“三山五园绿道”，了解其大致走向。香泉环岛以西接近香山公园的路段，在长假期和红叶季可能会禁止自行车进入。

上图：北坞公园金色稻田
右页图：颐和园苏州街

北京其他热门骑行路线

- 雁栖湖环湖骑行
- 新首钢大桥骑行
- 奥林匹克森林公园骑行
- 昌平绿道（东小口森林公园至十三陵水库）骑行（约40公里）

灵感

徒 步

如果说骑行最适合探索北京的平原区域，那么徒步则能够最彻底“解锁”北京的广袤山区。

下图：拒马河风光
右页图：背包客

与山野的亲密接触

想跟北京的山野来次亲密接触，最安全也最舒适的方法就是在开放景区完善的步道中畅游。以下景区都很适合来次休闲徒步：

香山公园 （见299页）
八大处公园 （见299页）
西山国家森林公园 （见300页）
戒台寺 （见337页）
雁栖湖西山步道 （见341页）
十渡 （见343页）
喇叭沟原始森林公园 （见344页）

此外，北京还有无数由户外爱好者自己开发出的徒步线路。在六只脚、两步路等流行户外App中均可以找到徒步者自行留下的轨迹。然而由于离开了开放景区的范围，在拥有更多野性的同时也增添了不少风险。

请注意：户外徒步不是休闲游览，尽管这些路线难度较低，但舒适的徒步鞋、速干（防风、保暖）衣物及足够的饮用水仍是必需。

香山—八大处徒步

香山—八大处徒步是户外圈较流行、难度也相对较低的路线。徒步时从香山公园旁进入山区，沿香山公园和西山森林公园的边缘，一直走到八大处公园门口，全长约12公里，累计爬升约800米，用时需4—6小时。

难度等级：★★★☆☆
大部分为山路，少数区段较陡，需手脚并用

安全等级：★★★☆☆
在徒步线路中较安全，但危险性大于游览正式景区

补给便利度：★★★☆☆
起点与终点有正规商店，中途有几个非正式补给点

从❶**有轨电车香山站**出发，沿煤厂街一路向西，从新营路绕过碧云寺后，经❷**挂甲塔北森林防火检查站**进山。随后便是徒步中的第一个挑战：被称作❸“**好汉坡**”的一长段陡坡，这也是全程最累的一段。战胜“好汉坡”后，继续沿较缓的坡道❹“**懒汉坡**”一路向西北爬升到❺**打鹰洼**。

之后向南下山，需经过一段要用手攀住树木下行的陡坡“猴子爬”，便可来到❻**挂甲塔**。此后可沿香山公园外墙边的路线一直走到❼**南马场水库**（有补给点），之后有一段路可欣赏红叶。继续下行，到达❽**八大处公园**（见299页）后门后，如果此门未关闭，可购票进入游览，或乘索道、滑道下山。否则可继续经翠微山、虎头山步行下山，最终到达八大处9号院附近的城市道路。

贴士 请量力而行，如果在“好汉坡”已感到很困难，及时下撤是良策。若在假期徒步，一定会遇到大量同行者，跟着“大部队”走准没错。在虎头山处转向西侧岔道，可经福寿岭一路徒步到法海寺。

上图：香山红叶
右页图：香山碧云寺

你还可以体验……

在户外圈，热门的京西古道徒步路线除了作为收费景点开放的部分外，还包括芦潭古道与千灵山步道，以及同是从门头沟区王平村出发的玉河古道和西山大道——前者可向南一直通往潭柘寺，后者则向东通向原宫廷琉璃厂所在地琉璃渠村。

灵感

滑雪

滑雪是北京冬季最受欢迎的户外运动，每年进入11月下旬，滑雪爱好者们便纷纷等待各大雪场宣布“开板”的消息。北京及周边的滑雪资源非常丰富，无论是新手还是老手，总能找到一片撒野的雪地。滑雪场通常有日场和夜场之分，平日和周末的价格也相差不少，另有次卡、季卡等不同套餐。

雪上撒野好去处

下图：国家高山滑雪中心雪景

其中，位于京郊的五座滑雪场各有特点，不同需求的人群可以根据以下信息按需前往：

国家高山滑雪中心

延庆区张山营镇西大庄科村小海坨山南麓

微信公众号：北京国家高山滑雪

微信小程序：延庆奥林匹克园区

市区多个地铁站有园区直通车

2022年北京冬奥会的雪上项目竞赛场地，拥有中国最高等级的高山滑雪赛道，这也是中国唯一符合冬奥会标准的赛道。优势在于设施和雪具新，且配套完善，有高速缆车。相对更适合中高级雪友。另有包含客房和雪票的“冬奥会住滑套餐”。

怀北国际滑雪场

怀柔区怀北镇河防口村548号

微信公众号：北京怀北国际滑雪场

芍药居地铁站到雪场的直通车50元往返

毗邻雁栖湖、慕田峪长城等景区。雪场有高速缆车。适合新手练习滑行。

北京军都山滑雪场

昌平区崔村镇真顺村588号

微信公众号：北京军都山滑雪场

公主坟、国贸有直通巴士

拥有北京最难高级道“军都山七爷”，初级雪道较少，更适合高级雪友练习。离市区较近。

北京西山滑雪场

海淀区温泉镇双坡路11号

微信公众号：北京西山滑雪场金辉订阅号

从地铁16号线温阳路站打车十几分钟即到

离市区最近的滑雪场，可实现下班—滑雪的无缝衔接。适合新手。

北京密云南山滑雪场

密云区河南寨镇圣水头村

微信公众号：北京南山滑雪场

三元桥、五道口、磁器口均有直通巴士，密云高铁站亦有免费接驳巴士

雪道最多，人也最多，是京郊人气最高的滑雪场之一。地形公园吸引了不少自由式玩家。

体验级住宿

北京住宿的独特魅力，在于千年古韵与先锋美学在此碰撞出的诗意空间。那些藏匿在四合院天井里的设计酒店，在保留老房梁柱肌理的同时，与极简线条的玻璃幕墙相融。这座城市的住宿空间如同活态博物馆，让人在推窗见晨光里触摸历史，又在全屋智能的细节中感受当代精致。古典与现代、四合院与“高奢感”、工业风与山野间……无论想找到怎样的住宿体验，北京都能满足你。

1

2

3

北京饭店 ¥¥¥

位于东长安街上，与天安门近在咫尺。两座开放住宿的建筑极富历史意义：B座（预订名称：北京饭店诺金）于1919年建成时，曾是全北京最高的建筑。这里曾接待过孙中山、周恩来、宋庆龄、萧伯纳等各界名流，他们各自住过的房间现作为名人套间开放预订。A座（预订名称：北京饭店）比诺金价格低一些。（见图1：北京饭店）

前门文华东方 ¥¥¥¥¥

全球唯一开放式胡同酒店，提供独特四合院体验，价格也称得上独一档的豪奢。位于前门东区，紧邻北京中轴线，建筑均由前门地区疏解腾空院落改造而成，按照原胡同肌理及房屋布局进行修缮提升，42座传统四合院客房星罗棋布于胡同中。住客可与邻里居民擦肩而过，体验独属于北京的胡同生活。（见图2：前门大街上的雕塑）

MUJI HOTEL BEIJING（无印良品酒店） ¥¥

位于前门北京坊中，坐拥北京最核心位置的同时，内部设计体现了无印良品的极简哲学。而大栅栏改造中遗留的老青砖等元素的加入，则让其与周边环境和文化巧妙地融合。酒店内还有一家无印良品商店、一家旅行主题书店和两家各具特色的餐厅，即使不入住也可体验。（见图3：无印良品酒店内部）

6

5

4

¥每晚700元以下
¥¥每晚700—1500元
¥¥¥每晚1500—3000元
¥¥¥¥每晚3000—8000元
¥¥¥¥¥每晚8000元以上
注：各酒店划分的价格区间均为平季价格。

景山花园酒店 ¥¥

坐落于三眼井胡同，藏身市井中不露山水，推门而入却别有洞天。酒店设计充满怀旧感，以传统的中式庭院为蓝本，可以在院子里喝咖啡。酒店里的望春食阁人气颇高，透过餐厅的朱窗，可以远眺景山公园的万春亭。（见图4：景山公园万春亭）

乐在南锣 ¥¥

沙井胡同中由老宅改造的新中式院落，紧邻热闹的南锣鼓巷。客房区位于春夏秋冬四个小院中，12间客房均取名于中国的传统节气。酒店还开设了文化沙龙空间，定期开设茶道、香道、花道等分享体验活动。（见图5：宋代点茶）

古城老院 ¥¥

位于东四的魏家胡同，据传这是某位皇帝赐给其妃子父亲的宅子。古城老院只有4间房，北房、南房和东西厢房。起居、饮食、赏玩称得上讲究至极。酒店周边的中国美术馆和隆福寺文创园非常适合散步。（见图6：隆福寺文创园）

7

8

9

北京怡亨酒店 ¥¥¥¥

藏身侨福芳草地购物中心16—18层，被誉为“空中艺术馆”，陈列萨尔瓦多·达利《时间的轮廓》真迹、安迪·沃霍尔波普艺术装置等200余件藏品。米其林一星餐厅“桥”主打分子料理。顶层玻璃露台可举办私人艺术展。（见图7：侨福芳草地购物中心）

颐和安缦 ¥¥¥¥

紧邻颐和园东门，颐和安缦的大多数院落，实际上也是世界文化遗产颐和园的一部分。安缦的设计强调取址独一无二的位置，一丝不苟地探寻那个位置能够维持至今的历史风俗与独特文化细节。静影轩池畔杨柳环绕，院子里的红枫树、石榴树、京白梨和西府海棠树影婆娑，仿若皇家园林的绿意悠然。（见图8：颐和园画舫）

首钢园香格里拉酒店 ¥¥

利用原“首钢”发电厂厂房改建而成的豪华酒店，完整保留了原建筑的框架结构，内部大堂则搭配以大量工业风的装置艺术作品，堪称一场建筑博览会。遗憾的是，也许为了保证居住舒适性，房间内部并没有体现太多工业风元素。即使不入住，在大堂的餐厅或大堂吧消费，也可体验到酒店建筑的精华。（见图9：首钢园香格里拉酒店）

10

11

12

悉昙酒店 ￥￥￥￥

位于门头沟区的这家酒店依山而建，隐于拥有千余年历史的阳坡元村中，紧邻千年古刹潭柘寺。古村内的古迹被妥善保存，并融入悉昙新的空间功能之中。苍劲雄浑的山石、气势撼人的飞瀑、古朴野趣的植物景观应时而变。（见图10：千年古刹潭柘寺）

三卅民宿 ￥￥

慕田峪长城脚下的红砖建筑群，提供了一种全新的生活空间。酒店的设计充满了艺术感，采用大量木质元素，天气晴好的时候，二层房间可以直接看到长城。走出酒店大门，会遇到热情朴素的村民。据说中秋前后来这里，还能看到村民捡栗子，不失为一种独特的趣味体验。（见图11：慕田峪长城）

延庆冬奥村度假酒店 ￥￥

亮点是位于曾经的延庆冬奥村原建筑中。由于是运动员宿舍改建，房间面积不大，装修风格也与连锁酒店类似。然而可以住进参赛运动员住过的房间，睡在可调节各区域高度的冬奥会同款零重力床上，也算是独一无二的体验。（见图12：延庆冬奥村日出）

体验级美食

北京饮食的包容性，恰似这座城市纵横交错的街巷，既有深埋地脉的旧日余温，亦有海纳百川的鲜活气韵。京味菜以鲁菜为骨架，融合游牧民族的豪放，在猛火急油中锤炼出独特风骨。地道小吃则融合了宫廷手艺与市井烟火气。驻京办美食搜罗全国美味，即便你想吃遍世界美食，北京也能满足你。

地道京味

烤鸭

毫无疑问的最具有标志性的北京菜肴。传统的北京烤鸭制作极为讲究，须选用北京鸭、樱桃谷等特定品种，以放养和填饲相结合的方式，经过腌制、风干、烘烤等多道工序制作而成。最终成品呈现晶莹透亮的枣红色，表皮香脆，鸭肉多汁，肥而不腻。品尝北京烤鸭的传统方式是将鸭皮和肉片成薄片，搭配春饼、甜面酱（烤鸭酱）、葱丝和黄瓜条一同食用。后又出现蘸白糖、果酱、蒜泥和夹京糕条的吃法，也别具风味。（见图1）

1

炸酱面

炸酱面是北京百姓的日常美食，相传源自清宫的食酱习俗。炸酱是将五花肉切成大肉丁，加入黄酱或甜面酱、黄酱各半，用中小火慢炒制成。将炸酱浇在“锅儿挑”（刚出锅不过水的面）上，拌入应季面码，淋上一点熏醋，配上两瓣生蒜，这就是地道的北京家常炸酱面了。尽管饭店里的炸酱面“血统”常有争议，但仍能让你品尝到京城百姓的家常风味。（见图2）

2

铜锅涮肉

和四川火锅“千店千味”的复合锅底不同，铜锅涮肉是千篇一律的葱姜清汤锅底，有时会在里面加入豆腐、萝卜、枸杞。涮肉追求的是肉类本身的鲜香和口感。无论是装潢考究的高级餐馆，还是胡同深处的小门脸儿，差别主要在食材的品质和新鲜程度，以及秘制麻酱小料的配比。讲究的涮肉食客，一定要点手切的新鲜牛羊肉，冷冻肉卷是万万不可的。冬日窗外漫天大雪，坐在屋里吃鲜切羊肉片裹着麻酱，佐着二锅头，幸福感溢满全身。（见图3）

3

4

5

6

7

8

炙子烤肉

上好的牛羊肉切成薄片，用酱油等调料提前腌制。铁条钉成圆铁盘，架上松柴，放上肉片、大葱、香菜，不停地翻烤，脂肪顺着空隙流出，肉香四溢，让人哪怕要被笑一句“满盘生膻凭一炙，如斯嗜尚近夷蛮”，也难停下手里的筷子大快朵颐。炙子烤肉又分文吃和武吃：文吃指让厨师将肉烤好后端上桌，文雅从容；武吃指食客自烤自吃，豪迈热闹。（见图4）

特色小吃

卤煮火烧

将小肠、肺头、五花肉、炸豆腐在浓油赤酱的老汤中炖到软烂，端上桌前在碗里盖上一块死面火烧，待其浸透汤汁，入口服帖，浓汁四溢。吃时在碗里放上蒜泥、辣油、韭菜花等，热乎乎一碗下肚。卤煮大多味道重且油腻，旧时是百姓解馋又解饱的小吃，如今多了种文化复兴的时髦感，不少店家会把下水处理得极其干净，不过有的“吃货”认为这样反倒失去了卤煮的灵魂。（见图5）

炒肝儿

堪称一曲内脏界的“金属摇滚”。炒肝儿以猪肠和肝为主料，口蘑汤作原汤，蒜泥“大剂量”猛加，最后勾芡。黏糊糊的淀粉裹着大肠，不论色相或味道，都给初次接触京城小吃的食客来了一记下马威。建议点一碗炒肝配两个包子。另外，吃法上也有讲究，老炮儿们绝不用勺，得转着碗边吸溜着吃，才算地道。（见图6）

炸灌肠

名字里只有“炸”字还算靠谱，其他两个字则和实物毫无关系。炸灌肠曾经是宫廷炸鹿尾儿，后演变成灌制猪肠，但现在的炸灌肠使用的是红薯淀粉。将淀粉和香料蒸熟后，再用猪网油炸制，炸成的淀粉片边缘薄脆，中部柔韧，最中心那一块十分软糯，形成三重口感。最后还要加一样东西——蒜汁儿（见图7）。

爆肚儿

老北京人讲究“要吃秋，有爆肚儿”。老北京吃爆肚儿能分出七八个部位，现在常见的是羊肚和牛百叶，沸水爆熟，佐以麻酱、酱油、辣油、香菜、腐乳卤调成的蘸料同食。爆肚儿虽卖相粗犷质朴，但吃法细腻，对口感的追求亦十分高。经久不衰的老字号包括爆肚冯、金生隆、爆肚满、老门框等。至于现在街边新兴起的“爆肚粉”，只能说是方便游客的新造物。（见图8）

门钉肉饼

厚度足有3厘米的肉饼，形如古时城门上的门钉。面皮须七分死面、三分发面，煎得金黄酥脆，薄而不透；内馅用牛上脑混入大葱和花椒水，煎烙过程中油汁充满整个内腔。因此，第一口咬下，务必要用门牙小心切磋，以防被熔岩般的热汤把舌头烫成月球表面。待到汤汁吮吸干净后，再和那一大团牛肉馅慢慢厮磨。肉饼实在，吃到后面或许会觉出腻来，可搭配醋解腻。（见图9）

9

豆汁儿和焦圈儿

世界上有两种人，喝得惯豆汁儿的，和喝不惯豆汁儿的。豆汁儿是绿豆粉丝的“下脚料”发酵而成的，灰绿色的浓汤，带有冲鼻的酸味和发酵味，爱它的贪恋这股鲜明的怪味，憎它的恨不得掩住口鼻。因此，挑战豆汁儿几乎成了外地游人来到京城的一个打卡项。焦圈儿是炸得酥脆的面圈儿。豆汁儿讲究“酸、辣、烫”，配上焦圈儿，佐上咸菜丝，边吃边喝。（见图10）

10

驴打滚

驴打滚另一个平平无奇的名字——豆面糕，揭示了其简单的制作工艺——由糯米糕卷着红豆馅，再裹上黄豆粉制成。而驴打滚这个名字就来自这最后一道工序，撒上的黄豆粉令人想起野驴撒欢打滚时扬起的黄土。驴打滚可以说是京城甜系小吃中知名度和接受度最高的，加上其拥有本土版瑞士卷般讨喜的外观，实是一份老少皆宜的甜蜜礼包。（见图11）

11

豌豆黄

这道清雅质朴、大道至简的甜品，原为汉族民间小吃，后传入宫廷，据说慈禧曾对其赞不绝口。清宫的豌豆黄，用上等张家口白豌豆为原料，去皮后文火熬煮，过筛成糊，再加糖炒制，冷凝时不加明胶，全凭豆沙自身的胶质塑形。食之细腻可口，凉意沁脾，其克制的甜度结合了禅意和宫廷的美感，是老北京小吃中最精致的一道。（见图12）

12

艾窝窝

雪白的糯米团子顶着一粒红山楂，像极了刚进宫的雪媚娘。软糯的外皮里包裹着白糖、芝麻、红枣、山楂糕等馅料，内外两层便形成了两样的甜味和口感。最外层可能还会滚上一层椰蓉，使其更像雪团一样精致可爱。冷藏后食用更佳，凉意裹着花香直达味蕾。艾窝窝加上驴打滚、豌豆黄，算得上老北京甜蜜三件套。（见图13）

13

驻京办美食

四川驻京办

薄切如纸的夫妻肺片红油透亮，爽口的酸辣肘子酸得锋利、辣得醒目，几乎桌桌必点的水煮鱼真正让人领悟到“油而不腻、辣而不燥、麻而不苦、肉质滑嫩”的奥义。川办系的餐厅在北京有好几家，包括老川办（贡院蜀楼）、新川办，还有号称“京城排队王”的宜宾招待所。为了一口心尖儿上的麻辣震颤，老饕们即便排队也甘之如饴。

水煮鱼

新疆驻京办

三里河的新疆大厦内设三间餐厅，共同构成了北京新疆菜的“天花板”。大盘鸡是必点硬菜，鸡肉鲜美，土豆软糯，最绝的还是裹满浓稠汤汁的皮带面；烤包子外皮酥脆，内馅鲜烫，汁水里混着皮牙子香气；红柳烤肉用南疆红柳枝穿起特制调料腌制的上等羊肉，炭火逼出的油脂在木香中沉淀，令人闻之难忘。餐厅装饰风格充满热情的民族特色，且常有民族歌舞表演，就餐体验极具沉浸感。

新疆大盘鸡

云南驻京办

最受欢迎的两道菜是过桥米线和汽锅鸡，前者将几十种配料按古法依次投入高汤，最后再吃下蘸满了汤汁的米线；后者鸡肉与药材的香气被蒸汽激发，完美融合。别忘了尝试一下其他招牌菜：黑三剁、雕梅排骨、建水臭豆腐等。到了夏天食菌子的季节，这里的新鲜可是和云南同步的，见手青、干巴菌、鸡枞、松茸……颗颗鲜掉眉毛。餐厅位置容易搞错，记住位于东花市北里的云腾食府是你要找的地方。

内蒙古驻京办

崇文门内蒙古大厦的蒙宴餐厅内马头琴低吟，哈达飘扬，充满草原野性和大漠浪漫，令人的心境也跟着豪迈起来，胃口更是驰骋千里。手把肉选用锡林郭勒羔羊肋排，清水煮至软烂，蘸上韭菜花酱越嚼越香；咸奶茶搭配炒米、奶皮子，奶香与茶香交织，咸得恰到好处。

贵州驻京办

贵州菜以其激荡味蕾的酸辣鲜香，以及勾魂的蘸水和配料，成功地在拥挤的南方美食赛道中占据一席之地。捞一块红酸汤里的江团鱼，配上木姜子油、折耳根和煳辣椒的蘸水入口，仿如品味舌尖上的侗族大歌。不吃辣的人单点一道丝娃娃就要扶墙而出了：薄饼摊开，里面卷进十几种小菜，将其包成娃娃的襁褓一样，最后一遍遍淋上酸汤。无论是贵州大厦的餐厅还是西直门的甲秀楼缘餐厅，都是贵州本地老饕认证过的地道乡味。

安徽驻京办

安徽大厦中餐厅是徽菜爱好者的秘密据点。安徽菜以“重油、重色、重火功”闻名，其代表臭鳜鱼（见下图）臭味与鲜香交织，紧实弹牙的蒜瓣肉令人叫绝。徽州毛豆腐外皮煎至微焦，内里绵软滑嫩，虽然外表看起来令人“毛毛咕咕”，但入口之后便会被其独特的发酵香味征服，蘸辣酱吃别有风味。

日本料理

异国风情

日本料理

北京拥有非常成熟的日料市场，高端餐厅主要集中在国贸CBD、亮马桥和三元桥。动辄人均千元以上的omakase（主厨发办，食客将菜品选择权完全交给主厨，由厨师根据当天的食材和创意自由搭配菜单）和怀石料理，几乎定义了北京高端餐饮的价格天花板。中档餐厅则更重视口味与环境的平衡，木格窗内透出暖黄光影，深夜居酒屋飘着烧鸟香气，几杯清酒下肚，亮马桥白领和银座上班族也在烟火中隔空共情。在街头的拉面馆和回转寿司，可以用更合理的价格品尝到东洋风味，因此深受年轻消费者欢迎。

韩国料理

望京的韩式烤肉店凌晨两点依然人声鼎沸，一身的“班味儿”被部队火锅的芝士香浓完美掩盖；五道口的拌饭喂饱了无数打工人，炸鸡和啤酒让学院路学子拥有了首尔同款青春。北京的这两个区域内集中了数百家韩餐馆，餐单上从平价的炒年糕到高端的韩牛，能满足任何一个“韩餐胃”。

意大利菜

北京的意大利餐桌上早不再是比萨、意面独霸的局面，亚平宁半岛各地的特色餐厅开始以独立的姿态出现：北部米兰的藏红花烩饭金黄馥郁，托斯卡纳风味的手工意面根根丰腴，那不勒斯窑炉比萨焦香酥脆，西西里的海鲜料理肥美利口。在时髦的朝阳区，意餐形成了从米其林星级餐厅到家庭小馆，再到gelato（意式冰激凌）的完整生态链。

法国菜

在竞争日益激烈的京城高端餐饮市场，法餐依然保持着领跑地位。顶级餐厅TRB Hutong低调藏身于600年历史的嵩祝寺中，其菜品精选松露、鹅肝、鱼子酱等昂贵食材，每一道都如艺术品般精致，人均费用逾千元。使馆区蓬勃兴起的法式小馆（bistro）填补了法餐的中端市场，气氛轻松自在，餐酒搭配考究，精致的甜品自带滤镜，装潢和菜品皆以时尚为最高指导。

韩式部队火锅

法式鹅肝

其他欧洲风味

除了意大利和法国，德、西、俄等国家的料理也一同谱写了恢宏的欧洲美食交响乐。德式啤酒坊近年来虽然受到精酿啤酒风潮的冲击，但是烤猪肘（见下图）与巴伐利亚白肠的地位依然不可撼动，可到燕莎商圈或者连锁的申德勒加油站痛快喝酒吃肉。以tapas和海鲜饭为代表的西班牙美食因出色的口味和氛围感，成为聚会、小酌的热门选择，而出自伊比利亚黑猪的5J火腿也成了高端食客的心头好。俄罗斯大使馆旁边的白夜能喝到正宗的红菜汤，并且也提供改良版精致料理；至于北展附近的“老莫儿”，吃的更多的是情怀。

中东菜

中东餐厅慢慢悠悠的情调十分治愈，搭配上水烟和阿拉伯咖啡，KPI的焦虑就此烟消云散。北京的中东餐厅多位于使馆区和国贸一带，细分的话又有黎巴嫩菜、土耳其菜、埃及菜等，但食材和口味大体上较为接近，都以孜然、肉桂、豆蔻、姜黄、藏红花等香料为灵魂。明星菜品包括烤肉（kebab）、鹰嘴豆泥、皮塔饼（见下图）、法拉费尔（falafel）等。

北美特色

虽为京城国际美食界的后起之秀，但以汉堡和精酿酒馆为代表的美式餐厅发展迅速。拥有多家分店的悠航SLOWBOAT夜夜爆满，牛魔王大力堡和猴拳IPA的组合堪称热量炸弹，暂且不论罪恶感，先把快乐值拉满！主打taco（墨西哥玉米饼，见下图）等传统小吃的墨西哥餐厅集中于年轻人活跃的时尚街区，如五道口、三里屯等，以欢快、轻松的氛围和新奇、刺激的口味，成功吸引了大批拥趸。

东南亚美食

长久以来，东南亚美食以极具亲和力的中档和平价餐厅为主，越南河粉、冬阴功备受欢迎，香茅、柠檬叶等香料也为越来越多的人接受。与此同时，以泰国皇室料理为代表的高端餐饮陆续出现，优雅的异域风情与精心布置的盘饰，笼络住一批追求品质的宾客。值得关注的是，一些小众菜品开始进入东南亚美食版图，比如缅甸鱼汤、柬埔寨高棉咖喱、印度玛莎拉奶茶等，并被敏锐的城市食客迅速推上了潮流前沿。

冬阴功汤

必入手信

流传经典

传统糕点

提起北京特色糕点，稻香村承载了北京几代人对“地道传统糕点”的回忆。传统经典牛舌饼、山楂锅盔、枣泥花酥经久不衰，新近推出的绿茶酥也老少皆宜。可以自选装盒、称重散卖，也可直接购买搭配好的礼盒。

酱菜和麻酱

虽在大小超市都能买到六必居，但在总店打几两散装的酱菜带回去也别有趣味。用作店门的牌坊古香古色，店内是一排排陶瓷酱菜大缸。穿过人群走上二楼，还可以参观六必居博物馆。现代社会人们更青睐少盐健康食品，但饭食中偶尔配上些麻仁金丝或甘露，也是不错的调剂。同日升的“二八酱”（即两成芝麻酱、八成花生酱混合成的酱料）用料考究，是很多本地人餐桌上的必备品，也可以带几罐回去。

茶叶

北京有许多百年茶叶老字号品牌，如成立于清光绪年间的茶庄张一元、吴裕泰等，适合作为伴手礼。老字号不断推陈出新，如今很多人慕名去吴裕泰买的是冰激凌。它虽然只有花茶和抹茶两种口味，却是实打实的“排队王”。

兔儿爷

旧时，兔儿爷是中秋时供孩子们祭拜的吉祥玩具，现在演变成具有北京地方特色的吉祥物，它承载了北京城400年的历史和文化，也是北京非物质文化遗产之一。这种独特的泥塑手工艺品是玉兔的拟人形象，不同的造型有着不同的寓意，身着各色服饰的可爱形象在如今也十分

特色体验

中国邮政特色邮局

在北京文创遍地开花的风潮中，中国邮政在各个景区和游客聚集地改造或新建了许多主题邮局。有故宫主题的故宫邮政所，建立在清朝邮局旧址的大清邮局，也有太空、奥运等主题邮局。你可以在这些邮局集章，邮寄明信片，收集邮戳卡，购买特色冰箱贴等纪念品。一些主题邮局还配有专属邮政编码和特别的文化戳记。

北京童年回忆

胡同小卖部的冰柜里，北冰洋汽水永远占据“C位”。玻璃瓶比易拉罐更有复古感，起开瓶盖，橙子味气泡在舌尖炸开，喝完记得对着阳光检查玻璃瓶底的老商标。百年义利柜台飘着黄油香，维生素面包的蜡纸包装年代感十足，买袋动物饼干还能玩“猜猜这是什么小怪兽”的游戏。奶皮子酸奶的风潮来临之前，瓷罐老酸奶基本是每个小卖部的必备，喝完别急着扔，用勺子刮瓶壁的厚奶皮才是隐藏彩蛋。

赶上冬天来北京，糖葫芦儿是一定要买的，咬开亮晶晶的糖壳时可得小心，别让糖渣粘在羽绒服上。除了经典山楂款，草莓、山药豆等创新口味令人眼前一亮。此时糖炒栗子正当季，吃起来香甜软糯。十里飘香的烤红薯，顺着香气就能找到售卖的地点。部分社区菜市场仍保留散装饼干柜台，桃酥渣掉满纸包的场面让人瞬间穿越到三十年前。

北京礼物

“北京礼物”是北京市文化和旅游局2011年创建推出的品牌。各种特色主题店分布在各大文化地标。

- **北京礼物·观中主题店**位于“龙尾之要”宏恩观内，是首家以北京中轴线为主题的邮政文创综合服务体。门口的绿色邮筒、投递员使用的二八自行车都带有浓郁的邮政风。
- **北京礼物·双奥主题店**坐落在国家体育场，销售独具北京特色和奥运文化的定制商品。除“冰墩墩”外，含北京文化元素和奥林匹克历史知识产权的“兔墩墩”“龙墩墩”系列也持续热销。
- **北京礼物·戏曲主题店**位于王府井银泰吉祥大厦，店内浓郁的戏曲氛围随着一排排展柜铺陈开来，除了吉祥大戏院的文创品，还可买到北京京剧院、梅兰芳纪念馆、北方昆曲剧院、潭柘寺等文化机构的文创产品。
- **北京礼物·大运河主题店**位于大运河文化旅游景区，围绕景区核心运河IP全品类开发文创，展现大运河遗存承载的文化，活化大运河流淌伴生的文化。
- **北京礼物·深山绣娘主题店**位于北京园博园内，还原深山集市氛围，展示传统手工艺和特色文化，助力绣娘摆脱贫困，使传统手工之美走向世界。
- **北京礼物·京作造办主题店**位于王府井步行街，龙顺城是享誉京城的百年老字号，店内有各种“京作”的木质商品，彰显“非遗”传承技艺的同时传承北京文化。
- **北京礼物·城市图书馆主题店**位于北京城市图书馆内，从精美文具到特色摆件，展现北京魅力。

特色文创

故宫博物院

由故宫博物院专门团队设计研发的官方文创系列，将中国传统文化美学融入现代生活，让古老的故宫走进寻常百姓家。十二月令书签和十二花神香膏送礼自用两相宜，故宫猫系列也有大批忠实拥趸。除游览故宫时顺道选购，也可以在线上旗舰店购买。此外也有大量故宫出版的历史文化相关书籍销售。

中国景泰蓝艺术博物馆（北京珐琅厂）

位于北京珐琅厂内，可以了解这种以细腻工艺和灿烂色彩著称的金属工艺品的历史，近距离参观现场手工制作过程，还可以在一层的文创店买到首饰、挂件等各式精美的景泰蓝产品。

北京古代建筑博物馆

古建筑博物馆推出了复刻镇馆之宝“星空藻井”的冰箱贴，虽然价格较高，但制作工艺复杂，十分精美，颇具收藏价值。其他值得推荐的纪念品还有盘龙藻井冰箱贴和可以放入五谷的“神仓”，都充满文化寓意。博物馆内的神厨和神仓均设有文创店售卖纪念品。

万寿寺（北京艺术博物馆）

万寿寺推出了以寺内每年盛放的玉兰花为主题的系列纪念品，其中最抢手的就是玉兰花冰箱贴。随后推出的院内四季植物主题的周边商品也颇受欢迎。此外，“福禄寿喜财”系列将传统文化用全新的方式展现出来，其中装在“寿”形礼盒中的寿面尤为独特。

省时省力前门一站式伴手礼购买指南

乘坐地铁2号线到达前门站，向南走进前门大街，右边就有一家三禾**稻香村**。向前走几步，有一家**角楼咖啡**，售卖故宫主题镂空手账本和随行咖啡杯，旁边的故宫文创店可以买到不少工艺品。再往南是**全聚德烤鸭店**，可以选择礼盒包装的烤鸭带回家。继续向前到达大栅栏街口的老字号手工帽子店**盛锡福**，可以给老人购入一顶冬天的羊毛帽子。对面的**吴裕泰茶庄**可以购买花茶和茶饼干，吃一个抹茶冰激凌休息一下。前门大街南段游客相对较少，但也有不少伴手礼好店。**红星二锅头**和附属的源升号博物馆就在这里，再向前走几十米是**中国书店**。以茉莉花茶出名的**张一元茶庄**也值得一逛。**新国潮邮局**、**北京礼物**、**故宫文具**也有多种文创纪念品可以选购。

北京·探索

天安门、故宫及周边

宝藏云集的国家博物馆、用脚步丈量游人众多的王府井大街、吟唱“绿树红墙”去泛舟北海，或是在景山的葳蕤花木中守候落日，这些“封面级”的地标景观，当然值得你预留几天时间细细探访。但即便是对那些最熟悉北京的旅行者来说，这片区域也是常看常新的：博物馆里总是推陈出新，各大剧场内的优质演出时时上演。昔日的禁苑高墙上依旧散落着斑驳光影，哪怕只是从古老的红墙下路过，或许也正和某个历史片段悄悄重叠。

数说天安门、故宫及周边

32.6米
天安门广场的国旗旗杆高度

72万平方米
故宫占地面积
（约100个足球场）

“半间房”
故宫唯一
（因为文渊阁西侧房间少一根柱子）

1株
据传为明成祖亲手种植“神柏”

7.8公里
北京中轴线总长度

186万+
故宫博物院藏品总数

1个
世界最大穹顶
国家大剧院

1条
北京最长胡同
东交民巷

在天安门、故宫及周边，你可以这样玩：

2天 中轴线精华之旅
（见34页）

4天 中轴线全景之旅
（见36页）

3天 北京博物馆精华之旅
（见126页）

1天 二环绿道骑行
（见153页）

何时去

3月至5月
到智化寺欣赏盛开的梨花，国家大剧院外的玉兰花香气扑鼻。

6月至8月
在北海公园的碧波上荡起双桨，沉醉在暖风和夏日荷塘之中。

9月至11月
迎来了一年中最蓝的蓝天，此时正是拍摄一张红色的天安门城楼与蓝天完美合影的好时机。

12月至次年2月
在有可能下雪的季节等待一场夜雪，然后在天亮时奔向故宫。

晚霞映衬下的故宫斗拱

天安门、故宫及周边亮点

北海公园

从千年前的皇家池苑到如今二环内最优雅的公园，泛舟北海，登上琼岛，无论四季，都令人着迷。

故宫

无论是历史达人、建筑爱好者还是清宫剧迷，故宫都是北京之行最不容错过的一站。

中国国家博物馆

这无疑是中国最优秀的博物馆之一，国宝文物济济一堂，五千年文明一朝阅尽。

智化寺

在梨花、丁香、海棠次第盛开的智化寺，听一场“中国古代音乐的活化石”演奏。

天安门广场

以天安门城楼为背景拍一张“标准照”，是刻在每个国人骨子里的惯例。

古迹与建筑

故宫

恢宏壮丽的故宫是明清两代的皇宫，也无疑是北京首屈一指的景点。明永乐五年（1407年），明成祖朱棣下诏筹建紫禁城，先后征调民工、军人多达30万人，历时14年建成。尽管此后故宫的增建、重建持续不断，但整体上仍然保持着明初时的格局。

中国古代的星象学认为紫微星垣居于天空正中，是“天宫”之所在，既然皇帝以“天子”自称，其居所也便“象天立宫”，因效仿紫微星在天空的中心地位，又兼具森严的出入禁令，因此被命名为“紫禁城”。整组建筑群南北长961米，东西宽753米，四周环绕着10米高的宫墙与50余米宽的筒子河。内部以“前朝后寝”为整体的布局模式，自午门到三大殿为“前朝”或“外朝”，是举行重大典礼仪式、颁布政令的场所；自乾清门以北则为“后寝”或“内廷”，是皇帝、后妃们生活居住的空间。

故宫博物院

午门

午门是紫禁城的正门，也是参观故宫的唯一入口。这是一座巨大的“凹”字形建筑，两侧伸出的门庑是从汉代的阙演化而来。正中开设有5个门洞，最中间的只供皇帝出入，除此以外，只在皇后大婚时或状元、榜眼、探花在发榜后可享有为数不多的“特权”。东、西两侧的门分别供文武官员、皇室宗亲出入，更外侧还有两座不太起眼的掖门，只在大型活动时供百官出入。午门上部建有城楼，正楼及两侧的雁翅楼都已辟为展厅，故宫博物院常在此举办重要展览。

午门在古代是重要的举办仪式的空间，通常是颁发皇帝诏书、出征、凯旋、献俘的场所。常说的“推出午门斩首”并不是真的发生在午门（皇帝当然不可能在自家门口杀人），明清时期的刑场实际上是在西四或菜市口。

文华殿和武英殿

如果你预留了一天时间在故宫游览，那么进入太和门之前，可以先去探索一下外朝的其他建筑。东路的**文华殿**是举行经筵之礼的场所，在明代也曾作为太子正式登基前的“实习”地，著名的“文华殿大学士”就是专门辅导太子读书的老师。文华殿现为书画展厅，故宫作为国内首屈一指的书画收藏重镇，其藏品包括陆机的《平复帖》、冯承素摹的《兰亭序》、展子虔的《游春图》、张择端的《清明上河图》、王希孟的《千里江山图》等重要文物，这些珍贵字画往往时隔数年乃至数十年才展出一次。平日里这处书画馆多举办临时展览，好在故宫名品云集，你也不难在其中发现名家名作。

文华殿后有一座仿照宁波天一阁修建的**文渊阁**，是清代四大皇家藏书楼之一，专门用于收藏乾隆时期编纂的《四库全书》，但阁中藏本于1949年被带到台湾，现存于台北故宫博物院。

外朝的西路是**武英殿**，与文华殿东西相对，常用来举办一些小型的典礼，如今被辟为陶瓷展厅，这几乎可以称为中国最棒的陶瓷展，展示了自新石器时代至明清时期的陶瓷发展脉络。

武英殿东面有一座精美的**断虹桥**，栏板上的龙纹、望柱上的石狮都极为传神，这座石桥可能建于明初或元朝，其历史或许比紫禁城本身还要悠久，可称紫禁

太和门

城内的“诸桥之冠”。北面的十八槐是元朝的古树，从这里可以通往慈宁宫和冰窖。

太和门和三大殿

内金水河蜿蜒而过，横跨其上的五座内金水桥与背后的太和门共同营造出端庄而不失优雅的气象。**太和门**是外朝宫殿的正门，门外的铜狮、铜鼎都是明朝文物，而门楼本身则是光绪年间焚毁后重建的。这处门楼并非简单的“交通要道”，在明朝和清朝初年，这里是皇帝“御门听政”、处理朝政的重要场所，直到康熙以后，早朝的地点才转移到乾清门。

太和门后，在宽阔的广场尽头，巍然耸峙的建筑便是三大殿之首的**太和殿**。重檐庑殿顶、面阔十一间，檐角上各安放10个走兽，梁枋上装饰着最高等级的和玺彩画，几乎在各种维度上都展示着这座建筑无与伦比的规制与等级。即便是殿内最不起眼的地砖，也全部来自苏州御窑，因其敲之有金石之声，且价格十分昂贵，因此被称为“金砖”。正殿内的宝座前立有四对陈设，分别是象征江山稳固的宝象、香亭，只陪伴明君的甪端和象征长寿的仙鹤。太和殿在明永乐十八年（1420年）建成后，次年即被焚毁，此后屡毁屡建，现存的建筑为清康熙三十六年（1697年）重建，但由于巨大的楠木已经很难获得，这次重建后的体量仅为明朝时的一半。

太和殿的“利用率”比一般人想象中低得多，只在皇帝登基、大婚、命将出征以及万寿节（皇帝生日）、元旦、冬至这三天才会在此接受朝贺或赐宴。殿前的丹墀上设有日晷（计时器）、嘉量（体积的标准量器），都象征着国家的统一；铜龟、铜鹤都有吉祥长寿的寓意，在重大典礼时会在其中空的腹部燃香，烟雾便从龟鹤的口中涌出，营造一种庄重神圣的氛围。

太和殿背后的**中和殿**是一座单檐攒尖顶建筑，殿名取自《礼记·中庸》，可以视作重大典礼前的“候场间”，在皇帝亲祭天坛、地坛、先农坛前，这里是阅视祝文、检查所用种子农具的场所。最后一进**保和殿**为重檐歇山顶，从乾隆时期开始，这里成为科举考试中最高一级的殿试的举办地。

保和殿的西北方向有一座**隆宗门**，是通往内廷的门户之一。清嘉庆十八年（1813年）发生“癸酉之变”，天理教的起义军冲入紫禁城内，与守军在隆宗门一带发生激战，有一支箭镞射在门额上的“宗”字左侧，至今仍在。

后三宫和御花园

穿过乾清门后即到达故宫的内廷区域，内廷中轴线上最重要的建筑便是后三宫：乾清宫、交泰殿、坤宁宫，在格局、形制上与三大殿遥相呼应。重檐庑殿顶的**乾清宫**是明清时期礼制上的皇帝正寝，也是内廷最大的建筑，在历史上四次遭遇火灾，现存建筑是清嘉庆三年（1798年）重建的。正殿上悬挂着“正大光明”匾，自雍正朝以后，传位的诏书就存放在这块匾额之后的建储匣内。殿前宽敞的丹墀（宫殿前的台阶及台阶上的空地）上也有日晷、嘉量，丹墀下方的东西两侧各有一座社稷江山金殿，旨在象征无上皇权，亦提醒皇帝时刻不忘江山社稷。雍正继位以后，皇帝们多居住在**养心殿**（暂不开放），乾清宫只具备礼制和象征意义。

交泰殿是皇后生日时接受朝贺的场所。背后的**坤宁宫**是皇后的寝殿，在清朝入关后，这里被改建为举行萨满教祭祀仪式的场所，建筑上也呈现出鲜明的满族文化的痕迹：原本居中的大门被转移到东次间，就是延续了满族民居的传统风格。

后三宫以北即为**御花园**，中心为**钦安殿**，四周点缀以林泉花木、假山凉亭，在这里陈列的各式盆景赏石也是故宫重要的文物收藏之一。呈中轴对称的万春亭、浮碧亭、千秋亭、澄瑞亭象征着四季轮转，各亭内都设有华丽繁复的藻井，不要忘记抬头观赏。

慈宁宫

慈宁宫、寿康宫、东西六宫

慈宁宫位于内廷的西南侧，是太皇太后、皇太后的居所，清朝初年，孝庄太后就居住于此。乾隆时期也曾对此大加营建，其生母孝圣宪皇后（崇庆皇太后）也先后居住在寿康宫和慈宁宫。如今，这一片宫殿区是故宫的雕塑馆，最值得一看的是设在正殿内的雕塑荟萃馆，其精品文物包括了来自秦陵的兵马俑、宋辽金时期的数尊木雕彩塑菩萨、明代的何朝宗款德化窑观音像。慈宁宫还设有一座巨大的花园，平日里游人也不多，可以在此歇脚，春季时更是赏花去处。

慈宁宫以西的**寿康宫**是乾隆为生母营建的“养老院”，后来作为故宫的文物库房使用，直到近年才重新整理开放。宫内以复原陈列为主，辟有“崇庆皇太后专题展”，这位太后是电视剧《甄嬛传》中甄嬛的原型，寿康宫因此成为不少影视剧迷的打卡地。

东西六宫是皇帝妻妾的居所，各处宫殿形制大致相同，逛起来很容易感到枯燥。最与众不同的是东六宫中东南角的**延禧宫**，宫内保留着一座灵沼轩（水晶宫），是故宫内唯一的西洋式建筑。延禧宫也因为电视剧《延禧攻略》《如懿传》而颇受旅行者的欢迎。西六宫东北角的**储秀宫**则是慈禧入宫后的住处，后殿丽景轩便是同治皇帝的诞生地。清光绪十年（1884年）慈禧五十寿辰时，曾斥资63万两白银重修储秀宫，因此这座宫殿的华丽精致程度非其他六宫宫殿可比拟。

奉先殿和宁寿宫

穿过三大殿东北角的景运门，就可以到达故宫东路的奉先殿，这里是皇帝祭祀祖先的家庙，如今被辟为**钟表馆**（10元；闭馆前50分钟停止入场）。

更东面的宁寿宫则被辟为**珍宝馆**（10元；闭馆前50分钟停止入场）。南端的皇极门外有一座**九龙壁**，是清乾隆三十八年（1773年）烧造的，也是“中国三大九龙壁”中最年轻的一座。珍宝馆是故宫最受欢迎的展厅之一，展示了大量金、银、玉、翠、珍珠及各种宝石制作的工艺品，展厅也以材质分门别类，曾登上《国家宝藏》的金瓯永固杯就在“金昭银辉”展厅内展出。另外，石鼓馆、大禹治水图山子都不可错过。宁寿宫内还有一座体量巨大的**畅音阁**，是乾隆时期修建的戏楼，也是颐和园内德和园大戏楼的原型，如今连同附近扮戏楼、阅是楼共同成为展示戏曲文物的戏曲馆。

参观故宫须提前1—7天至微信公众号预约购票。故宫实行自南向北单向参观，从午门（南门）进入，参观结束后，你可以从**东华门**（可通往王府井大街）或**神武门**（可通往北海公园、景山公园）离开故宫；如在参观前于午门寄存了行李，可以提前告知工作人员将行李免费运送至指定的出口处。

天安门城楼

天安门地区参观贴士

完成在线预约 天安门广场及周边景点普遍要求提前1—7天完成在线预约、购票。在暑假、国庆等旅游旺季，各热门景点门票往往在开放预约后的几秒钟内售罄，务必提前做好准备。由于这一区域承担着重要的政治功能，每逢重大节庆、会议、外交接待等活动时，可能实行特殊的出入限制，可通过各网站或公众号了解最新的开放信息。

着装及随身物品 许多场所对着装有基本要求，拖鞋、背心、超短裙都可能使你被拒之门外。务必携带有效证件以通过身份核验。如无证件则需要在各处人工核验通道排队，会极大增加等待时间。药品、玩具、护身符等物品，都可能会在安检时给你带来麻烦，建议只携带必要物品，轻装上阵。参观天安门城楼、毛主席纪念堂，需要提前寄存行李，普通背包无法携带入内。故宫、中国国家博物馆、人民大会堂等景点，则只要求寄存大件行李。

通过安检及核验 广场拥有多个出入口，天安门东、天安门西、前门等多个地铁站都可以抵达广场。在旅游旺季，如果你需要通过天安门广场前往故宫、中国国家博物馆等分时预约景点，务必预留至少1小时的安检、排队时间，以免错过入场时段。各安检处都设有无包通道，可以极大节省排队时间。

检票 大多数情况下不需要兑换纸质门票，凭有效证件及预约记录即可入内参观。如果未携带身份证（包括使用临时身份证、户口本等其他证件的情形），则须通过人工通道换票或检票。

◆见186页地图◆地址：东城区景山前街4号◆门票：旺季（4月至10月）60元，淡季（11月至次年3月）40元◆营业时间：旺季8:30—17:00，淡季8:30—16:30◆微信公众号：故宫博物院

天安门城楼

毫无疑问，这是每个中国人最熟悉的地标建筑之一，无论是在地理、文化还是政治层面上，天安门城楼都矗立在北京城的心脏地带。这座建筑的前身是明永乐十五年（1417年）初建的“承天门”，最初只是一座木结构牌楼，作为皇城的南门。在此后的数百年中屡有兴废，至清顺治八年（1651年）重建后命名为“天安门”，成为颁布重要诏令的场所。1949年10月1日，新中国的开国大典在这里举行，从此成为中国重要的政治象征，其形象也成为国徽中的重要元素。你可能不知道的是，由于年久失修，这座城楼曾于1969—1970年被整体拆除重建。

如今，游客只能从长安街一侧跨越金水桥后进入城门的门洞，九开间的城楼与五座孔券城门，组成“九五之尊”之意。不要忽略城楼前方的两对石狮和一组华表，均是明永乐年间的珍贵石刻。登楼的入口位于城楼北侧，你可以重温当年毛主席宣告中华人民共和国成立的历史性场景。城楼的内部空间设有相关历史沿革的展览。

想要登上城楼参观，须提前1—7日通过微信公众号预约。登楼前须提前至城楼北面约100米处寄存背包（免费）。要注意，从城楼前的金水桥至故宫午门间

人民大会堂

为由南向北的单向通道，在进入端门前须取回行李。

◆见207页地图◆地址：东城区长安街北侧◆门票：15元◆营业时间：4月至10月8:30—17:00，11月至次年3月8:30—16:30，周一闭馆◆微信公众号：天安门城楼预约参观

天安门广场

作为新中国的重要象征，位于北京城市中央的天安门广场是世界上最大的城市广场之一，也是北京城市中轴线的重要组成部分。广场的前身是明清皇宫正前方的“千步廊”及附属的道路和建筑空间。在辛亥革命以后，这一区域的建筑被逐渐拆除或改造，最终形成了今天所见的面积达44万平方米的巨型广场。自民国以来，这处广场见证了五四运动等重要的历史事件。

广场中轴线的最北侧便是**国旗杆**，新中国的第一面五星红旗在这里升起。不过今日所见的旗杆并非1949年的原物，而是1991年更换后的“第二代旗杆”。每天的升旗、降旗时段，这里总是挤满前来观赏仪式的群众。而在元旦、国庆等特殊节庆，想要一睹升旗的盛况，往往需要凌晨前往排队。从这里向南，广场上依次坐落着人民英雄纪念碑、毛主席纪念堂和正阳门，这些建筑都作为北京中轴线的一部分，被列入《世界遗产名录》。

目前广场实行实名制预约参观，须提前1—7日通过微信小程序预约，参观时须携带有效证件，按预约时段进入广场，并通过安检和预约验证。每天最早会在升旗前2—3小时开放入场；除升旗时段外，也可凭故宫、国博、人民大会堂、太庙等广场周边景点的当天预约信息进入广场，无须另行预约广场。

◆见207页地图◆地址：东城区东长安街◆门票：免费◆营业时间：升旗时段至21:30◆微信小程序：天安门广场预约参观

人民大会堂

位于广场西侧的人民大会堂是新中国成立十周年时建设的“北京十大建筑”之一，融合了新古典主义、苏维埃与中式的建筑风格，是中国举行政治、外交活动的重要场所。其形象出现在第五套人民币100元纸币的背面，因此大会堂也成为“人民币合影之旅”的重要一站。

不过或许很多游客并不知道，自1979年以来，人民大会堂在没有重要活动时是对外开放参观的。一楼大厅内展出了由王成喜创作的《报春图》，以红梅的形象显示了改革开放后的中国生机勃勃的景象。大会堂内还设有34个省级行政区的“省厅”，并结合了当地的建筑特色与装饰艺术，但并非所有省厅都对外开放。本书调研时，开放参观的省厅有一楼的湖南、四川、台湾厅和二楼的广东、上海、辽宁厅，最受欢迎的**湖南厅**中装饰着湘绣屏风，上面绣有毛泽东的《沁园春·长沙》和张家界的风景。**万人大礼堂**的入口在二楼，可以看到标志性的五角星天花板，礼堂“水天一色”的设计还是周恩来亲自提出的。大会堂另一件重要的艺术品《江山如此多娇》则位于二楼的迎宾厅，是由著名画家傅抱石、关山月一同创作的。

你可以提前1—3日预约购买门票。要注意，参观人民大会堂

太庙

时不可携带液体、食品和火种，且这类物品也无法寄存。

◆见207页地图◆地址：西城区西长安街◆门票：30元◆营业时间：6月至10月8:30—15:00，11月至次年5月9:00—15:00◆微信小程序：人民大会堂参观预约

太庙

太庙始建于明永乐十八年（1420年），是明清两代帝王祭祀祖先的场所，承载着中国文化中“敬天法祖”的历史传统。民国时期，这里被开放为和平公园，中华人民共和国成立后改名为**劳动人民文化宫**。红墙黄瓦显示着太庙的不凡地位，赶上暑期、国庆等旅游旺季，不少抢不到故宫门票的旅行者，会把这处壮观的建筑群当作故宫的“平替”。

禁垣高耸的太庙拥有罕见的三重围墙，最核心的看点都在最内一圈。穿越戟门后，迎面矗立的就是太庙的核心建筑**享殿**（旺季15元/淡季10元，含大门票；9:00—16:30，周一闭馆），坐落在三层汉白玉须弥座之上，面阔11间、重檐庑殿顶都堪称中国古建筑的最高等级。尽管经历了后代的维修和扩建，享殿的主体结构仍然是珍贵的明代原构，其主要构件都使用了极为昂贵的金丝楠木，是国内现存最大的金丝楠木宫殿。殿内弥漫着浓郁的木质气息，天花、梁架上都装饰着华丽的片金沥粉彩画，地面则铺满“金砖”。享殿背后为**寝殿**，是供奉历代帝后牌位的场所，在举行登基、婚丧、亲政、出战等重要活动时，也是“告祭”祖先的场所。最后一进是一处独立的院落，其内是供奉皇帝远祖牌位的**祧庙**。如果你时间充裕，遍布古柏的太庙确实很值得作为公园细细游览，不少柏树的直径达1米以上，多为明初所种，受到特别保护的一株“神柏”据传是明成祖亲手种植的。

你可以从南门、西门、东门进出太庙，因此有不少游客把太庙当作前往故宫或折返回天安门广场的“捷径”。但在旅游旺季可能会增加出入限制：南门只进不出，西门只出不进。

◆见207页地图◆地址：东城区天安门城楼东侧◆门票：2元◆营业时间：4月至10月6:30—19:30，11月至次年3月7:00—17:30◆微信公众号：北京市劳动人民文化宫

正阳门

位于天安门广场最南端的正阳门又称“前门”，是明清时期北京城内城的正门，也是“内九门”中唯一一座仍然挺立的城楼。该门始建于明永乐十七年（1419年），前方的箭楼、瓮城则是明正统元年（1436年）增建的。历史上，箭楼、城楼屡毁屡建，在八国联军侵华战争中，箭楼曾被火炮击毁，城楼则因楼内有印度兵烧火取暖而被焚毁。如今的楼体建筑是清光绪二十九年（1903年）重建的，由于工部保留的正阳门档案也被联军焚毁，在重建时只能以崇文门城楼、宣武门箭楼为原型进行“放大版”的重建。

2024年底，**正阳门箭楼**作为展厅对外开放：1—3层辟有“北京中轴线——中国理想都城秩序的杰作”展览，通过一系列文物及老照片介绍这条壮美轴线的前世今生；4层为文化客厅，设有非遗展示区。值得注意的是，箭楼的门洞前即为中国公路的零公里点。参观箭楼展厅可提

前1—7天通过微信公众号“北京中轴线遗产保护中心”预约。

◆见207页地图◆地址：东城区前门大街北端◆营业时间：箭楼展厅9:00—17:00，周一闭馆

北大红楼

这座1918年建成的大楼通体使用红砖，因此被亲切地称为“红楼”，是北京大学早期的校址之一，曾被用作校部、图书馆和文科校舍。红楼是新文化运动的中心，是五四运动重要的策源地，也是共产主义思想传入中国的早期据点，陈独秀、李大钊、胡适、鲁迅等著名学者都曾在此任教，毛泽东也曾作为图书管理员在此工作。

如今，楼内辟有“北大红楼与中国共产党早期北京革命活动主题展”。参观顺序是先看一层至三层的东半边，再参观三层至一层的西半边——对于一座拥有59个展厅的庞大纪念馆而言，牢记房间门口的展厅编号可以有效避免在参观途中突然“穿越”。有几处展室值得注意，一楼东北角是复原的五四运动游行筹备室，也是新潮社的编辑部，学生领袖罗家伦在此起草《北京全体学界通告》。一楼东南角是北大图书馆主任李大钊办公室，也是北京共产主义小组的成立地点，墙上还悬挂着他手书的对联“铁肩担道义，妙手著文章”。一楼西侧有图书馆第二阅览室，1918年毛泽东第一次来京时，经杨昌济介绍担任图书馆理员，他在这里阅读了大量书刊、接受马克思主义思想，开始“迅速地朝着马克思主义的方向发展”。二楼东侧朝南第一间是陈独秀办公的文科学长室。二楼西部有校长办公室，蔡元培曾在此办公。

主楼靠近马路一侧的建筑内设有文创商店，里面有不少有趣的商品。在旅游旺季，建议避开10点和14点前后的参观高峰时段。

◆见207页地图◆地址：东城区五四大街29号◆门票：免费◆营业时间：9:00—17:30，周一闭馆◆微信公众号：北大红楼

智化寺

这是一座隐藏在东二环旁的明代寺院，其前身是明正统年间修建的一座太监家庙，主人是当时权倾一时的司礼监太监王振，他是明代宦官干政的代表人物之一，也常被认为是“土木堡之变”的罪魁祸首。在明英宗复辟之后，这座家庙被重修以作为纪念王振的场所，如今是北京体量最大、保存最完好的明代木结构建筑群。

智化寺内殿

从山门入内，东西两侧即为**钟鼓楼**，尤为难得的是，楼内的铜钟与大鼓都保留了下来，铜钟保存在大钟寺古钟博物馆，明式大鼓在经历了多年修复后转移至智化殿内展出，鼓身上的12条金龙图案显示着非凡的皇家出身。第一进为**智化门**，内部原有四大天王和弥勒、韦驮塑像，但如今皆已不存，辟有智化寺历史沿革展。

第二进的中央是**智化殿**，原有的三世佛和罗汉像都被移往大觉寺，如今的三世佛则是从寺后的大悲堂迁来，因此体量偏小。殿内天花上原有一处十分精美的天花藻井，在1930年与万佛阁内的藻井一同被寺僧私自出售，如今分别收藏在美国的费城艺术博物馆和纳尔逊-阿特金斯艺术博物馆。智化殿后侧的抱厦内展示了寺内文物，最醒目的一幅《地藏菩萨说法相》是明代木板壁画的精品之作。院落西侧的藏殿中央是一具精美的转轮藏，是收藏

Temple东景缘

佛经的柜子，取“法轮常转”之意而得名，但这处转轮藏并不能旋转，而是一件极为精美的明代艺术品：八根角柱上雕刻有象、狮、四不像、菩萨、天王等佛教形象，转轮藏上方刻有威严的大鹏金翅鸟，卢舍那佛端坐在莲花宝座中央，头顶着智化寺仅存的一处国宝级藻井，底部的须弥座上刻有天龙八部。

第三进是一座两层的庑殿顶建筑，下层为如来殿，上层为万佛阁。**如来殿**内供奉有释迦牟尼像和梵天、帝释天立像，两尊胁侍的服饰采用了沥粉贴金、拨金、描金等复杂工艺，纹饰华丽且极富立体感。

智化寺也以京音乐（明清时期流传在北京地区的传统音乐）闻名，由颇有造诣的乐僧在祭祀或佛事活动中演奏，风格古朴典雅，也有着完整的乐队编制，号称“中国古代音乐的活化石”。如今每天9:00和15:00在智化殿内有演出。每年春季，寺内的梨花、丁香、海棠次第盛开，非常美丽。

◆见186页地图◆地址：东城区禄米仓胡同5号◆门票：20元◆营业时间：9:00—17:00，周一闭馆◆微信公众号：智化寺

古观象台

这处天文台与中国海关博物馆比邻而居，原址是元大都的东南角楼，明正统七年（1442年）利用其城墙的地势改建为天文台，直到1929年改为天文陈列馆才终止天文观测活动，是中国使用时间最长的观象台。如今观象台上陈列着8架清朝建造的观测仪器，迎面第一件玑衡抚辰仪是其中最晚建成的，也是最精美的一件。在八国联军侵华时，这批仪器曾被德、法两国劫掠，地平经纬仪上的弹痕就是当时留下的。法国劫走的部分藏在驻华大使馆，于1902年归还；德国劫走的部分则被运往波茨坦，直到“一战”以后才被运回中国。古观象台下的院落内辟有介绍中国古代天文学历史发展的展览。

◆见209页地图◆地址：东城区东裱褙胡同2号◆门票：20元◆营业时间：9:00—17:00，周一闭馆

Temple东景缘

Temple东景缘建于**嵩祝寺**和**智珠寺**寺院原址之上，这两座并排而建的寺院分别始建于清康熙五十一年（1712年）和清乾隆二十一年（1756年），曾是蒙古地区活佛章嘉呼图克图在北京的驻地之一。在中华人民共和国成立后曾被多座工厂占用，2007年起斥巨资进行改造，成为一个集画廊、餐厅和茶室于一体的艺术空间，如果只在公共区域游览是免费的。如今寺内开设有价格不菲的茶馆和法餐厅，寺庙的大殿还会定时开设瑜伽课程。古色古香的历史建筑与现代的艺术装置、生活方式在这里互相碰撞，也饶有一番趣味。

◆见207页地图◆地址：东城区景山后街嵩祝院23号◆门票：免费◆营业时间：周一11:00—19:00，周二至周日11:00—21:30

文化与展演

中国国家博物馆

这座博物馆的前身是1912年设立的国立历史博物馆筹备

处，其馆址曾先后设在国子监、故宫午门等地。新中国成立十周年时，位于现址的**中国革命博物馆**、**中国历史博物馆**落成，名列当时的“北京十大建筑”之一。2003年，两馆合并为现在的中国国家博物馆（简称“国博”）。

国博最值得一看的展览当数占据了整个地下一层的**“古代中国”基本陈列**，大部分时段这里都是人满为患，哪怕只是走马观花，也需要预留至少半天时间。展览共分为8个部分，皆以时期或朝代命名，用超过2000件文物展示了自远古时期至明清时期的古代历史，这也是国博明星文物云集的展览，仅一级文物就超过500件。

国博骆驼俑

远古时期部分复原了“山顶洞人”的生活场景，进入新石器时代以后，你可以直观地感受到中华文明起源阶段如“满天星斗”般多元一体的图景，展出的著名文物包括仰韶文化的陶鹰鼎、人面鱼纹彩陶盆、彩绘鹳鸟石斧图彩陶缸、彩陶网纹船形壶，马家窑文化彩陶舞蹈纹盆和红山文化玉龙。

夏商西周时期是早期国家的形成与起步的阶段，大量青铜重器涌现，最醒目的文物当数存世最大的青铜器后母戊鼎、最大的商代青铜圆鼎商子龙鼎、“海内三宝”之一的大盂鼎，此外还包括见证了西周早期的利簋、华丽高大的四羊方尊、“晚清四大国宝”之一的虢季子白盘和神似外星来客的三星堆青铜面具。

春秋战国时期群雄并起，展出了出土自曾侯乙墓的铜冰鉴、铜缶，极为精美的来自魏国的包金嵌玉兽首银带钩，来自楚国的错金鄂君启铜节。秦汉时期，中国开启了大一统的时代，典章制度垂范后世，这里展出的虎符、兵马俑、彩绘雁鱼青铜灯、错金银云纹青铜犀尊、击鼓说唱俑都堪称家喻户晓的文物宝藏，来自云南一带的“滇王之印”金印、各种充满想象力与宏大场景的青铜贮贝器也不容错过。

三国两晋南北朝时期成为多民族融合的阶段，大量的移民也为中国南方带去了先进的文化与技术，三国时期的各式羊形烛台、南朝的青瓷莲花尊见证了制瓷业的繁荣。

隋唐五代时期是又一个“黄金时代”，李静训墓出土的绿玻璃瓶、鲜于庭诲墓出土的陶骆驼载乐舞三彩俑都展示了一个包容开放的盛世，法门寺出土的秘色瓷、何家村窖藏的双鱼金花银碗则可以一窥唐代的富裕生活，曲阳王处直墓出土的彩绘浮雕武士石刻、唐末的钱镠铁券都有着曲折坎坷、极富传奇色彩的命运故事。

辽宋夏金元时期，中国从多民族政权的并立走向统一，宋代的五大名窑值得重点关注，磁州窑白釉黑花婴戏图罐是水下考古的发现，北宋的针灸铜人、元代的铜壶滴漏则是这一时期科技进步的力证。末尾处的明清时期见证了中国封建王朝的鼎盛与衰落，郑和铸铜钟经历了中国版“大航海时代”的昙花一现，孝端皇后凤冠、乾隆霁青金彩海晏河清尊都以极高的“颜值”和工艺难度著称。

另一个值得一看的展览是**“复兴之路”基本陈列**，入口处位于北区的2楼。圆明园鼠首、兔首占据了展览的前半部分，你还能看到溥仪退位诏书、《开国大典》油画、新中国第一面五星红旗（也经常“出差”至中央大厅的红色主题文物展）、神舟五号飞船返回舱等重要文物。位于南区的“复兴之路 · 新时代部

中国美术馆

分”主要展示2012年以来的建设成就，本书调研时，这一部分正在闭展改陈中。

除了以上的基本陈列外，国博还设有大量的专题陈列。大部分专题陈列设在4楼的展厅，包括中国古代钱币（南11厅）、中国古代书画（南12厅）、中国古代佛造像（南13厅）、中国古代铜镜（南14厅）、中国古代瓷器（北17厅）、中国古代玉器（北19厅），可以依个人兴趣安排参观。如果你时间有限只能择取一两个展厅参观，我们推荐你去佛造像展厅，其中来自新疆焉耆七个星佛寺的造像还颇具犍陀罗风格，河北曲阳修德寺、山西太原天龙山、四川成都万佛寺等地的造像都呈现出鲜明的时代与地域风格，宋代的彩绘木雕观音菩萨坐像则是展厅中的明星，极富沉静内敛的艺术风格。玉器展厅也非常值得一看：红山文化、良渚文化都对玉器有着特殊的偏爱；石家河遗址出土的凤形佩被称为“中华第一凤”，引领了此后数千年的凤鸟艺术；来自殷墟妇好墓中的大量玉器也陈列于此。

国博也经常举办各种临时展览，可通过微信公众号了解最新的展览、讲解信息。参观国博须提前1—7天进行实名制预约，暑期、节假日期间一票难求。地铁天安门东站C口、D口出站可通往国博安检口，入口位于靠近长安街一侧的北门，出口才是正对天安门广场一侧的西门。参观时如携带大型背包或行李箱须寄存（2—10元不等）。

◆见207页地图◆地址：东城区东长安街16号◆门票：免费（部分临展收费）◆营业时间：9:00—17:00，周一闭馆◆微信公众号：国家博物馆

国家大剧院

位于大会堂西侧的国家大剧院，是在北京心脏地带进行的一次大胆的建筑尝试。这座外观呈半椭圆形的现代建筑，由法国建筑师保罗·安德鲁设计，庞大的外壳主要由钛金属板和玻璃制成，在暮色中与周围的人工湖交相辉映。其内设有歌剧院、戏剧院、音乐厅、小剧场等演出空间，出入口被别出心裁地安置到环绕椭球的人工湖水面之下，参观的入口位于北门。在剧院的M层水廊两侧和5层都设有艺术馆，常有一些艺术展览。

在这样一处现代前卫的剧院中欣赏演出并不如想象中昂贵，除了不定期的歌舞剧、戏曲、音乐会等大型演出（票价80元起）以外，常规举行的“周末音乐会”往往不乏名家，剧院还不时举办一些艺术讲座，这类活动票价只需40元。你可以通过官网（www.chncpa.org）或微信公众号提前了解演出计划。但即便不观看演出或讲座，只是参观大剧院也需要购买参观票——因此，也许提前购买一场合适的演出票更为划算。

◆见207页地图◆地址：西城区西长安街2号◆门票：参观票5月至8月40元，9月至次年4月30元◆营业时间：9:00—17:00，周一闭馆◆微信公众号：国家大剧院

中国美术馆

这栋具有鲜明中式民族风格的建筑，其外观借鉴了敦煌莫高窟著名的“九层楼”，恰如其分地体现了其作为国家级美术馆的地位，收藏中包括从苏轼、唐寅、徐渭到黄宾虹、齐白石、徐

悲鸿等历代书画家的作品，甚至不乏毕加索、达利等海外名家的作品，馆藏总数达13万余件。美术馆共有21个展厅，不设常展，但经常举办各种主题的展览，建议参观前通过微信公众号了解最新展讯。

美术馆东侧有一家**NAMOC Coffee**（人均约50元），一楼销售文创和书籍，二楼的玻璃房则被繁茂的林木环绕，是看展后歇脚的好地方。

◆见208页地图◆地址：东城区五四大街1号◆门票：免费◆营业时间：9:00—17:00，周一闭馆◆微信公众号：中国美术馆

嘉德艺术中心

2017年10月投入运营的嘉德艺术中心是近年来北京的艺术新地标，它坐落于王府井商业街和五四大街的交会处，与中国美术馆为邻。艺术中心所在的建筑既是艺术发生的容器，也是艺术本身。其上半部分悬浮的玻璃四方环致敬老北京的四合院墙，下半部分进退有致的灰色玄武岩墙则隐喻了传统园林中的假山，墙上嵌入的圆形透镜是对元代画家黄公望《富春山居图》的抽象表达。这些元素的运用使得这座外观先锋的建筑悄然无声地融入了北京古城肌理。

艺术中心的展览在类型和题材上保持着开放性和丰富性，且十分关注为公众提供专业品质的文化体验和艺术教育。特色方面除了几乎每年与故宫进行的联展，还有秋季举办的嘉德艺术周（GFAA）——主办方会联合多个参展机构策划一系列的主题沙龙和美育活动，涵盖古董鉴赏、设计美学、经典艺术等主题。

老胡同，新文化

也许是美术馆给这片区域带来了浓郁的艺术气息，微信公众号“微微景山”经常推送一些本地的徒步探访路线和打卡活动。美术馆北侧的**美后肆时**（东城区美术馆后街40号；免费；9:00—21:00）以门牌得名，这里原本是地铁8号线盾构工程的腾退空间，被改造成了一处四合院风格的景山市民文化中心。地面1层、地下3层的空间内集中了美作馆、美书馆、美影馆、美体馆等21个不同的功能空间，经常举办讲座、戏剧展演、非遗手作和各种社区课程，可通过同名微信公众号了解活动信息。

美术馆东面有一处**隆福寺**（东城区隆福寺街95号；免费），昔日的藏传佛教格鲁派寺院如今反倒成了时尚风向标。这处崭新的街区正试图打造“有老北京特色的多元文化交融的魅力走廊”，将红墙金顶的寺院“搬”到了大厦顶层，周围的胡同、四合院和现代建筑形成强烈的反差，历史上颇负盛名的庙会已被各种时髦的展览、市集取代。位于隆福大厦A座9层的**隆福文化中心**（10:00—18:00）只在有展览时对外开放，一层的隆福寺演艺空间不时有各种演出，微信公众号“北京隆福寺”会推送最新的活动咨询。马路边的**稻香村零号寻宝馆**（东城区隆福寺前街1层1号；8:30—20:00）是这个老牌点心店的年轻化尝试，制作非常精美，很适合作为旅途的手信。

如果想要了解胡同文化，我们推荐你前往**史家胡同博物馆**（东城区史家胡同24号；免费；9:00—17:00，周一闭馆），那里展出了一些胡同生活的老物件，如20世纪二三十年代的聘文复印件、旧时家庭用的笸箩、公交票证等，其中不乏胡同居民捐献的老物件。此外，还别出心裁地设计了一个“胡同的叫卖声”展厅，在这里参观者可以聆听到诸如“震惊闺”“虎撑子”等70多种胡同声音。馆内看似凹凸不平的地砖是从老城内各处被拆除的四合院中收集而来的。这条胡同可谓名人荟萃，17号是诗人臧克家的旧居，23号曾居住着国民革命军将领卫立煌，47号的主人傅作义是北平和平解放的功臣，51号是章士钊旧居，53号则是华国锋的旧居。

上图：从隆福寺眺望北京CBD天际线

◆见208页地图◆地址：东城区王府井大街1号◆门票：各展览单独售票，有效期1年的嘉德通艺享卡299元包含四张展览票◆营业时间：10:00—18:00，周一闭馆◆微信公众号：嘉德艺术中心

中国海关博物馆

你可以先上2楼参观基本陈列《千秋古关》《近代海关》，了解自西周至近代的海关变迁史，有"关"字瓦当、李鸿章题写的"津海新关"木匾等文物。1楼《现代海关》中展出了不少收缴物品，包括珍贵的象牙、动物皮草及各种历史文物。地下展厅展出了颇有传奇色彩的"海关902"缉私艇，于1989年在珠海拱北海关投入使用，在其20年的服役史上立下赫赫战功。20世纪90年代，邓小平正是搭乘这艘船从深圳前往珠海，发表了著名的南方谈话。

◆见209页地图◆地址：东城区建国门内大街2号◆门票：免费◆营业时间：9:00—16:30，周一闭馆◆微信公众号：中国海关博物馆

北平图书馆旧址

1931年落成的北平图书馆是靠庚子赔款的退款建成的，外观有着中式风格的重檐庑殿顶，而内部在当时却是相当西化的，曾是当时远东地区最摩登的图书馆，如今则是中国国家图书馆的古籍馆。主楼前的华表、石狮、石碑都是从圆明园迁来的，有趣的是，这对华表其实并不是"一对"，由于当年搬运时将两对华表搞混了，图书馆前陈列的是两对华表中的各一只，另外两只则都在北大西门。本书调研时，图书馆正在进行为期三年半的维修工程，预计2027年下半年重新对外开放。

◆见207页地图◆地址：西城区文津街7号◆门票：免费◆营业时间：9:00—12:00，13:00—17:00，周日、周一闭馆

天安门广场的人民英雄纪念碑

纪念地

人民英雄纪念碑

天安门广场的中央位置矗立着雄伟的人民英雄纪念碑，这是新中国兴建的第一座大型纪念碑，于1958年落成。纪念碑由梁思成、林徽因等人设计，设计之初，其碑型曾考虑过埃及方尖碑、罗马纪念柱等方案，但最终还是选择了以颐和园"万寿山昆明湖"碑、北海"琼岛春阴"碑等北京的古碑为原型。碑身北面的"人民英雄永垂不朽"由毛泽东书写，南面的碑文由毛泽东起草、周恩来书写。碑座的四面共镶嵌有10幅巨大的汉白玉浮雕作品，展现了从虎门销烟到渡江战役等重大的近代史事件。碑顶则一度在群像雕塑和建筑式大屋顶这两个方案间徘徊不决，最终因群像无法看清而选择了现在所使用的庑殿顶。

◆见207页地图◆地址：东城区天安门广场内◆门票：免费◆营业时间：全天

毛主席纪念堂

从人民英雄纪念碑往南，广场中央这座体量庞大的建筑便是毛主席纪念堂。纪念堂的原址是中华门，为明清时期皇城的正南门，但在1958年扩建天安门广场时被拆除。1976年毛泽东逝世后，在这一位置修建了纪念堂，并于一年后落成。建设工程动用了全国各地的工厂及资源，比如外廊的立柱来自福建，装饰用的陶板来自广东，汉白玉的栏板则来自北京房山。

纪念堂的入口位于建筑东侧

（北侧的团队入口有时也对散客开放），从这里前往北大厅，中央是一尊毛泽东的汉白玉坐像，其基座、体量都不算高大，交脚的坐姿显得亲切近人，坐像背后的《祖国大地》壁毯则寓意毛泽东与祖国山河同在。建筑中央为瞻仰厅，正中间的水晶棺内安放着毛泽东的遗体。纪念堂的二楼设有毛泽东、周恩来、刘少奇、朱德、邓小平、陈云等同志的革命业绩纪念室。

参观纪念堂须提前1—6天在微信公众号预约参观，在每年9月9日（毛泽东逝世纪念日）、12月26日（诞辰纪念日）会增加下午的开放时段14:00—17:00。一大早的时段通常比较拥挤，建议可以先游览广场上的其他看点，在10点后再前往纪念堂参观。纪念堂有严格的着装、安检要求，穿超短裙、背心、拖鞋无法入内，相机、包、充电宝、水杯等随身物品须在广场东侧的存包处寄存（限时免费）。我们建议你参观时只携带手机和身份证。

◆见207页地图◆地址：东城区天安门广场内◆门票：免费◆营业时间：8:00—12:00◆微信公众号：毛主席纪念堂

北海公园

街区与公园

北海公园

北海的历史可以上溯至辽金时期，当时的统治者在都城郊外营建行宫别苑，使这里成为世界上最古老的皇家园林之一。北海的整体布局取意“一池三山”，以这一时期开挖的太液池为中心，挖出的泥土堆筑出湖中的琼华岛、团城、犀山台（位于中海），以象征神话传说中的蓬莱、瀛洲、方丈等仙山。明代的北海成为皇城的一部分，清代乾隆年间又进行了漫长的增建工程，至清晚期，慈禧还曾挪用海军军费营建这处园林，但很快又在八国联军侵华时期遭到极大破坏。

如今的北海是一处景色宜人的公园，儿歌《让我们荡起双桨》取材于此，“海面倒映着美丽的白塔，四周环绕着绿树红墙”非常写实地呈现了园中景色。如从文津街一侧的南门入内，大门西侧即**团城**，这里原是太液池中的岛屿，如今已和陆地相连。城中央为清代所建的承光殿，造型与故宫角楼颇有几分相似，殿内的白玉佛来自缅甸，其左臂上留有一处八国联军砍伤的刀痕。承光殿附近有两棵800年树龄的油松和白皮松，这两棵金代古树分别被乾隆封为“遮荫侯”和“白袍将军”。附近玉瓮亭的渎山大玉海则是忽必烈下令雕刻的，这是中国体量最大的传世玉器。

出团城北门过永安桥即到达**琼华岛**，这是北海公园的精华部分。岛屿中央为永安寺，寺后有一座清代的覆钵式白塔，是北海的地标景观，原址为金元时期的广寒殿。岛屿西面的阅古楼曾是皇家藏书楼，楼内墙壁上镶嵌着历代名家的书法刻石，其中包括著名的《三希堂法帖》。从这里沿湖边小路向北绕行，途经仿照镇江金山寺而建的漪澜堂，东北岸上可见燕京八景之一“琼岛春阴”碑，此碑也是设计人民英雄纪念碑时参考的古碑原型之一。岛上四处可见的太湖石是元代从北宋汴京的艮岳迁移而来，是宋徽宗时期“花石纲”的见证。

从琼华岛过陟山桥即到北海东岸，向北可到濠濮间、画舫

中山公园

斋。北面的**先蚕坛**是皇后祭祀先蚕、劝勉蚕桑的场所，坛内遍植桑树。继续向北即到北岸，备受乾隆皇帝喜爱的**静心斋**有漂亮的假山水池，慈禧甚至专门为北海修建了皇家专用铁路，终点即设在斋门口。继续向西可到西天梵境，大慈真如宝殿为明代木构，以珍贵的金丝楠木建造。西侧的**九龙壁**是中国仅存的三座九龙壁之一，建于清乾隆二十一年（1756年）。向西可到陈列诸多著名书法刻石的快雪堂和元代铁影壁，后者原是元大都内一座古庙的影壁，在明初向南扩建北京城时被迁移到德胜门内，1947年又迁至现址，经历了前后数百年的"文保接力"。过五龙亭即到**小西天**，这是乾隆为母亲祝寿而修建的，主殿极乐世界殿是世界上最大的方亭建筑。

北海北岸的五龙亭与琼华岛北岸的漪澜堂之间有大摆渡船（20元/人），西岸码头与琼华岛琳光殿之间有小摆渡船（5元/人），另外各处湖岸上也有摇橹船（40元/人）、手划船（100元/小时）、脚踏船（120元/小时）等游玩项目。

◆见186页地图◆地址：东城区文津街1号◆门票：10元，联票20元（含大门票、团城、永安寺白塔、漪澜堂）◆营业时间：6:00—21:00（古迹区8:00—18:00，琼岛胜迹文物展周一闭馆）◆微信公众号：北京市北海公园

中山公园

其前身是始建于明永乐十九年（1421年）的社稷坛，是明清两代祭祀社稷的场所。民国时期，这里被辟为中央公园，是最早对公众开放的皇家禁地之一。

园内保留了不少重要古迹，包括许多从异地迁建而来的文物。南门入口处为**保卫和平坊**，其前身是树立在东单北大街的克林德牌坊，这位德国公使在义和团运动中被杀，清政府被迫为他修建牌坊。这座被视为国耻的牌坊直到"一战"德国战败后才被拆除并迁移至现址，改为"公理战胜"坊，中华人民共和国成立后又改为"保卫和平"坊。除此以外，祭坛南门外的宋代石狮子是从河北大名迁来；**兰亭碑亭**的石柱上刻着八位书法名家摹写的王羲之《兰亭帖》，曾是圆明园一景；**习礼亭**原本位于鸿胪寺内，是其在八国联军的战火中唯一的幸存者。

公园中央为**社稷祭坛**，明清两代在此举行过上千次祭祀活动，其上的五色土是由全国各地进贡而来。祭坛北面的拜殿如今更名为**中山堂**，1925年孙中山在北京去世后，其灵柩曾停放于此。一旁的**中山公园音乐堂**（票价50元起）是北京著名的演出场所，中国爱乐乐团、北京交响乐团多在此演出，可通过同名微信公众号查询近期演出计划及购票。在音乐堂的东南角还有一座**来今雨轩茶社**，是已有百年历史的老字号，这里曾是民国时期李大钊、周恩来等人传播共产主义思想的少年中国学会，如今被辟为展览馆。

◆见207页地图◆地址：东城区中华路4号◆门票：3元◆营业时间：6:00—20:30◆微信公众号：北京市中山公园

景山公园

早在辽金时期在北海一带营建行宫别苑时，景山便成为工程余土的堆积之处。永乐年间营建紫禁城时，又将挖掘筒子河等地的泥土堆积于此，使这里成为风水意义上的"靠山"。

多数旅行者都把景山作为游览故宫后的“余兴项目”——你最熟悉的那些故宫全景照片多是在景山山顶拍摄的。登山前不要错过东面山脚处**“明思宗殉国处”**，在李自成攻入北京之时，崇祯皇帝仓促在这里附近的一棵槐树上自缢身亡。当年的老槐树死于“文革”期间，现在所见的槐树是后来迁种的。山顶的**万春亭**前总是挤满游客，旺季时通常只能见缝插针地打卡留影。西面的**辑芳亭**会相对清静一些，可以在此守候北海公园的落日。景山北面还有一处规模不小的**寿皇殿**（9:00—17:00，周一闭馆），是明清两代皇帝停灵、祭祖的场所，曾经收藏着已故皇帝、后妃的御容像及印玺，但在八国联军侵华战争期间被劫掠一空。景山最美的季节是春天，上万株牡丹、芍药竞相开放，夏季荷花展、秋季菊花展期间同样人头攒动。

◆见207页地图◆地址：东城区景山西街44号◆门票：2元，花展期间门票10元◆营业时间：6:00—20:30

景山公园万春亭

王府井大街

作为中国最著名的商业步行街之一，王府井是不少旅行者到北京的必去之处，两旁集中了不少著名的商场、餐厅和书店，也是一条极佳的City Walk线路。从最南面的王府井地铁站一路向北，西面是已有百余年历史的北京饭店，曾接待过孙中山、张学良、萧伯纳等著名人物，中华人民共和国成立后一直是重要的接待外国领导人与国际友人的饭店。路口东侧的东方广场LG层则有一座**王府井古人类文化遗址博物馆**（10元；9:30—16:30，周一闭馆），是距今2.4万年至2.5万年前的旧石器时代遗址，能看到人类用火的遗物和遗迹。你可以向东拐入东单三条，去看一眼享有盛誉的协和医院那仍然保留着民国时期中式风格的院舍。

拐回步行街上，可以去**北京百货大楼**闲逛，这座看起来颇有年代感的商场始建于1955年，是北京第一家大型百货，曾被誉为“新中国第一店”。继续向北，道路东侧坐落着一座巴洛克风格的**东堂**（东城区王府井大街74号），始建于清顺治十二年（1655年），现存建筑是义和团运动后重建的。每天傍晚会亮起景观灯，暮色灯影中的教堂尤为迷人。在灯市口西街可以向西拐去看**老舍故居**（东城区丰富胡同19号；免费；9:00—17:00，周一闭馆），老舍在这里度过了人生中最后的17年，《茶馆》《龙须沟》等代表作都是在这里写就的。

涵芬楼书店（东城区王府井大街36号）的2楼设有一处展厅，介绍了商务印书馆和中国近现代出版业的发展历史。更北面是中国最负盛名的话剧演出场所——**首都剧场**（东城区王府井大街22号），可以通过微信公众号“人艺票务中心”查询演出计划及购票。剧场4层设有**北京人艺戏剧博物馆**（免费；10:30—19:00，周一闭馆），其中复原展现了首任院长曹禺的办公场景。剧场1层北侧还有一家迷你的戏剧书店。

见208页地图◆营业时间：全天

东交民巷

东交民巷位于天安门广场东侧，原本坐落着元代运输漕粮的税务所与海关，因此被称为“江米巷”。在第二次鸦片战争以

东交民巷中国法院博物馆

后，这一区域逐渐成为各国公使入住的使馆所在，至晚清时已有法、美、德、比、西、意、日等多国使馆，因此成为西式建筑较为密集的区域。

这里也是一处理想的City Walk区域，从国博南面的东交民巷路口一路向东，红色的四层洋楼就是曾经的麦加利银行，东面不远处有着近代古典主义风格的花旗银行，如今已被辟为**北京警察博物馆**（免费；9:00—16:00，周一闭馆）。正义路口的正金银行旧址则被辟为**中国法院博物馆**（需提前一个工作日免费预约参观；9:00—17:00，周一闭馆）。继续向东会路过日本公使馆、法国邮政局、法国使馆等建筑。这一街区中最醒目的当数1904年落成的**圣弥厄尔天主堂**（也称为东交民巷天主堂），它有一对漂亮的哥特式塔楼，装饰着精美的天使像和玻璃花窗。教堂对面的紫金宾馆内，还保留着比利时使馆旧址。在这一区域的正义路、台基厂大街沿线也都保留着许多昔日的使馆建筑，如今多为部委机关，无法入内参观。

◆见207页地图◆地址：东城区天安门广场东侧◆营业时间：全天

西交民巷

与东交民巷密集的使馆建筑遥相呼应，西交民巷则聚集着不少西洋风格的银行建筑。自清末以来，这条不太起眼的小巷便成为北京最早的“金融街”，影响着中国的经济动向。从靠近广场的路口一路向西，会依次途经大陆银行、保商银行、中央银行、中国农工银行、户部银行的旧址。最值得一看的是保商银行旧址，这里已经被辟为**中国钱币博物馆**（免费；9:00—17:00，周一闭馆），展示了自先秦以来各时期珍贵的古代货币。

◆见207页地图◆地址：西城区天安门广场西侧◆营业时间：全天

皇城根遗址公园

平行于北河沿大街的街心公园便是明清时期北京皇城的东城墙，其环绕的区域曾是皇家禁地，包围着服务皇室的内府衙门及各类仓库、作坊。民国以后，皇城被逐步拆除，2001年在东墙遗址上修建的这处公园，如今成为备受市民喜爱的休闲去处。

你可以骑行或步行游览沿途的文物古迹，在东安门大街的路口处，有修建公园时发掘出的明代**东安门遗址**，斜对角的**翠明庄**是七七事变后建设的一座日式旅馆，在解放战争期间则成为谍战的中心。从这里一路向北还可以来到**中法大学旧址**（东城区东黄城根北街甲20号；免费；9:00—17:00，周一闭馆），中法大学为1920年由北京大学、广东大学和法国里昂大学共同筹办，蔡元培担任首任校长。

◆见208页地图◆地址：东城区北河沿大街◆门票：免费◆营业时间：全天

日咖夜酒

北平机器

胡同里隐藏着这样一家充满工业风格的精酿餐吧，这里的精酿（龙井小麦/北平小麦：48元起）细腻而醇厚，各式小食水准在线。你也能在北京的许多生活集市、电影节上看到这个品牌的身影。

见207页地图◆地址：东城区纳福胡同13号◆营业时间：周一至周五16:00至次日1:30，周六至周日15:30至次日1:30

悠航SLOWBOAT

店名源于那首著名歌曲“On a Slow Boat to China”，以出色的精酿和汉堡（猴拳/老泰泰汉堡：65/75元）著称。悠航在北京开有多家分店，**白塔寺店**（西城区宫门口西岔73号）有欣赏白塔的景观座位，值得推荐。

◆见208页地图◆地址：东城区东四南大街157号1层104号◆精酿和汉堡：猴拳/老泰泰汉堡65/75元起◆营业时间：11:00—24:00

左岸Rive Gauche

这家酒吧的露台可以欣赏景山公园的日落。环境主打中式艺术感，颇有格调。酒单的名字很有意思：王府井大街1号、乾隆爷的茶、奥林匹克的庆典、二八酱等。店里还有魔术表演，感兴趣的不妨一试。

◆见208页地图◆地址：东城区王府井大街1号璞瑄酒店2层◆营业时间：周二至周四17:30—24:00；周五至周日17:30至次日1:00

MO Bar

酒吧露台可以俯瞰整个紫禁城，建议下午六点左右前往，可以欣赏到美丽的日落。为了契合老北京的氛围，MO Bar还推出了各种比较有本地特色意味的调酒。酒单经常更新，每次的创意都能让人眼前一亮。

◆见208页地图◆地址：东城区王府井大街269号北京王府井文华东方酒店五层◆营业时间：周一、周二、周日16:00—24:00；周三至周六16:00至次日1:00

铁手咖啡制造总局

穿过满是涂鸦的行道树，你会在胡同深处发现这家可爱的咖啡馆。铁手（Metal Hands）以出众的设计和咖啡品质闻名，在北京有多家分店，近年来更扩张到上海、杭州。木质色调、水泥风和绿植在这里达到一个舒适的平衡。

◆见208页地图◆地址：东城区南阳胡同6号◆美式/拿铁：30/32元起◆营业时间：10:00—19:00

故宫及周边

逛故宫也不必饿着肚子，除了故宫内的坤宁东院、冰窖餐厅等，红墙外亦有众多选择。

不要错过

- 故宫内的餐厅
- 胡同小吃
- 宫廷菜

北京传统的商业和旅游核心区，聚集了北京较早一批豪华酒店，也能找到几家中档商务酒店。

王府井 ¥¥¥¥

交通便利，距离故宫等重要景点“一步之遥”。

以外地游人居多，远离本地文化；人流量大，拥挤和嘈杂随之而来。

热门食宿区域

在北京最核心的区域，住宿种类从小巷旅馆的一个床位到传奇酒店的套房，跨度之大超乎想象。这一地区最受欢迎的当数藏身胡同的四合院民宿，记得提早订房。住宿标准见169页。

那些具有代表性的本地知名食府——东来顺、四季民福、北平食府等，在王府井、东单一带都能找到。装饰华丽、古色古香的大堂，麻利的服务，能满足大多数人对于老北京滋味的期待。

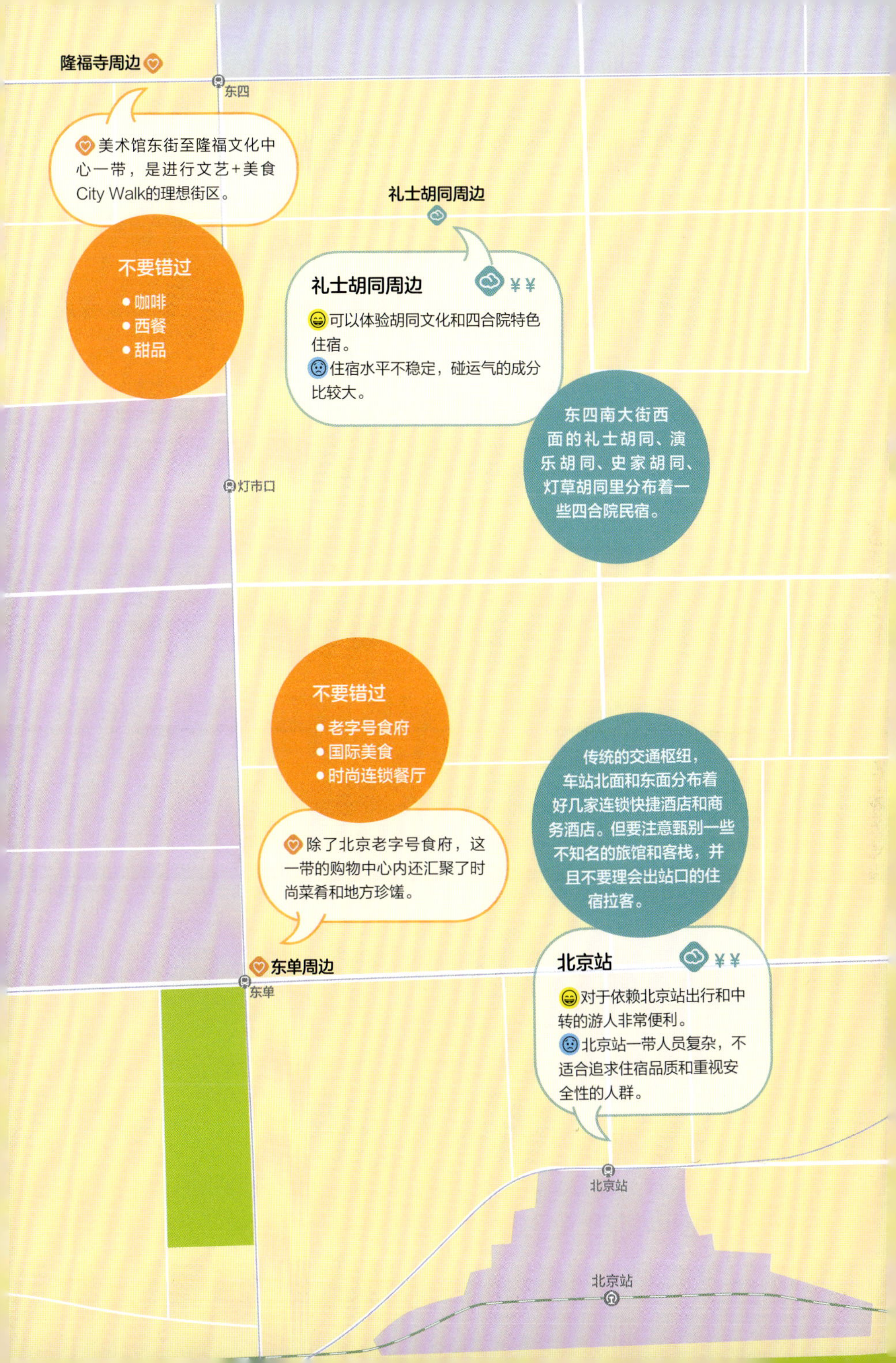

隆福寺周边
东四
美术馆东街至隆福文化中心一带，是进行文艺+美食City Walk的理想街区。
不要错过
• 咖啡
• 西餐
• 甜品
礼士胡同周边
礼士胡同周边 ¥¥
可以体验胡同文化和四合院特色住宿。
住宿水平不稳定，碰运气的成分比较大。
东四南大街西面的礼士胡同、演乐胡同、史家胡同、灯草胡同里分布着一些四合院民宿。
灯市口
不要错过
• 老字号食府
• 国际美食
• 时尚连锁餐厅
除了北京老字号食府，这一带的购物中心内还汇聚了时尚菜肴和地方珍馐。
传统的交通枢纽，车站北面和东面分布着好几家连锁快捷酒店和商务酒店。但要注意甄别一些不知名的旅馆和客栈，并且不要理会出站口的住宿拉客。
东单周边
东单
北京站 ¥¥
对于依赖北京站出行和中转的游人非常便利。
北京站一带人员复杂，不适合追求住宿品质和重视安全性的人群。
北京站
北京站

探索

旅行者推荐 INSIDERS' LIST

场所

可能有书
- 13811377434
- 东城区前炒面胡同49号

紫金城市书院·半书时光咖啡
- 13581944002
- 五四大街甲31号

四季民福烤鸭店
- 13141492392
- 东城区南池子大街11号

程府宴
- 15011120038
- 西城区东华门街道南长街38号

河沿肉饼Beijing Pie
- 010-65283828
- 锡拉胡同14号

TRB Hutong
- 13911712083
- 东城区沙滩北街嵩祝寺23号（近五四大街）

潮府林苑·潮州菜
- 东城区北库司胡同1号
- 010-65228989

北京贵宾楼饭店
- 13910862500
- 东长安街35号

北京饭店
- 东城区东长安街33号
- 010-65137766

利苑酒家
- 010-85221212
- 东城区金宝街89号金宝大厦3层

唐宫·粤菜海鲜
- 010-65131288
- 东城区建国门内大街17号南门

北京国际饭店
- 010-65126688
- 东城区建国门内大街9号

北平食府·臻品私宴
- 15300371292
- 王府井大街218-1号北方佳苑酒店二楼

花家怡园
- 010-51283326
- 王府井东街8号澳门中心3层303

The Cheesecake Factory芝乐坊餐厅
- 010-65251238
- 王府井大街269号王府中环东座4层415号商铺

东来顺
- 010-65280930
- 王府井大街138号北京apm5层542-547

叶叶菩提
- 13501090124
- 东城区东四南大街99号

王府井文华东方酒店
- 010-85098888
- 东城区王府井大街269号

华尔道夫酒店
- 010-85208989
- 东城区金鱼胡同5-15号华尔道夫酒店1层

王府半岛酒店
- 010-85162888
- 东华门街道王府井金鱼胡同8号

金茂万丽酒店
- 东城区王府井大街57号金茂万丽酒店2楼
- 010-65208888

励骏酒店
- 010-85113388
- 东城区金宝街92号

天安门、故宫及周边地图

景点

餐饮

住宿

王府井及周边
N
0 460 m
景点
餐饮
住宿
张自忠路
张自忠路
东四十条
东四十条
美术馆后街
东黄城根北街
皇城根遗址公园
东四北大街
东四六条
朝阳门北小街
东二环路
南门仓胡同
铁手咖啡制造总局
东四四条
东四三条
中国美术馆
隆福寺
中国美术馆
五四大街
东四
朝阳门内大街
朝阳门
嘉德艺术中心
左岸Rive Gauche
可能有书
王府井大街
东四南大街
礼士胡同
南竹竿胡同
金茂万丽酒店
朝阳门南小街
叶叶菩提
史家胡同博物馆
北河沿大街
东二环路
悠航SLOWBOAT
灯市口
智化寺
禄米仓胡同
皇城根遗址公园
金鱼胡同
华尔道夫酒店
利苑酒家
金鱼胡同
金宝街
励骏酒店
花家怡园
王府半岛酒店
校尉胡同
东单北大街
外交部街
朝阳门南小街
王府井文华东方酒店
王府井大街
Mo Bar
东来顺
西总布胡同
东总布胡同
The Cheesecake Factory芝乐坊餐厅
南河沿大街
北平食府·臻品私宴
贡院西街
王府井大街
唐宫·粤菜海鲜
北京国际饭店
东长安街
建国门内大街
建国门
王府井
东单
崇文门内大街
北京站街
北京站东街
北京站

雍和宫、什刹海及周边

雍和宫灿烂的金顶、什刹海迷人的碧波，恰好是北京两大文化脉络的代表。你既可以在这里欣赏数百年皇家文化的深厚积淀，探索王府、坛庙、国子监，也可以深入胡同或街头，在沧桑的鼓楼下来一碗别具风味的豆汁和炒肝，或在后海的摇曳灯影中，享受音乐与酒杯的碰撞。这里不仅有恭王府、南锣鼓巷这样的“旅行团顶流”，也有五道营胡同、西黄寺这些不太为人熟知的小众去处。从史铁生的地坛到宋庆龄的花园，郭沫若、徐悲鸿、齐白石、梅兰芳等众多名人都曾居住于此，不妨跟随他们的足迹，去开启一场又一场“人生之旅”。

数说雍和宫、什刹海及周边

26米
雍和宫白檀木佛像
“世界最大木雕佛像”

198座
孔庙现存进士题名碑

24面
鼓楼鼓的数量

约63吨
钟楼铜钟重量

128只
北海永安桥
雕刻石狮数量

787米
南锣鼓巷
南北主街长度

80+棵
地坛300年以上的
古树数量

在雍和宫、什刹海及周边，你可以这样玩：

2天 中轴线精华之旅
（见34页）

4天 中轴线全景之旅
（见36页）

2天 皇家园林精华之旅
（见64页）

1天 什刹海与南锣鼓巷
（见76页）

何时去

3月至5月
气温逐渐回升，雍和宫的桃花也在此时盛放，红墙黄瓦与盛开的桃花相映成趣。

6月至8月
夏日的什刹海荷香阵阵，两岸绿意盎然，此时是游船的最好时节。

9月至11月
秋日不妨在什刹海看一场日落，夕阳的余晖洒在湖面上，映照着远处的山峦和船只。此时雍和宫的银杏一片金黄，正是出片的好时候。

12月至次年2月
冬日的什刹海冰上游乐项目丰富，单双人冰车、冰上自行车区域及速滑区纷纷开放，到了晚上不妨在附近吃一顿地道的铜锅涮肉。

什刹海

雍和宫、什刹海及周边亮点

雍和宫

雍正和乾隆两位清朝皇帝的“在潜之居”，清代朝廷首寺雍和宫常年香火旺盛。

什刹海

什刹海周边分布着大量的胡同、园林、王府、寺观，是体验老北京风情的绝佳去处。

恭王府

什刹海后海南岸藏着北京最负盛名的王府，同时也是北京保存最完整的清代王府。

孔庙和国子监博物馆

探访我国元、明、清三代国家管理教育的最高行政机构和国家设立的最高学府。

古迹与建筑

雍和宫

清康熙三十三年（1649年），康熙在这里为皇四子雍亲王建立王府，这位皇子就是后来的雍正皇帝。雍正登基后，将昔日王府改造成行宫，清乾隆九年（1744年）又改宫为寺，命三世章嘉活佛将此地改为黄教寺院，雍和宫从此成为北京唯一以“宫”命名的寺院，成为清政府联络蒙藏地区的政治枢纽。如今，年轻人在上班、上学、上进之间，选择了上香——这股有趣的时代潮流也席卷了这里，在扎堆许愿中，原本以求姻缘闻名的雍和宫大大扩展了“业务范围”，俨然已经“什么都能保佑”。

雍和宫释迦牟尼佛

雍和宫的入口位于整组建筑最南端的宝坊院西侧，四周为影壁和三座牌楼所环绕，从这里穿过北侧的牌楼便是长长的辇道，每年深秋时便变身为一条金黄的银杏大道。穿过辇道尽头的昭泰门，从这里开始，你看到的各殿匾额都将使用满、汉、藏、蒙四种文字书写。在这处庭院内坐落着钟鼓楼和东西碑亭，北面的**雍和门**是昔日王府时期的正门。来自藏地的大愿祈祷法会自清代传入北京，于每年正月二十三至二月初一在雍和宫举行，这也是一年中最热闹的时候。正月二十九、二月初一还会上演金刚驱魔神舞，演出地点就在雍和门前。

雍和门后为正殿**雍和宫殿**，殿内供奉竖三世佛，分别是象征过去的燃灯佛、现在的释迦牟尼佛、未来的弥勒佛，两侧为十八罗汉像。殿外的四座配殿并称为“四学殿”，在清代是藏传佛教的学术中心，分别教授显宗、密宗、数学（天文）、医学。不要错过庭院中央的御碑亭，其中陈列的《喇嘛说》石碑详述了乾隆对西藏、蒙古的宗教政策。

背后的**永佑殿**曾是王府的寝殿，雍正去世时因清西陵的梓宫尚未建成，曾于此停灵一年有余。在此期间，雍和宫的绿色琉璃瓦全部更换为更高等级的黄色，并延续至今。**法轮殿**是寺内规模最大的建筑，其屋顶有一大四小共5座采光亭，形制有如佛教之坛城，是汉藏建筑艺术融合的范例。殿内中央设有格鲁派创始人宗喀巴像，背后是著名的五百罗汉山，山体以紫檀木雕成，罗汉则由各种金属制作，但其中的金银罗汉多被八国联军劫掠。法轮殿东侧为**班禅楼**，是六世班禅进京为乾隆祝寿时的驻锡地，殿内供奉一尊鎏金的六世班禅银像，是出自清宫造办处的精品；西侧的**戒台楼**同样是为迎接六世班禅而建，如今两楼同为文物陈列室。

法轮殿背后的**万福阁**通过飞阁连廊与两侧的建筑相连，阁内那尊高达26米（地上18米，地下8米）的弥勒佛像由整根白檀木雕刻而成。东路的**昭佛楼**内，高大华丽的金丝楠木佛龛贯通殿内的两层空间，其上雕刻99条盘龙，佛龛正中供奉一尊元代铜佛，与五百罗汉山、弥勒佛像被并称为雍和宫“三绝”。

◆见212页地图◆地址：东城区雍和宫大街28号◆门票：25元◆营业时间：4月至10月9:00—17:00，11月至次年3月9:00—16:30◆微信公众号：雍和宫游客信众服务

国子监孔子像

孔庙和国子监博物馆

自元代创建以来，这组建筑群便成为历代最高学府，东面的**孔庙**与西面的**国子监**并立，形成“左庙右学”的布局。北京孔庙规制严谨，其规模仅次于曲阜孔庙，参观时从最南端的先师门开始，从硕大的斗拱可以判断，这是一座珍贵的元代遗物。门内设有宰牲亭、碑亭、神厨，是明清两代准备祭孔典礼的场所。在清代的大成门背后，就是孔庙的核心建筑大成殿，重檐庑殿顶上铺设黄色琉璃瓦，面阔九间、进深五间的规制取“九五之尊”之意，无不彰显着森严的皇家气象。殿前的甬道两侧林立着古柏与碑亭，塑造出一片庄严的殿前空间。孔庙西侧通往国子监的夹道中存放着乾隆时期所刻的《十三经》碑，相当于当时的标准教科书，百余座石碑组成了一片壮观的碑林。

国子监的**辟雍**建在一处圆形水池的中央，方形建筑居中，从空中俯瞰形如玉璧，“辟雍”即有“水中的玉璧”之意。清乾隆四十九年（1784年）兴建的这处建筑是现存为数不多的辟雍实例，落成后次年乾隆曾亲临讲学，“临雍讲学”也成为后来新帝登基的传统。而在辟雍落成前，北面的彝伦堂才是皇帝讲学之地，后为藏书楼，其侧后方还有一座琉球学馆，是当年琉球“留学生”的教室与宿舍。南面靠近国子监的出口处有一座华丽的琉璃牌楼，也是乾隆年间建成的。

这组建筑前临的**国子监街**同样历史悠久，是北京最早列入“中国历史文化名街”的街道。街道早在元大都时期就已存在，沿街共保留着4座过街式牌楼，是北京城内仅存的孤例，路旁高大的槐树则会在夏秋时节为行人留下一片宜人的浓荫。

◆见212页地图◆地址：东城区国子监街13号◆门票：30元◆营业时间：9:00—17:00，周一闭馆◆微信公众号：孔庙和国子监博物馆

北京钟鼓楼

中国大多数的钟鼓楼都取“晨钟暮鼓”之意分列东西而建，但北京的钟鼓楼别具一格，为南北并立。早在元大都时期，钟鼓楼确实是东西相对的，位于现址以西的旧鼓楼大街一线。永乐年间明朝迁都北京后，将钟鼓楼改址重建，共同组成了北京中轴线的最北端，也使城市格局更为宏伟。明清时期，钟鼓楼作为报时设施，控制着城门、胡同栅栏的开闭。

南面的**鼓楼**外形相对宽阔、厚重，城楼、城台通体为红色。有学者认为，鼓楼的城台形制较为古老，可能是在元大都的中心阁基础上修建的。你可以通过陡峭的楼梯登上鼓楼，楼内的24面鼓象征着二十四节气，但只有中间的一面主鼓是清代的原物，它在八国联军侵华时受到严重破坏，如今鼓身上还留有当时的刀痕。

北面的**钟楼**更为灵动挺拔，楼顶铺设黑色琉璃瓦以象征北方。楼内的永乐铜钟并非“原配”，原钟因音色不佳被转移到觉生寺，现在的这面永乐铜钟是从别处迁来的。

钟鼓楼的一楼都设有展厅。在多为胡同民房的老城内，这里很适合登高望远，钟楼的上层平台为四面开放，视野更佳。楼下的钟楼湾胡同是感受老北京生活的好去处，咖啡店钟鼓饮时（鼓楼西北角）不时会举办一些关于

恭王府

北京的历史文化讲座。

近年来，鼓楼因赵雷的同名民谣而走红，歌词中的107路电车仍在运营，在抵达鼓楼站前，车上的报站音乐正是这首歌曲，不妨去做一回“沉默不语的靠着车窗想念你的乘客”。

◆见228页地图◆地址：东城区钟楼湾胡同◆门票：鼓楼20元，钟楼10元◆营业时间：4月至10月9:30—17:30，11月至次年3月9:30—16:30，一层展厅周一闭馆◆微信公众号：北京钟鼓楼

恭王府

这座北京现存最大的王府，前身是和珅的府第，于清道光三十年（1850年）成为恭亲王奕䜣的王府。民国时期，这里一度被恭亲王的后人抵押给天主教会，还曾成为辅仁大学的校舍之一。中华人民共和国成立后，众多单位占据了王府的建筑，“文革”以后腾退工作持续了很长时间，1988年，恭王府北侧的花园部分最先对外开放，但直到2008年，整体完成修复的恭王府才全部对外开放。

景区的入口位于南端的前海西街上，穿过一宫门后即进入王府的宅邸部分，整体分为中、西、东三路。中路主要是礼仪空间，**银安殿**俗称为银銮殿，是王府的正殿，只在重要节日或重大事件时才会使用，原建筑毁于1921年元宵节的一场火灾。后方的**嘉乐堂**上悬挂着乾隆赐给和珅的匾额，在恭亲王时期则成为祭祀祖先、举办萨满教仪式的场所。

东西两路建筑主要用于居住，西路上的**葆光室**由咸丰（即奕䜣同父异母的兄长）赐名，意在提醒恭亲王收敛光芒。后面的**锡晋斋**曾是和珅居住的“嘉乐堂”，据说修建时仿照了紫禁城内的宁寿宫、倦勤斋，建筑主体都以楠木修建，装饰非常华丽，地面铺设名贵的花斑石（一种纹饰富丽的火山岩）。在后来给和珅治罪时，这座建筑便成为他“僭侈逾制”的罪证之一。后来，奕䜣曾将晋代文学家、书法家陆机的《平复帖》据为己有，这座建筑更名为“锡晋斋”，就与这件晋代的国宝文物有关。

东路的地位更为尊贵，**乐道堂**之名为奕䜣大婚前由道光皇帝所题，后来他的几处居所便都以此为名，以表对父亲的感怀之意。在2005年的维修过程中，还曾在乐道堂的梁上发现了贴金凤凰捧牡丹的彩画，这种高等级的彩画仅限于皇室女眷使用，因此有学者推断其前身是乾隆时期固伦和孝公主的住所。

在宅邸部分的最后方是号称有“99间半房子”的**后罩楼**，整体面宽超过180米，相传是和珅藏宝之处。楼内的楼板可以去除，并将假山、楼阁都搬入室内，成为一处室内园林。如今在这里辟有展厅，复原了恭亲王时期的佛楼场景，有展览介绍馆藏器物和当年的修缮过程。值得注意的还有楼后墙上的什锦窗，44扇花窗各不相同。

宅邸北侧为**萃锦园**，入口处的**西洋门**是仿照圆明园中大水法的海园门所建。北面的独乐峰是一块高约5米的太湖石，但石上只见“乐峰”二字，“独”字倒是真的独自隐藏在顶端。继续向北可到由太湖石堆叠而成的**滴翠岩**，这处假山是花园内的最高点，而且“内有乾坤”，其腹部的秘云洞内藏有康熙题写的**“福”字碑**，在这个被特殊设计的字形上，可以解读出“多田多子多才多寿”等寓意，有“天下第一福”之称，如今到处可以看

到由此衍生的文创品。据称和珅特意设计了如龙脉般的假山将这块石碑隐藏在这处“洞天福地”内，后来即便是嘉庆将其抄家时，也无法将这块被固定在假山内的石碑搬走，只能长久密闭在王府花园内，直到1962年才被重新发现。在花园东路还有一座**大戏楼**，与后罩楼、西洋门并称为恭王府“三绝”。这是我国仅存的全封闭式大戏楼，内部装饰华丽，据传在戏台下方放置了若干口大缸，以增强演出效果。

这处王府实在太受旅行团欢迎，我们建议你可以在刚开馆时或闭馆前2—3小时来参观，以躲避拥挤的人潮。

◆见212页地图◆地址：西城区前海西街17号◆门票：40元◆营业时间：8:30—17:00，周一闭馆◆微信公众号：恭王府博物馆

德胜门箭楼

在北京内城的9座城门中，德胜门与正阳门可谓硕果仅存的两座。但德胜门的城楼、瓮城早在民国时期便已拆毁，只有箭楼得以幸存。因为这里是出征居庸关、八达岭的必经之路，取“旗开得胜”之意而命名为德胜门，明永乐皇帝亲征蒙古、于谦率领的京师保卫战、清康熙征讨准噶尔等重大历史事件都与这座城门紧密相关。在箭楼内原本设有钱币博物馆，但本书调研时仍在维修，尚未开放。

◆见228页地图◆地址：西城区北二环中路◆门票：20元

文天祥祠

元至元十六年（1279年），南宋灭亡，文天祥被押解至元大都，关押3年后被处决。直到明洪武九年（1376年），才建起了纪念他的祠堂，至明万历年间搬迁至现址。文天祥祠也称文丞相祠，现存规模不大，只留有大门、过厅和享堂，内部辟有其生平陈列。馆内的那棵枣树以45°的角度向南倾斜，常被视作文天祥“臣心一片磁针石，不指南方不肯休”的写照。

西面不远处是明清两代的**顺天府学**（东城区府学胡同65号），现在为府学小学校园的一部分，你可以在路过时透过棂星门欣赏内部的泮池与大成门。

◆见227页地图◆地址：东城区府学胡同63号◆门票：5元◆营业时间：9:00—17:00，周一闭馆

万宁桥

当地人通常称这座桥为“后门桥”，始建于元至元二十二年（1285年），是北京中轴线上现存最古老的建筑之一，还保留着雕刻精美的汉白玉石护栏，桥下还有几只元明时期的镇水石兽，雕刻非常精美。桥西即为**澄清上闸**的遗址，曾是控制什刹海出水的水利设施。

沿着万宁桥下的**玉河**一路向东南，可到**澄清中闸**和**东不压桥遗址**，这段玉河故道在元代是漕运的航道，至民国被埋入地下成为暗渠，直到2006年经考古后重现天日。过地安门大街后继续沿河行走即来到北河沿大街旁，这里坐落着澄清下闸，也是澄清闸上中下三闸中保存最好的一座。三座闸共同配合，组成了元代的“升船机”，以便南方来的漕船逆水而上进入大都。

◆见228页地图◆地址：西城区地安门外大街◆门票：免费◆营业时间：全天

自然

什刹海

什刹海由前海、后海、西海三片相连的水面组成，夏季可以划船，冬季则变身为滑冰场，承载着许多北京人的童年记忆。什刹海周边分布着大量的胡同、园林、王府、寺观，是体验老北京风情的绝佳去处。

在前海的西面有一处**荷花市场**，曾经售卖什刹海莲子、菱角的商贩，当时是人们消夏的好去处，如今已被各式时髦的酒吧取代。如果在胡同里逛累了，来这里的水边找一处雅座赏荷，仍然是北京夏天里最惬意的事。从前海向北，水面骤然收束，最窄处建有一座**银锭桥**，过去是远眺西山风光的观景点，即所谓“银锭观山”，是“燕京小八景”之一。只是如今为现代建筑所阻隔，已经难以体验当年“城中第一佳山水”的盛况了。桥北为**烟袋斜街**，旧时为售卖烟具的市场，如今摇身一变成为餐厅、咖啡馆和文创店集中地，街上的**广福观**（西城区烟袋斜街37号）内有关于什刹海的小型历史文化展。

桥的西北侧即为狭长的**后海**，早在元代，后海与前海、西海同为通惠河漕运的终点，因此周边码头、商肆林立。但明代修建的银锭桥、德胜桥将这一水面一分为三，便不再有元时“汪洋如海”的气势。如今的后海成为

什刹三海中最有名的一处，几乎成为酒吧街的代名词。夜间在湖边散步，便能听到各处改造后的宅院内传来的民谣歌声。

周边的看点主要集中在北岸。**广化寺**（西城区鸦儿胡同31号）始建于元代，清朝末年在此筹建京师图书馆。**大藏龙华寺**（西城区后海北沿23号）曾是清宣统年间摄政王载沣的祠堂。位于后海中段的**望海楼**（免费；9:00—19:00）是周边的制高点，于1994年新建。继续向西，就是颇有传奇色彩的**醇亲王府**（西城区后海北沿44号），这里的第一任主人是清初大学士纳兰明珠，也就是著名词人纳兰性德的父亲，晚清时这里被慈禧赏赐给醇亲王亦譞（光绪皇帝的父亲），后归亦譞的第五子载沣——清光绪三十二年（1906年），溥仪就出生在这座王府中。如今，这处王府被改作国家宗教事务局的办公地点，1963年，王府西面的花园部分成为时任国家副主席宋庆龄的住处，如今作为**宋庆龄同志故居**对外开放。

最西面的西海又称**积水潭**，也是三海中最安静的一处。湖岸南面的积水潭医院以骨科、烧伤科闻名，院内有清代棍贝子府的旧址，还保留着一些假山花木。

◆见228页地图◆地址：西城区什刹海◆门票：免费◆营业时间：全天

公园与街区

地坛公园

地坛始建于明嘉靖九年（1530年），是明清两代皇帝

什刹海望海楼

什刹海的打开方式

什刹海不仅承载了北京厚重的历史文化，也容纳着这座城市许多妙趣横生的生活方式。除了逛逛酒吧街、打卡沿岸的胡同和历史建筑，你可以学着像当地人那样，用更多不同的“打开方式”感受这片迷人的水域及周边的历史城区。

胡同游 找一位三轮车夫带领你游览周边胡同，俨然已是各种旅游宣传片里最常见的场景。在什刹海周边不难找到三轮车夫，但漫天要价、半路加价等乱象也令人头痛不已。建议你乘坐那些有正规运营资质的三轮车，一般1小时行程的收费标准在150元/人（含讲解，不含景点门票）。

滑冰 在每年12月底至次年2月，什刹海的“海面”会变成充满欢乐的滑冰场。前海、后海上设有多处滑冰场地，通常会区分速滑区（30—40元/人）和综合区（60—80元/人），前者需要一些滑冰基础，而后者则充满各种游乐骑乘设施，非常适合带孩子的旅行者和“菜鸟滑手”。各冰场的开放时间通常为9:00—18:00。

游船 前海、后海都有种类繁多的游船项目（9:00—18:00，夏季会开展夜游活动），有适合小家庭旅行的电瓶船（4人240元/小时，6人280元/小时）、脚踏船（4人180元/小时），也有摇橹船（30元/人/半小时）、更大的漕运船（10人800元/小时）和豪华船（16人1200元/小时）。距离什刹海地铁站最近的是地百码头（前海东沿），但通常排队等候时间也最长，可以前往北海北地铁站附近的荷花市场码头（前海西沿）或好梦江南码头（前海南沿）。

地坛公园

祭祀土地神的祭坛。靠近南门入口处的**皇祇室**（与方泽坛联票5元；8:00—17:00）曾是供奉五岳、五镇、四海、四渎等各路山水神灵的场所。继续往北走，就是地坛的核心建筑**方泽坛**，设计为方形，取“天圆地方”之意。每年夏至，皇帝便来此举行祭地大典。方泽坛周围还有钟楼、斋宫、宰牲亭等建筑，但均未对外开放。

如今地坛也因史铁生的名篇《我与地坛》而为人熟知，他曾拍照的多处取景地，如今也成了人们缅怀他的去处。和北京其他的坛庙类似，地坛内也有不少树龄达四五百年的古树，北天门内的**银杏大道**至深秋时景色颇为壮观。地坛的许多树木都接受“社会认养”，其中不乏社会名流。本书调研时，出北天门向西至第一个路口，长椅背后的两棵国槐，就是作家余华为自己和史铁生认养的。

春节期间有地坛庙会，可以看到宫廷祭地仪式和民俗表演。从20世纪90年代开始，每年春秋两季会在地坛举办地坛书市，其间也曾一度停办或外迁。2023年起，书市又回归地坛，举办时间通常在9月中上旬。

◆见227页地图◆地址：东城区安定门外大街◆门票：2元◆营业时间：5月至10月6:00—22:00，11月至次年4月6:00—21:00

南锣鼓巷

全长不到800米的南锣鼓巷已经成为北京游客最多的胡同之一，这里至今仍保存着元大都时期坊巷规制的格局。在明朝时，这条胡同成为昭回坊、靖恭坊之间的分界道路，两旁各有8条东西向的胡同，状如蜈蚣，因此也被称为“蜈蚣巷”。

南锣鼓巷如今已经颇为商业化，沿街都是全国各地都能见到的小吃店、特产店，但只要你稍稍深入周边的胡同，人潮便会很快退去，不难在这片闹市中找到清静之地。炒豆胡同的西头坐落着**僧王府**，其主人是清朝将领僧格林沁，在第二次鸦片战争、太平天国战争中一直为清廷所仰重。帽儿胡同中段保留着清代大学士文煜的**可园**，是北京现存私家园林中最好的一处，但如今为民居，不对外开放。帽儿胡同的西头则是**婉容故居**。1922年，溥仪的迎亲队伍从紫禁城出发，浩浩荡荡穿越北京城，正是从这里迎娶了这位“末代皇后”。

从南锣鼓巷一路向北，是更为朴素安静的**北锣鼓巷**，这里买手店、精品咖啡店和精致餐厅散落在各处巷子中，你也可以随意找一条胡同向东拐去国子监街，或是向西拐去钟鼓楼和什刹海。

◆见228页地图◆地址：东城区南锣鼓巷◆营业时间：全天

五道营胡同

在明代，这里是守卫安定门的武德卫驻地，因此被称为“武德卫营”，至清朝改名为五道营。胡同里开了不少咖啡馆、西餐厅、文创店，整体氛围松弛而闲适。如果你不太喜欢南锣鼓巷、大栅栏那种大规模商业开发带来的“景区感”，这处自发形成的胡同商业街，能让你体验更真实、更“有机”的胡同生活。

◆见227页地图◆地址：东城区安定门内◆营业时间：全天

簋街

这条街的学名其实是东直门内大街，各种小饭馆云集，曾开设出北京最早的24小时餐厅。因为和历史上的“鬼市”（即在深夜做生意的集市）有相似之处而被称为“鬼街”。“簋”则是地名雅化以后的结果，“簋”本是青铜器中一种的食器，以其来命名这条老牌美食街倒也非常恰当。簋街是许多美食风尚的策源地，从这里传播开去的麻辣烫、麻辣小龙虾等美食后来席卷北京，如今这里聚集着川菜、粤菜、海鲜等各式餐厅，以小龙虾闻名的胡大饭馆至今仍24小时营业。建议你在入夜后来这里感受北京嘈杂喧嚣的夜市。

◆见227页地图◆地址：东城区东直门内大街◆营业时间：全天

簋街夜景

南新仓

南新仓原是明清两代的皇家粮仓，当时经京杭大运河运输的漕粮只能沿水路到达通州的张家湾，此后须转陆运，从朝阳门一带进城，因此粮仓便多集中在朝阳门附近，而南新仓现在是保存最完好的一处。如今这里是一处文化、商业复合空间，在一众矮矮胖胖的粮仓建筑中，A18号仓被辟为**文化展览馆**（免费；周三至周日9:00—16:30，节假日10:00—16:00），可以在此了解南新仓的变迁史。

◆见227页地图◆地址：东城区东门仓胡同北段西侧◆门票：免费◆营业时间：全天

元大都城墙遗址公园

在明朝永乐时期定都北京后，将整座都城整体向南迁移，原本元大都的北部城墙便渐被废弃，人们通常以“东土城”“西土城”“北土城”来称呼残存的元代城墙。北京奥运前夕，原有的土城遗址被改建为庞大的城市带状公园。比较值得一去的有位于北土城地铁站D口附近的**海棠花溪**，是4月上中旬欣赏海棠的去处；西土城地铁站F口附近的**“蓟门烟树”碑**是乾隆题写的“燕京八景”御制碑之一。

◆见212页地图◆地址：朝阳区北土城西路、北土城东路沿线◆门票：免费◆营业时间：全天

文化与展演

中国电影资料馆

中国电影资料馆成立于1958年，作为国际电影资料馆联合会（FIAF）的正式会员，藏有超过4.4万个电影节目，是研究、保存和展示中国电影历史与文化的专门机构。不过对于影迷而言，这里更接近一间选片品位一流的电影播放室。资料馆内的艺术影院几乎每天都有场次，并且极少播放当前院线电影，而是以经典展现为主，观众甚至有机会欣赏到一些未曾公映的佳片。这里还是北京国际电影节的常年合作主影院之一，并且频繁举办国内外各类电影文化交流活动。因此电影资料馆吸引了一众电影爱好者，尽管其声光效果逊于豪华影院，但却拥有全国最佳观影氛围和文明体验。

通常其同名微信公众号会在每月底会发布下一个月的片单，购票平台为中国电影资料馆App。资料馆下设两间影院，一个是位于资料馆内部的**小西天艺术影院**，另一个是位于朝阳区的**百子湾艺术影院**（朝阳区百子湾南路2号）。即便无法前往观影，也可以把影院的片单当作“片荒”期的灵药。

探访名人故居

南锣鼓巷、什刹海一带的胡同中隐藏着不少重要的名人故居，如今多已辟为纪念馆，你可以在旅途中一一探访。

齐白石旧居纪念馆（东城区雨儿胡同13号；免费；9:00—17:00，周一闭馆）这座清代四合院是他晚年的寓所，如今复原了其生前居住时的客厅、画室、卧室。馆内展览介绍了这位湖南画家的生平，也展示了他一生中如何自创风格、革新变法。

茅盾旧居（东城区后圆恩寺胡同13号；免费；9:00—16:00，周一闭馆）茅盾曾担任文化部部长，他在北京这处四合院中度过了人生中最后的几年，并在此写作长篇回忆录《我走过的路》。

郭沫若故居（西城区前海西街18号；20元；9:00—16:30，周一闭馆）这座二进的四合院原本是恭王府的一部分，中华人民共和国成立后曾作为蒙古国驻华使馆。大门是等级颇高的广亮大门，院内左手边有一棵"妈妈树"。当年郭沫若为了祝福妻子早日康复回到孩子身边，特意从大觉寺迁了一棵银杏树苗。1963年，他迁入前海附近的这处居所时，这棵树也从上一处位于西四的故居一同迁种而来。

梅兰芳纪念馆（西城区护国寺街9号；10元；9:00—16:00，周一闭馆）1951年，梅兰芳入住这处四合院，并在此度过了人生最后的十年。馆内珍藏有梅兰芳生前所藏的戏曲资料、书画、文献共3万余件，是保存梅兰芳相关文物文献最丰富的机构之一。为了增强院内的隐私密闭性，在入口处有一座木质影壁，用于隔断外部视线。

徐悲鸿纪念馆（西城区新街口北大街5号院）徐悲鸿的故居原本在东受禄街16号，1953年徐悲鸿去世后即被辟为新中国第一座美术家个人纪念馆，又于20世纪70年代迁至现址。馆藏文物包括《愚公移山》《田横五百士》等代表作品。

上图：齐白石旧居纪念馆

◆见212页地图◆地址：西城区小西天文慧园路3号◆门票：观影需购票◆营业时间：根据电影场次和活动安排而定，通常周一闭馆◆微信公众号：中国电影资料馆

中国华侨历史博物馆

这是中国第一家全面展示中国移民史和移民现状的博物馆。基本陈列是《华侨华人历史文化展》，介绍了华侨华人在海外生活的场景，以及对祖国发展做出的巨大贡献。

博物馆东北面不远处有一座始建于明代的**通教寺**（针线胡同19号），清代时改为尼姑寺，也是北京的第一座尼众丛林。

◆见227页地图◆地址：东城区北新桥三条东口◆门票：免费◆营业时间：9:00—17:00，周一闭馆◆微信公众号：中国华侨历史博物馆

保利艺术博物馆

这家"大隐隐于市"的博物馆位于写字楼中，自1999年开放以来，逐步建立起自己的收藏体系，也是中国最早由国有企业出资兴建的文化艺术类博物馆之一。如今辟有多个专题陈列：中国古代青铜艺术精品陈列展示了神面卣、王作左守鼎、凤鸟大尊等珍贵的青铜器；中国古代石刻佛教艺术精品陈列主要聚焦南北朝至唐代的石刻佛像，其中不乏来自青州地区的北朝精品；最为人熟知的当数圆明园兽首铜像专题陈列，2000年保利集团在香港的拍卖会上以超过3000万港币竞得圆明园的牛首、虎首、猴首铜像，几年后又接受了澳门

皮影戏

“赌王”何鸿燊捐献的猪首，成为收藏圆明园兽首最多的博物馆。不过这些兽首铜像经常“出差”外借展出，若想亲睹，建议提前咨询博物馆。

◆见227页地图◆地址：东城区朝阳门北大街1号新保利大厦9—10层◆门票：20元◆营业时间：9:00—17:00，周日及节假日闭馆

宋庆龄同志故居

这处故居原本是清代醇亲王府的花园，如今成为办公地点，仅花园部分作为纪念馆对外开放。新中国成立以后，她积极投身于妇女与儿童的文化、教育、卫生与福利事业，推动和平事业发展，备受人民爱戴。1963年，宋庆龄从前海西街的寓所迁入此地，并一直在此工作、生活，直到1981年去世。

故居内引什刹海之水环绕一周，形成一处优雅怡人的园林。从东大门入内后，你可以沿着南湖岸边先去看宋庆龄生平展厅，了解她致力于革命与新中国建设事业的一生。然后再去参观主楼，1楼是会客厅、餐厅、厨房，2楼则是卧室与书房。东侧的濠梁乐趣、畅襟斋等清代建筑内复原了大客厅、大餐厅，并向游客开放展示。庭院中的西府海棠被称为北京“最美十大树王”之一，每逢4月花期，便会上演一场从粉红到纯白的色彩魔术。主楼前的草坪上还有一株明代所种的凤凰国槐，其独特的造型也深受宋庆龄喜爱。

◆见228页地图◆地址：西城区后海北沿46号◆门票：20元◆营业时间：9:00—17:00，周一闭馆◆微信公众号：北京宋庆龄故居

郭守敬纪念馆

纪念馆建在汇通祠中，这一带原本是西郊高梁河水汇入城中积水潭的水关所在，祠内供奉龙王，有镇水之意。1988年，汇通祠重建后被辟为元代水利、天文专家郭守敬的纪念馆，他在

感受皮影艺术

皮影戏是一种广泛流行于中国各地的传统艺术，以皮制或纸制的彩色影偶配以音乐或演唱进行表演。2011年，“中国皮影戏”入选联合国教科文组织的《人类非物质文化遗产代表作名录》。

1950年出生于陕西的汪天稳有着“天下第一刀”之誉，将皮影艺术馆从西安开到了北京。在这处离什刹海不远的**汪氏皮影艺术馆**（西城区松树街24号），你不仅可以亲手体验给皮影上色的乐趣，观看皮影戏演出（周二、周四、周六20:00），还能住进皮影主题酒店，沉浸式感受非遗魅力。

如果你想要感受老北京的皮影戏，北京皮影剧团的“西派皮影”历史悠久，早在明正德年间就从兰州传入河北、北京等地，又结合了北京的地方戏剧形式和华北各地的皮影艺术风格，形成了充满京味儿的北京皮影。你可以关注剧团同名微信公众号，了解他们在北京各地的活动、演出信息。

西黄寺清净化城塔

元大都水系规划建设和京杭大运河的重新贯通中都起到了重要的作用。

◆见228页地图◆地址：西城区德胜门西大街甲60号◆门票：免费◆营业时间：9:00—17:00，周一闭馆◆微信公众号：北京郭守敬纪念馆

西黄寺

这可能是北京最神秘的博物馆之一。馆内最值得一看的便是清净化城塔，是北京现存的四座金刚宝座塔之一。清乾隆四十五年（1780年），乾隆因七十大寿邀请六世班禅进京，并为他的到访大兴土木，修建承德须弥福寿之庙、香山宗镜大昭之庙，扩建雍和宫与西黄寺。但班禅最终因感染天花去世，乾隆又命人在班禅冬季驻锡说法的西黄寺内修建了这座衣冠塔。这处寺院直到2018年才整修完毕，并首次对外开放。由于西黄寺也是中国藏语系高级佛学院所在地，只在周末对外开放，每天仅有600个名额。

◆见212页地图◆地址：朝阳区黄寺大街11号◆门票：免费◆营业时间：周六和周日9:00—16:30◆微信公众号：西黄寺博物馆

日咖夜酒

糖房咖啡

最迷人的部分是顶层的露台，可以俯瞰什刹海的美好景色，也能望见不远处的钟鼓楼。临近傍晚时是高峰期，等位有些困难，我们建议你在上午或午后人少时到访。

◆见228页地图◆地址：西城区前海东沿22号◆美式/拿铁：28/32元起◆营业时间：10:00—22:00

我与地坛

由昔日的导弹焊接工厂改造而来，开店的初衷其实是为隔壁的4S店设置一处休息区。店面稍有些隐蔽，设计是朴素简洁的包豪斯风，水泥墙面上还能看到史铁生的名句。店内3层为安静的自习室，有不少年轻人在这里学习或办公。在店内消费还可以获赠一张地坛公园的门票。

◆见227页地图◆地址：东城区和平里南街地坛东门向东100米◆美式：27元起◆营业时间：8:30—17:30，19:00—23:00

大跃啤酒

2010年成立的大跃啤酒是北京最早的精酿品牌之一，其精酿产品大多采用中国本土的啤酒花和麦芽。店名出自宋代陈舜俞《骑牛歌》中的“乘肥大跃须年少”，酒名也多取材自某个典故或历史人物，这些元素都给大跃蒙上了一些“国风”色彩。店内不提供吃食，但允许点外卖。

◆见228页地图◆地址：东城区豆角胡同6号◆香蕉小麦：60元起◆营业时间：12:00—23:00，周五和周六12:00—24:00

El Nido

一家隐藏在胡同里的酒吧，没有自酿，提供来自世界各地的精酿。店内设有惬意的小院和2层露台，在夏季的柳荫、初秋的槐花下，你能感受到美好的季节轮转。

◆见228页地图◆地址：东城区郎家胡同1号◆酸IPA：90元起◆营业时间：14:00至次日2:00，周五和周六14:00至次日3:00

上图：保利艺术博物馆藏品石窟佛像
左下图：南锣鼓巷的四合院建筑
右下图：南锣鼓巷老北京风味美食浮雕

和平西桥
安贞桥
安华桥
和平里是一个安静、传统的街区，可以步行前往地坛公园。
和平里
😄“游客气息”非常淡，可以看到北京日常的一面；住宿价格中规中矩。
☹住宿选择并不多，也没有什么特色。
和平里
柳荫公园
人定湖公园
安德里北街
青年湖公园
地坛公园
安定门
雍和宫

热门食宿区域

在这片白天烧香、夜里蹦迪的文化碰撞区域，既有结识海内有趣灵魂的青旅，也有适合亲子、情侣的胡同酒店。目光再往北移，三环路两侧皆是远离景点的普通街区，住在那里也许能看到另一种北京。住宿标准见 169 页。

京城小吃的灵魂，不在庙堂之高，而在胡同深处油锅沸腾的响动里。这个区域就是体验北京传统美食的好地方，百年老字号和苍蝇小馆鳞次栉比，想要挑战豆汁儿、卤煮的人可以伺机而动。精彩的夜生活对某些人是加分项，也令另一群人望而却步。

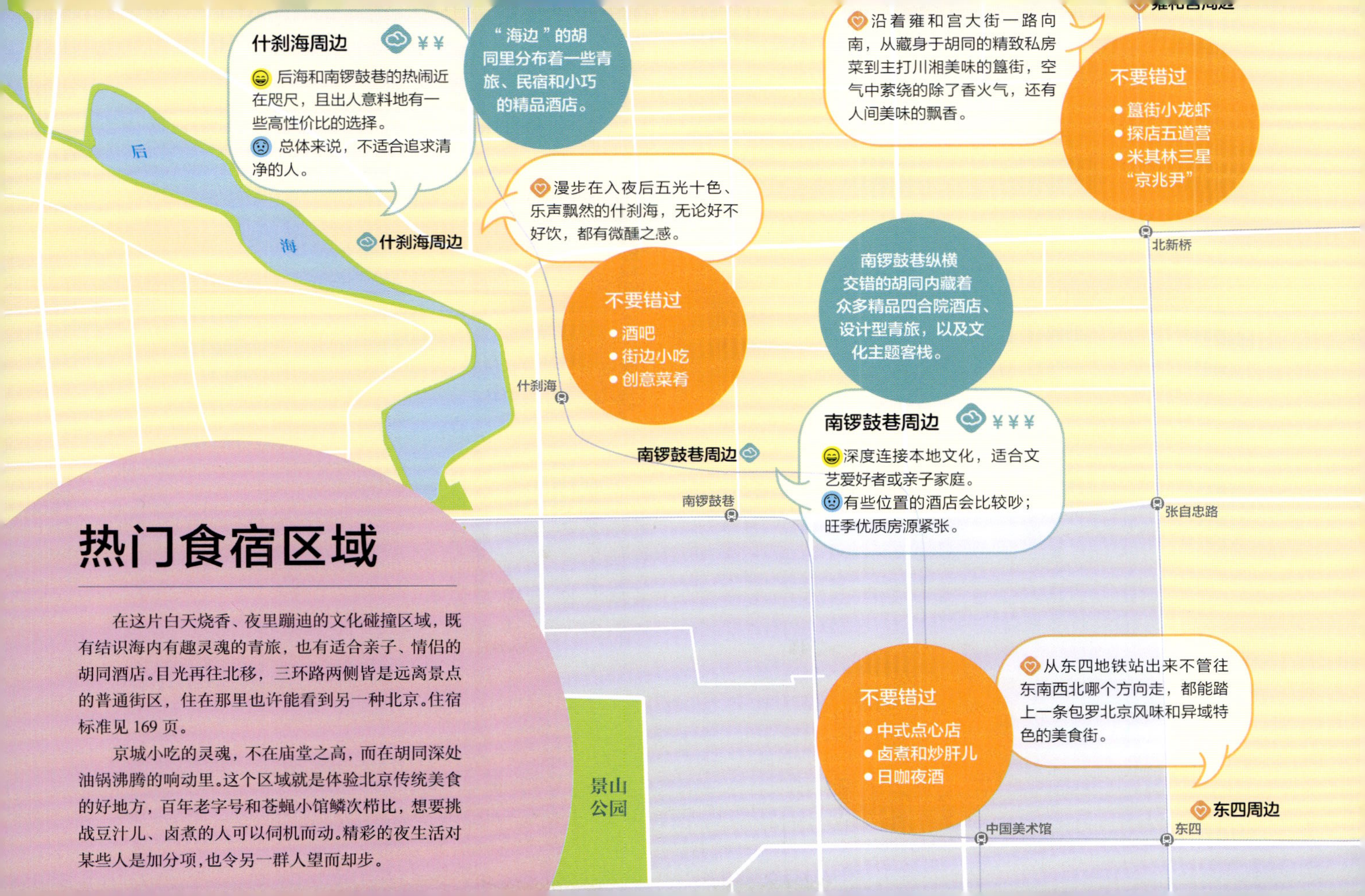

旅行者推荐 INSIDERS' LIST

场所

Mēr coffee
- 13681328086
- 东城区东四四条甲82-3号

Vertigo Coffee
- 18519322948
- 东城区东四北大街458号

山海四合by Jetlag Books
- 15501157619
- 东城区东四北大街303-2

1/4 ONE QUARTER COFFEE LAB
- 13810483229
- 东城区东四北大街东四六条85号

FANG LANG
- 13241893212
- 东城区张自忠路33号

毛毛虫酒吧
- 13716079430
- 东城区交道口南大街140号-1

东四民芳餐厅
- 010-64068868
- 东城区朝阳门街道朝阳门内大街79号-2

大槐树烤肉馆
- 010-84011960
- 东城区景山街道美术馆东街23号

点绛唇Mood in Rouge
- 15201517410
- 西城区铸钟胡同60号

VOYAGE COFFEE
- 13120260798
- 东城区地安门东大街97号

URBAN GREEN
- 15011552629
- 东城区前永康胡同11号东雍文化园内

Wolfing Coffee
- 17600425267
- 东城区五道营胡同与雍和宫大街交叉口西80米

fru fru fru福入
- 13521769653
- 东城区赵府街20号金台共享际(进门右手第二家)

Libertango
- 18010400319
- 东城区北锣鼓巷13号

跳海
- 18501189500
- 西城区白米斜街9号

涵珍园国际酒店
- 16769999666
- 东城区秦老胡同20号

花间堂·后海
- 010-53859000
- 西城区德内大街羊房胡同9号

映向·雍合
- 010-80899789
- 东城区北新胡同31号

雾MIST
- 18514792822
- 东城区北京城区东棉花胡同32号

胡大饭馆
- 010-64003188
- 东城区东直门内大街284号

格鲁·秀色Georgia's Feast
- 010-84486886
- 东城区东直门内大街9号1号楼1层101-102

野风筝Brewpub
- 010-64022988
- 东城区安定门花园胡同三号紫园内

雍和宫、什刹海及周边地图

景点

餐饮

住宿

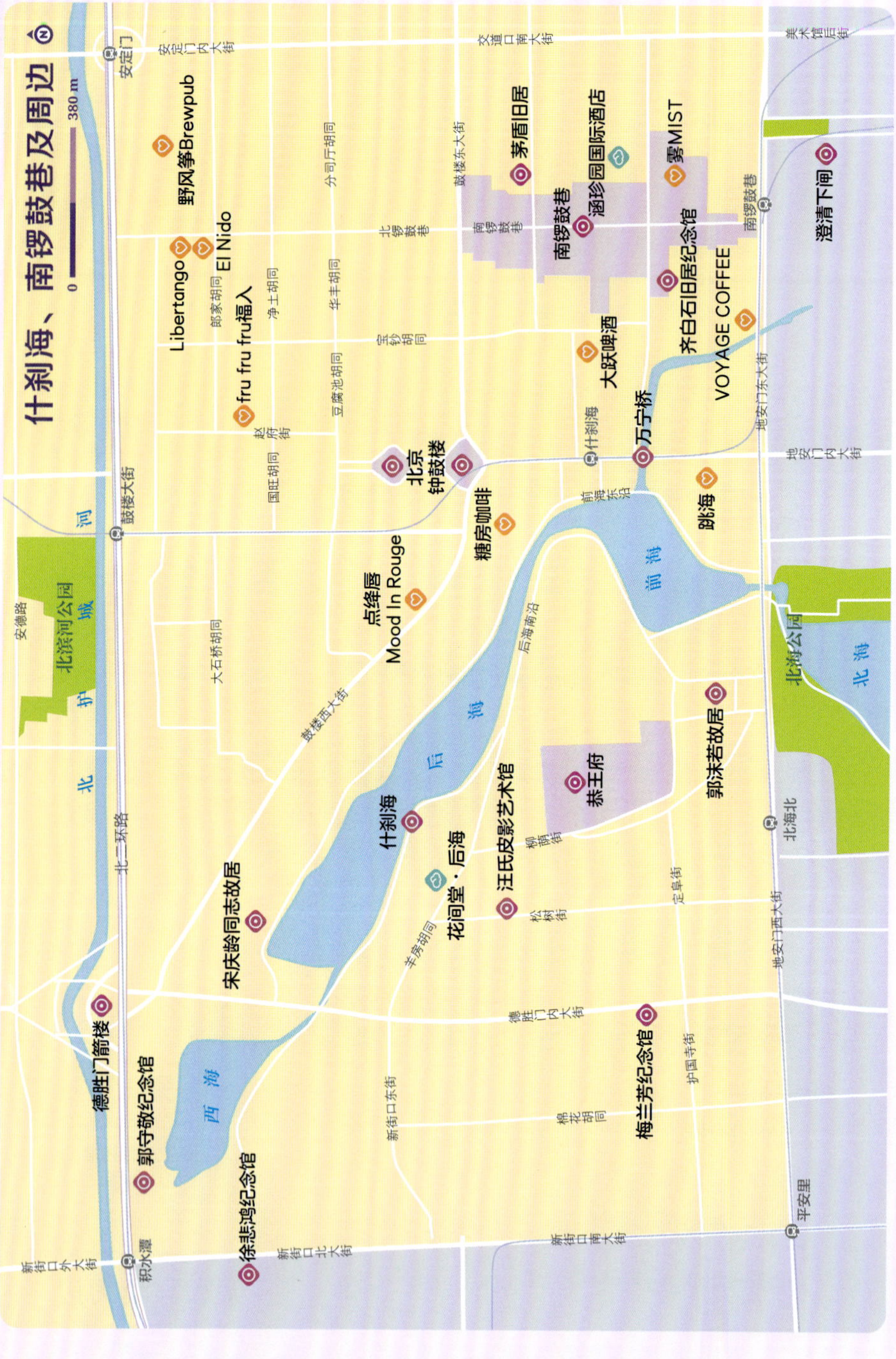

什刹海、南锣鼓巷及周边
0
380 m
景点
餐饮
住宿
安定门
安定门内大街
交道口南大街
美术馆后街
野风筝Brewpub
Libertango
El Nido
fru fru fru福人
郎家胡同
净土胡同
分司厅胡同
华丰胡同
豆腐池胡同
宝钞胡同
北锣鼓巷
鼓楼东大街
南锣鼓巷
茅盾旧居
涵珍园国际酒店
雾MIST
齐白石旧居纪念馆
VOYAGE COFFEE
大跃啤酒
万宁桥
地安门东大街
地安门内大街
澄清下闸
赵府街
国旺胡同
北京钟鼓楼
什刹海
前海东沿
跳海
糖房咖啡
点绛唇Mood In Rouge
鼓楼大街
北二环路
北护城河
北滨河公园
安德路
大石桥胡同
鼓楼西大街
后海
前海
后海南沿
北海公园
北海
恭王府
郭沫若故居
柳荫街
汪氏皮影艺术馆
花间堂·后海
松树街
羊房胡同
宋庆龄同志故居
定阜街
北海北
地安门西大街
德胜门箭楼
德胜门内大街
郭守敬纪念馆
西海
梅兰芳纪念馆
护国寺街
新街口东街
梅花胡同
徐悲鸿纪念馆
新街口北大街
新街口外大街
积水潭
新街口南大街
平安里

祈年殿

天坛、南城及周边

自从明嘉靖年间向外增筑外城以来，这片被称为“南城”的区域，便一直是北京最有活力的区域之一。这里接纳了五湖四海、三教九流的各色人等，成为北京最包容丰富，也最庞杂精彩的地方。在天坛、先农坛等皇家建筑的映照之下，南城反倒更显出平民文化蓬勃旺盛的生命力：大栅栏一度引领京城的时尚潮流，琉璃厂是各地文人士子的精神家园，就连皇帝出行的“天桥”，也被重新定义为相声杂耍的竞技场——南城仿佛一座没有围墙的“民俗博物馆”。正阳门下，城南旧事，南城的胡同中有故京繁华的乡愁旧影，也曾孕育着革新进步的时代力量。

数说天坛、南城及周边

273万平方米
天坛总面积

1座
北京老城区现存最古寺院
法源寺

38米
天坛祈年殿高度
世界现存最大祭天建筑群核心建筑

1条
北京现存最完整明清商业街
大栅栏

超过100家
琉璃厂古玩店数量

1座
“天下第一仓”
先农坛

在天坛、南城及周边，你可以这样玩：

2天 中轴线精华之旅
（见34页）

4天 中轴线全景之旅
（见36页）

1天 前门周边
（见74页）

1天 二环绿道骑行
（见153页）

何时去

3月至5月	6月至8月	9月至11月	12月至次年2月
到大观园欣赏盛开的玉兰花和西府海棠，陶然亭公园的迎春花也正当时。在漫天花雨中，感受法源寺名副其实的“香刹”之名。	傍晚走进北京坊，在复古建筑群中感受别样魅力。	天气晴朗，秋高气爽，在天坛经典机位拍摄一张蓝天下的祈年殿。	前门大街张灯结彩，年味浓郁，在大栅栏商业街里囤些“老字号”作为年货。

天坛公园祈年殿

天坛、南城及周边亮点

先农坛

前往中轴线上隐于市井的建筑群，不要错过隆福寺藻井，还有历史上首次对外开放的“天下第一仓”。

前门大街

在这条商业街，感受“头戴马聚源，脚踩内联升，身穿八大祥，腰缠四大恒”的昔日老北京精致生活。

天坛公园

在祭天、祈谷、祈雨的“天坛”，破解古代建筑的“数字游戏”。

古迹与建筑

天坛公园

天坛是北京坛庙建筑中保存最好、规模最大的建筑群，于明永乐十八年（1420年）始建，原本作为“天地坛”使用，至嘉靖年间实行“四郊分祀”，这里便成为专门用于祭天、祈谷、祈雨的“天坛”。

天坛公园设有多处入口，东门、西门都靠近地铁站，但最有仪式感的参观路线还是从南门昭亨门入内，途经具服台前往**圜丘**。天坛的许多建筑都隐藏着“数字游戏”，有强烈的象征意味，如圜丘顶部中央有一块天心石，以此为中心，三层祭坛的直径依次为九丈（30米）、十五丈（50米）、二十一丈（70米），也暗含着一九、三五、三七，将这几个“阳数”全部运用在内，三层直径加起来有四十五丈（150米），代表最高贵的“九五之尊”。继续向北为存放祭祀神牌的**皇穹宇**，周围环绕的一圈圆形围墙，因内部墙体都是由磨砖对缝砌成而具备很好的回音效果，因此得名**回音壁**。你总能在这里看到大声说话或拍手以测试回音效果的游客。在皇穹宇丹陛石的南侧，有三块石头被特别标注为三音石，站在这里说话或拍手，可以依次听到一声、两声、三声回音，但如今游人嘈杂，已经很难感受到这神奇的声学现象了。

皇穹宇北侧，进入成贞门后即是长360米、宽28米的**丹陛桥**，清楚地标明了天坛建筑群的中轴线。道路北端为**祈年殿**，其原址是永乐时期修建的大祀殿，也是天坛内最早修建建筑的地方。祈年殿的殿顶铺设三层蓝色琉璃瓦象征天，殿内最里圈的4根龙井柱代表四季，中间一圈12根金柱代表12个月，外圈的12根檐柱则代表12个时辰，这些柱子还能组合出二十四节气、二十八星宿等意涵，与祈谷有关的天时、节令相对应。东面的神厨、宰牲亭内展示着来自九坛八庙的祭祀类文物，比如永乐年间铸造的16枚鎏金铜编钟的复制品，这批文物在八国联军侵华期间被掠走，其中1枚于1994年回归天坛，成为天坛的镇馆之宝，但原件鲜少展出。

在中轴线的西侧坐落着**斋宫**，是皇帝在祭祀前沐浴斋戒的地方，如今辟为展厅，介绍天坛的祭礼活动。其西南侧的**神乐署**是培训祭祀乐舞人员的机构，在日本侵华战争期间，这里变成了细菌战基地，如今并不对外开放。天坛公园内古柏林立，也成为许多市民休憩、锻炼的场所，最著名的**九龙柏**位于皇穹宇西北侧，是明嘉靖年间种植的古树，因树干如九龙缠绕而得名。

天坛公园

进入祈年殿、回音壁、圜丘等景点参观，须在购买公园大门票后另行购票（20元；旺季8:00—18:00，淡季8:00—17:00，提前30分钟停止入场，周一闭馆），也可通过微信公众号“天坛公园官方购票平台”购买公园与景点联票（旺季/淡季34/28元）。如果赶上旺季的周五、周六夜间，祈年殿会亮灯开放。

◆见232页地图◆地址：东城区天坛内东里甲1号◆门票：旺季（4月至10月）15元，淡季（11月至次年3月）10元◆营业时间：旺季6:00—22:00，淡季6:30—22:00◆微信公众号：天坛公园官方购票平台

先农坛藻井

北京的九坛八庙

北京在明永乐年间成为都城，此后陆续在都城内建设了大量的祭祀类礼制建筑，包括祭祀天地神灵的祭坛和纪念祖先贤哲的宗庙，合称为“九坛八庙”。

九坛都是土筑的高台，包括最著名的**天坛**，但这里的“天坛”是指圜丘，常被视作天坛公园地标建筑的祈年殿，其实是九坛中的**祈谷坛**。与天坛隔着中轴线东西相对的则是**先农坛**（内含**太岁坛**），但之前，这里是山川坛（地坛）的所在，明世宗开始分开祭祀天地日月诸神，于明嘉靖九年（1530年）在城北新建**地坛**，以符合“天南地北”“天圆地方”的传统理念，又在城东西两侧建**日坛**（又称朝日坛）和**月坛**（又称夕月坛）。此外，还有**社稷坛**（中山公园内）和**先蚕坛**（北海公园内）。

相比之下，八庙具有更鲜明的“人性色彩”，包括祭祀本朝先祖的**太庙**、**奉先殿**（故宫内），御经筵前行“祭告礼”的**传心殿**（故宫内），供帝后停灵、存放遗像的**寿皇殿**（景山公园内），作为皇家寺院的**雍和宫**，清代祭祀萨满的**堂子**（已无存），祭祀三皇五帝和历代贤明帝王的**历代帝王庙**，祭祀孔子和历代贤哲的**孔庙**。

先农坛

先农坛是一组祭坛的总称，包括先农坛、太岁坛、天神坛、地祇坛等建筑，是明清两朝皇帝祭祀先农、太岁之地。现存的先农坛只是明清全盛时期的一小部分，外坛墙基本已经拆毁，内坛墙内的建筑基本完好。如今，这里是**北京古代建筑博物馆**。如果从中轴线一侧的东门入内，最先见到的是南面的观耕台和耤田，每年孟春时，皇帝在此行亲耕耤田礼，以显示对农耕这一“天下之本”的重视，北面的具服殿便是典礼前皇帝的更衣间。

一路向北即到**太岁殿**，这是祭祀每年值岁的太岁和值守十二月的月将的场所，如今被改建为“北京古建筑博物馆”的主要展区，介绍了中国古建筑的发展历程和营造技艺，其中单辟有一个单元作为太岁坛复原陈列。最值得一看的展品是明代的**隆福寺藻井**，华丽的云纹衬托着精美的天宫楼阁，四周环绕二十八星宿和仙人彩绘，顶部中央的星象图呈现了超过1400颗星星，是名副其实的“最美藻井”。

太岁殿东面的**神仓**专门用来储存从耤田收获的粮食，为了防止虫害，建筑上的颜料含有剧毒。这处“天下第一仓”直到2024年才完成整修，历史上首次对外开放。太岁殿西面依次是准备祭品、存放先农神牌位的神厨院，以及宰杀牺牲的宰牲亭，宰牲亭的形制是非常罕见的重檐悬山顶。神厨院的正南侧是地位显赫但外观极不起眼的**先农神坛**，只设单层坛台。神坛东面不远处的草坪上是从地祇坛移来的几座石龛座，分别象征着五岳、五镇、五山、四海、四渎、京畿山川、天下山川的神位。

◆见232页地图◆地址：西城区东经路21号◆门票：15元◆营业时间：9:00—17:00◆微信公众号：北京古代建筑博物馆

法源寺

寺院的前身是唐代的悯忠寺，由唐太宗亲自下令修建，以纪念那些东征高句丽时阵亡的大唐将士，人们以“悯忠高阁，去天一握”来形容其高大恢宏。作为北京城内历史最悠久的寺院，寺内保存了大量珍贵的典籍、文物，但多数建筑是明清时期重建的。

从山门入内，**天王殿**前有一对气宇非凡的清代铜狮，殿内保存着明代的弥勒佛像与四大天王像。**大雄宝殿**内的华严三圣也是明代塑像，两侧山墙下的十八罗汉则是清代作品。后方的悯忠阁（戒坛）是唐代悯忠寺的遗迹，保留了不少自唐、辽以来的古老碑刻，其中就有史思明的**《无垢净光宝塔颂》**，在“安史之乱”中，安禄山、史思明都曾在悯忠寺建塔，但塔已无存，仅留这方唐碑，还是极为罕见地从左至右书写的。**毗卢殿**前有一座精美的清代大石海，周身雕刻海水云崖和佛教八宝图案，但其底座是元代的，原本用于安放今北海公园内的那尊渎山大玉海。殿内的五方佛是明代铜塑，底部是千叶莲瓣，每一朵花瓣上都有一尊佛像，殿内还曾收藏玄奘的顶骨舍利，但早年被盗。北面的**观音殿**内有明代木刻观音大士造像，末进的**藏经阁**内有一尊长逾7米的明代木雕卧佛，是北京最大的室内佛像之一，是新中国成立后由东城区的卧佛寺（无存）迁来的。

雨季的法源寺

法源寺地位显赫，西院是中国佛学院的所在地。作家李敖曾以法源寺的“悯忠”旧名为灵感，创作了小说《北京法源寺》，讲述戊戌变法后谭嗣同英勇就义的历程，使这座寺院重新收获许多关注。法源寺也以海棠、丁香闻名，1924年徐志摩、林徽因等人陪同泰戈尔游览北京，就曾在法源寺赏花。每年4月间，在漫天花雨中，你便会明白“香刹”之名并非虚传。

◆见247页地图◆地址：西城区法源寺前街7号◆门票：免费◆营业时间：8:30—16:00

长椿寺

长椿寺是明神宗为生母所建，曾被称为“京师首刹”，但如今的规模大不如前，被辟为宣南文化博物馆，是了解宣南一带文士、戏曲、革命、商贸背景的好去处。长椿寺历史上曾有三大镇寺之宝，但如今仅存大雄宝殿前的明代《敕建大祚长椿寺赐紫衣水斋禅师传》石碑，是由当时著名书法家米万钟撰写的。另一件明代渗金多宝佛塔在中华人民共和国成立后被迁至万寿寺，仅留下石质基座。1927年，李大钊遇害后曾停灵于长椿寺内。微信公众号上经常发布免费的剧目、导览、课程等活动信息，活动很有新意，值得关注。

◆见247页地图◆地址：西城区长椿街9号◆门票：免费◆营业时间：9:00—16:30，周一闭馆◆微信公众号：北京宣南文化博物馆

报国寺

报国寺本是一座辽代古刹，在明代被扩建成一组拥有七进院落的庞大寺院，清康熙年间顾炎武曾寓居于此，因此在寺内还设有一处顾亭林祠。清末，报国

前门大街

寺成为义和团活动的中心，最终遭到八国联军破坏。报国寺曾有“三绝”，其一为金代所植双松，其二为明代所建毗卢阁，其三为毗卢阁内所藏的一尊窑变观音，可惜如今“三绝”皆已不存。

明末清初，报国寺就是京城最著名的书市，而今周末寺内仍有旧书市场，还会不定期举办讲座、展览等活动。

◆见247页地图◆地址：西城区报国寺西夹道32号院◆门票：免费◆营业时间：8:00—17:00◆微信公众号：北京报国文化园

永定门

永定门是中轴线最南端的核心建筑，是外城的南大门，也是外城城门中形制规格最高的一座。城门始建于明嘉靖三十二年（1553年），明清两代相继增建瓮城和箭楼，1957年被拆除，至2005年，为了恢复中轴线上的历史景观而得到重建。在城门北侧约100米处的道路两旁还保留了**中轴线南端道路遗存**，是清代以石板铺设的御道。在城门南面的铁路桥西南侧，保留有一处**燕墩**，是元代所建的“五镇”之一，顶部立有一块乾隆时期的御碑。

◆见249页地图◆地址：东城区永定门广场◆门票：免费◆营业时间：全天

袁崇焕墓和祠

这处隐藏在胡同民房中的建筑是明末民族英雄袁崇焕的祠堂与墓地。如今祠堂被改造为他的生平陈列展，但展出的文物非常有限。背后的墓地为松柏环绕，形制颇为简朴，相传当年袁崇焕受刑之后，只有一位昔日余姓部下为他偷偷收尸，埋葬于此，直到清乾隆年间得到平反，才终于能立起一块墓碑。几百年来，余家世代为袁崇焕守墓，直到21世纪初才将墓地交由国家管理。另外，龙潭公园内还有一处很不起眼的**袁崇焕庙**，规模很小，墙上镶嵌着一些清代以来的纪念碑刻。

◆见232页地图◆地址：东城区东花市斜街52号◆门票：2元◆营业时间：9:00—17:00，周一闭馆

街区与公园

前门大街

前门大街坐落在北京中轴线上，是一处传统的商业街区。“头戴马聚源，脚踩内联升，身穿八大祥，腰缠四大恒”是昔日的老北京精致生活指南，其中的大多数商铺都集中在前门大街一带。在北京奥运会前，这个街区经历了整体改造以提升商业品质，除了众多知名老字号，如今也开了许多国际品牌连锁店。全聚德、东来顺、都一处等著名餐厅都在此开设门店，沿途还有**故宫前门文创店**（东城区小江胡同1号）、**前门礼遇中轴线文创**（东城区前门大街85号），可以买到一些文创纪念品。

旧时老照片中的**铛铛车**（50元/人）也恢复了运营。在前门大街北端牌坊附近发车的是有轨铛铛车，只是沿着前门大街行驶15分钟，性价比不高。我们更推荐在前门地铁站口附近发车的仿古铛铛车，这是一条往返天安门广场、景山、故宫、王府井的环线，车程更长，也可以看到更多的地标景观。

前门大街的西北角，是更新后的历史街区**北京坊**，其南面

就是著名的商业街**大栅栏**。与大栅栏隔着前门大街、东西相对的就是以美食闻名的**鲜鱼口**，如果在胡同里逛饿了，烤肉季、便宜坊、天兴居等老字号可任君选择。鲜鱼口东南面有一座整修一新的**台湾会馆**（东城区大江胡同114号；免费；周二至周四9:00—11:00，14:30—16:30），在甲午战争后，这里成为台湾士子反对割让的活动策源地，1945年抗战胜利后，许多台湾同胞也在这里庆祝台湾光复。

◆见248页地图◆地址：东城区前门大街◆门票：免费◆营业时间：全天

北京坊

北京坊就像是历史文物与新型商业区的混合体，近50栋新旧建筑组成了这片迷人的街区，有7位知名建筑师参与了本地的设计，是历史街区更新与活化的大胆尝试。大多数年轻人都会赶往由董功设计的**PAGEONE书店**，这里有着欣赏正阳门的最佳视角，你还可以去星巴克臻选旗舰店喝一杯咖啡，或去无印良品酒店的顶层享用一份下午茶。

值得注意的还有一些保存下来的历史建筑。东面的谦祥益是“八大祥”之一，一家起源自山东的老字号绸布店。南面的**劝业场**（西城区廊房头条17号）前身是始建于清光绪三十一年（1905年）的“京师劝工陈列所”，现存的巴洛克建筑是1923年重建的。“劝业”之名意为“劝人勉力、振兴实业、提倡国货”。在当年，只有国产品牌才能入内展示、销售，如今这里是一处文化体验中心，可以看到一些老照片展览，不时还会举办一些“非遗”活动、文创市集。北京坊的北面还有**盐业银行旧址**和**交通银行旧址**，后者是建筑师杨廷宝的作品。

◆见248页地图◆地址：西城区前门大街西北侧◆门票：免费◆营业时间：全天◆微信公众号：北京坊BEIJINGFUN

北京坊

大栅栏

相传明朝为了维护社会治安，曾在北京城的各街巷口设置木质栅栏，因为这一带是商贾字号的集中地，自然也就财大气粗，捐资设置的栅栏也格外高大，便被称为“大栅栏”（Dà shí lànr）。如今在前门大街通往大栅栏的路口处还有一座仿古的铁艺栅栏。

大栅栏也以众多老字号商品闻名，比如同仁堂的中药、六必居的酱菜、内联升的布鞋、张一元的茶叶。最值得一逛的是靠近前门大街路口处的**瑞蚨祥**（西城区大栅栏街5号），这家布店仍然保留着清末民国时期的店铺格局，中西合璧的门楼非常醒目，中华人民共和国成立后的第一面五星红旗就是在这里制作的。西面不远处的**大观楼影城**（西城区大栅栏街36号）则是“中国电影诞生地”，其前身是清朝末年修建的大亨轩茶楼，清光绪三十一年（1905年），中国第一部电影《定军山》在这里首映。这里至今仍是影院，不妨来看一场充满仪式感的电影。

从大观楼一路向西南步行即到铁树斜街，你会路过摆满旧书的**内观堂书店**（西城区铁树斜街44号），**93号院博物馆**（西城区铁树斜街93号；免费；9:00—18:00）则是一处展示“非遗”文化的工坊和咖啡馆。

铁树斜街北面是**杨梅竹斜街**，在民国时期曾是许多书局的集中地，如今也延续了历史上的

琉璃厂花灯

宣南的会馆文化

明清时期的北京城内总共有超过400座各地会馆，其中大多数集中在南城（外城）。会馆是旧时各地士子、官员、商人进京时联络同乡、居住备考的场所，相当于今天的"驻京办"，各省进京赶考的举子多居住在这一带。由于清代曾实行"满汉分城之制"，当时的大多数汉人官员也居住在宣武门外的南城一带，宣南便成为各地会馆最为密集之处。在你的旅行计划中，不妨安排一处自己家乡的会馆。

北京有两处会馆被列入全国重点文物保护单位，都在宣南一带。**湖广会馆**（西城区虎坊路3号；免费；9:30—17:00，16:30停止入场）最醒目的当数戏台，彰显着它在戏曲史上的重要地位，谭鑫培、梅兰芳等名角都曾登台演出，如今仍常有京剧、评书、昆曲等传统曲艺演出，可通过微信公众号"北京湖广会馆"查询购票。1912年，孙中山也是在这里召开大会成立了中国国民党。隐藏在胡同深处的**安徽会馆**（西城区后孙公园胡同3号）也有一座精美的戏台，但多数时候大门紧闭，不对普通观众开放。

除了按地域组织起来的同乡会馆，还有一些行业会馆。**正乙祠**（西城区北新华街1号附近）是清康熙年间浙江银业商人筹资建立的银号会馆，里面的戏楼是北京现存的会馆戏楼中最古老的一座，于清康熙五十一年（1712年）建成，见证了京剧的诞生与发展，堪称"中国戏楼活化石"。微信公众号"正乙祠戏楼重启"有最新的演出和开放信息。

宣南一带还有**福州新馆**（西城区骡马市大街51号；免费；9:00—17:00，周一闭馆），是清嘉庆二十一年（1816年）由林则徐牵头筹建的，如今已被改建为林则徐禁毒教育基地。**绍兴会馆**（西城区南半截胡同7号）是鲁迅到达北京后的第一处居所，他在此居住了7年多，并写下《孔乙己》《狂人日记》《药》等名篇，如今是私人民宅。绍兴会馆东面几十米处就是**浏阳会馆**（西城区北半截胡同41号），戊戌变法期间，谭嗣同就居住于此，距离他最终被害的菜市口刑场不过数百米。

"文艺风"，开设了不少时髦的咖啡馆。街道南侧的青云阁曾是鲁迅常去喝茶、会友的地方，如今被改造为酒店。斜街的西端有一条北京最短的胡同，只有十来米长，但北京人却以其独特的幽默感将它命名为**"一尺大街"**，还是当地居民举办立定跳远比赛的地方。

◆见248页地图◆地址：西城区大栅栏街◆门票：免费◆营业时间：全天

琉璃厂

琉璃厂一带是元明两代官窑的所在地，因烧制琉璃而得名。明嘉靖年间修建外城后，窑厂外迁，但地名仍保留了下来。因宣南一带集中居住着许多从外省进京考试的读书人，因此有许多出售文房四宝的店铺，字画、古玩、碑帖、古籍都在此流通，此后这也一直是北京书店、文玩店最密集的区域之一。即便不以购物为目的，你也可以把荣宝斋、一得阁这些老字号当作博物馆来逛。**中国书店**（西城区南新华街177号；9:00—18:30）里陈列着大量古籍，是中国第一家国有古旧书店。

沿着南新华街一路向南，在虎坊桥地铁站A口附近有一座**京华印书局旧址**（西城区南新华街177号），前身是康有为、梁启超经营的强学书局，曾是北京最大的印刷厂。这栋融合了古典主义和现代风格的建筑因形似轮船而被称为"船楼"，如今是中国书店总店。

◆见248页地图◆地址：琉璃厂文化街◆门票：免费◆营业时间：全天

西打磨厂街

由于附近的肉市街上曾开设不少肉铺，大栅栏周边又有许多布店、绸缎店，因此在这一带又孕育出“上游产业”，形成了一条以制作刀、剪为主的打磨厂胡同。打磨厂胡同分为东、西两段，可以从前门直达崇文门，是北京最长的胡同之一。近年来，西打磨厂街引进了不少知名建筑师的设计，使这条胡同成为古老与新潮交汇的前沿。**楠树草堂**（东城区西打磨厂街224号）是民国建筑，如今是一家酒店。**打磨厂220号院**是协和医院旧址，经日本建筑师隈研吾改造后成为一处文化空间。昔日的**瑞华染料行**（东城区西打磨厂街210号）和**义诚旅店旧址**被改造为“共享际”，是一处庭院式共享社区，设有公寓式酒店和咖啡馆。临汾会馆被改造为**北京会馆文化陈列馆**（东城区西打磨厂街105号；免费；周二、周四10:00—16:00）。

◆见248页地图◆地址：东城区前门大街北段东侧◆门票：免费◆营业时间：全天

三里河公园

前门大街东面的三里河原本是护城河的泄洪渠，至清代中晚期以后，随着城市人口的增加，这一带也逐渐建成了与河流走向平行的胡同群，河街并行的格局颇有江南风韵。周边的胡同中隐藏着不少四合院、会馆建筑，河边的**春风习习**（东城区长巷五条19号；10:00—18:00）是一家景色宜人的咖啡馆，可以当作你探索周边区域的大本营。**颜料会馆**（东城区青云胡同22号）由来自平遥的颜料、桐油商人所

三里河公园

天桥的今昔

“天桥”并非我们今日所理解的人行天桥。在历史上，前门以外的这片区域水域密集，为了便于皇帝从紫禁城前往天坛祭祀，明永乐十八年（1420年）修建了一座汉白玉石拱桥，因这座桥属于皇帝祭天专用，因此名为“天桥”。在清代以后，天桥下的河流逐渐干涸，天桥变为一座“旱桥”。至清末民国，为了发展城市交通，天桥逐渐被改造为平桥，最终于1934年拆除。

天桥曾是北京最大的市井文化集聚地。这里地处北上进京的主要通道，区域内寺院众多、人群复杂，逐渐发展出以“三教九流、五行八作、什样杂耍、百样吃食”为特色的天桥文化。如今，天桥一带还聚集着一些演艺中心，新建的**天桥艺术中心**（东城区天桥南大街9号楼；微信公众号：北京天桥艺术中心）规模宏大，常有音乐剧、话剧、舞剧、戏曲演出，地下一层还设有一座**天桥印象博物馆**（免费；9:00—17:00，周一闭馆），可以在这里了解这一区域的文化与历史。始建于1953年的**天桥剧场**（西城区北纬路30号；微信公众号：天桥剧场）如今是中央芭蕾舞团的常驻演出地。民国时期的“天乐戏院”如今成为**北京德云社**（西城区北纬路甲1号）的天桥相声剧场。

大观园

建，如今是一处精巧雅致的文化空间，常有“非遗”演出，可通过微信公众号“颜料会馆”查询购票。

三里河东面不远处的草厂一带也是胡同密集的区域，非常适合安排半天的城市漫步。

◆见248页地图◆地址：东城区前门大街中段东侧◆门票：免费◆营业时间：全天

牛街

这条街道最著名的建筑是始建于北宋至道二年（996年）的**牛街礼拜寺**（西城区牛街18号），这是北京最历史古老、规模庞大的清真寺，建筑风格颇为传统。主体建筑礼拜殿是寺院的精华部分，内部遍施彩画，廊柱间为伊斯兰风格的“火焰门”，最西侧的窑殿内甚至还保留着宋代风格的藻井、彩画和龛橱。本书调研时，这座清真寺仍在维修中，仅在特殊节日期间可入内参观。牛街也是北京知名的美食街，著名的老字号**聚宝源**（西城区牛街5-2号）、**奶酪魏**（西城区广安门内大街202号）都在清真寺附近。

◆见247页地图◆地址：西城区牛街◆门票：免费◆营业时间：全天

大观园

1984年，这处大观园为了拍摄电视剧《红楼梦》而修建，依据小说原著再现了曹雪芹笔下的“衔山抱水建来精”“天上人间诸景备”的景象。这处仿古园林并不值得你专程游访，但如果你是《还珠格格》《甄嬛传》等热门电视剧的爱好者，不难在这里见到许多熟悉的剧中场景。

◆见247页地图◆地址：西城区南菜园街12号◆门票：40元◆营业时间：4月至10月7:30—17:30，11月至次年3月7:30—16:30◆微信公众号：北京大观园

陶然亭公园

在明清时期，这一带曾分布着许多小型窑口，因取土烧窑而形成错落起伏的水面，反倒成为不少文人雅士游赏题诗的去处。公园的核心看点是清代的**陶然亭**，取意白居易的诗句“共君一醉一陶然”，是与滁州醉翁亭、杭州湖心亭、长沙爱晚亭并称的中国四大名亭之一。院内还保留有辽代、金代的两座经幢。湖中的慈悲庵也是文人墨客吟赏之地，戊戌变法中康、梁等人曾多次在此集会，在五四运动中又成为李大钊、毛泽东等人的活动场所，如今有展厅介绍这座公园的悠久历史。

1952年，陶然亭成为中华人民共和国成立后北京第一座开放的大型公园。此后，在旧城改造中许多濒临拆毁的建筑都被异地迁建至公园内。慈悲庵西面的云绘楼、清音阁是在梁思成的建议下从中南海迁建而来的，东、西长安街牌楼的迁建也曾得到周恩来的关照，但这两座牌楼在“文革”中被毁，现存的建筑是2011年新建的。

◆见232页地图◆地址：西城区太平街19号◆门票：2元◆营业时间：4月至10月6:00—22:00，11月至次年3月6:00—21:30◆微信公众号：北京市陶然亭公园

中国第一历史档案馆明清金匮库

文化与展演

中国铁道博物馆（正阳门馆）

博物馆的前身是清光绪三十二年（1906年）由英国人建成的京奉铁路正阳门东火车站，因此建筑带有鲜明的维多利亚风格，是当时中国规模最大的火车站。车站建成后，周边十分拥堵，为了疏解交通，正阳门的瓮城在1915年被拆除。1959年，新的北京站落成，这个车站才终于停用。这里见证了许多重要的历史时刻：1912年、1924年孙中山两度北上，都是由此抵达北京；“九一八”后北平学生南下“救国示威”，也是从这里出发；抗美援朝凯旋时，周恩来在这里迎接归国志愿军。

如今，这里被辟为中国铁道博物馆的一处展区，展示了中国铁路从无到有的历史，展出了中国最早自行组装的“龙号”蒸汽机车的复制品、清末皇家客车使用的座椅、“毛泽东号”车徽等珍贵文物，其中还有一件2020年的武汉车站封条，是馆内最“年轻”的文物之一。

◆见248页地图◆地址：东城区前门大街甲2号◆门票：免费，须通过微信公众号预约◆营业时间：9:00—17:00，周一闭馆◆微信公众号：中国铁道博物馆

中国第一历史档案馆

中国第一历史档案馆成立于1925年，馆藏主要为明清档案，是与殷墟甲骨、敦煌写经、居延汉简并重的“中国近代四大文化发现”。目前馆内主要开辟有3个常设展览。3层是明清历史档案展，展出了明清两代的众多珍贵档案文物，如中国现存最古老、幅面最大的世界地图《大明混一图》，由徐光启、汤若望等人合作绘制的《赤道南北两总星图》，康熙招降郑成功的诏书，乾隆时期的《坤舆全图》等，但其中许多都是未经标注的复制品。4层是明清档案装具陈列，金匮主要用来收藏实录、圣训等珍贵典籍，都是楠木材质，外裹鎏金铜皮，装饰着华丽的云龙图案；龙柜主要用于收贮皇室宗谱，装饰着二龙戏珠纹、云纹等各种纹饰。4层还设有明清档案事业发展历程展，展示了中国第一历史档案馆自民国以来的发展历程。

◆见248页地图◆地址：东城区祈年大街9号◆门票：免费◆营业时间：周一至周五8:30—16:30，周六9:00—17:00，周日及节假日闭馆◆微信公众号：皇史宬

国家自然博物馆

博物馆的前身是1958年落成的北京自然博物馆，2023年更名为国家自然博物馆。但更名并未带来太多实质的提升，这处显出苍老疲态的博物馆可能会令你略感失望，在有限且陈旧的展陈空间内，诸如新中国第一座大型自然历史博物馆、40余万件藏品、中国最多的珍稀标本等一系列数据或荣誉，往往并不能被观众切身感知。好消息是，位于南中轴线大红门地区的庞大新馆已在建设中，正式开放可能要等到2029年。在此之前，这座博物馆仍是了解自然与生命演化为数不多的去处，尤其对那些带孩子的旅行者而言。

纪晓岚故居

馆内的基本陈列大致以生物进化为主线。无脊椎动物展厅会带你重返远古时期的海洋世界，展示了来自澄江化石地的珍贵化石。颇受孩子欢迎的恐龙公园展厅，展示了从三叠纪到白垩纪的20余种恐龙复原模型，展厅内还再现了恐龙化石的发掘现场。古哺乳动物展厅中展出了阶齿兽、黄河象、铲齿象等重要化石标本。2024年改造后，重新开放的水生生物馆则是馆内唯一的活体生物展区，甚至在博物馆内引入了鲨鱼池和海底隧道，大型中华鲟标本和矛尾鱼标本都堪称镇馆之宝。此外，馆内还设有"动物——人类的朋友""植物世界""神奇的非洲"等常设展览。

参观须提前1—3天通过微信公众号预约，周末和节假日预约难度较大，你也可以尝试在现场购买临展门票。

◆见249页地图◆地址：东城区天桥南大街126号◆门票：免费◆营业时间：9:00—17:00，周一闭馆◆微信公众号：国家自然博物馆

纪晓岚故居

现存纪晓岚故居为一座两进四合院，实际只占原来纪宅后院的一小部分。纪昀前后两个阶段在此共居住了62年，其间完成了《四库全书》的编撰和《阅微草堂笔记》的写作。第一进院的常规图文展可以带你了解纪晓岚的生平和著作。第二进院的"纪氏文宗"展示了他的学术成就和起居环境，陈列有书法作品、手稿和其他文物。展览的最后来到纪府书房，这处古色古香的二层空间是一个免费的阅览室（需预约），兼作纪念品商店，售有纪晓岚的书法复制品和著作。门口拿着烟袋锅子的纪晓岚铜像头顶有一架紫藤，是纪昀亲手所植。院内的一株海棠亦有300多年的历史。参观无须提前预约，馆内提供付费讲解。

◆见248页地图◆地址：西城区珠市口西大街241号◆门票：10元◆营业时间：9:00—17:00◆微信公众号：纪晓岚故居纪念馆

角楼图书馆

在明代的左安门角楼旧址上，复原的城墙内部别出心裁地设计了这座城市图书馆。馆内1层为展览空间；2层为阅览区，以北京的地方文献为主；3层的户外露台则可以俯瞰护城河的风光。

从图书馆向西约250米处还保留着一处**左安门值房**，过去供守军居住，是明嘉靖年间扩建外城时修建的，也是北京现存唯一的明代值房。

◆见232页地图◆地址：东城区龙潭街道龙潭东路9号◆门票：免费◆营业时间：9:00—17:00，周五开放至21:00，周一闭馆◆微信公众号：角楼图书馆

日咖夜酒

VOYAGE COFFEE

在惬意的绿荫小院中来一杯咖啡，正适合在散步漫游前门途中放松一下。VOYAGE有多家分店，不远处的三里河店景致也很不错。

◆见248页地图◆地址：西城区杨梅竹斜街22号◆营业时间：10:00—18:00◆微信公众号：VOYAGE COFFEE

CHOOCHOO COFFEE

这家店的门面洋溢着浓浓的民国风，吸引了不少人前来打卡拍照，内部空间则酷似火车车厢，店名“CHOOCHOO”就是模仿火车的鸣笛声。临窗落座，仿佛开启了一趟时光穿梭之旅。

◆见248页地图◆地址：西城区韩家胡同78—82号◆营业时间：10:00—18:00

宣南书店

尽管名为书店，其实这也是一处有趣的咖啡馆，而且十分难得的全天候营业，白天可以免费入内阅读，22:00至次日9:00需要持有效阅读卡（99元/99天）进入。

◆见247页地图◆地址：西城区南横西街39号◆营业时间：全天

Pusuu朴素

胡同深处一处颇具情调的小店，奉行“日咖夜酒”的时间准则，特调是以节气命名的，不知道点什么的时候可以选盲盒款。

◆见249页地图◆地址：西城区储子营胡同9号◆营业时间：18:00至次日2:00

Soloist独奏公司

一层的大落地窗让整个小屋都暖洋洋的，二层的露台十分出片。阳光晴好的时候，很多年轻人来此拍摄。点一杯金渐层咖啡，在颇具复古情调的环境里享受一个美好午后吧。

◆见248页地图◆地址：西城区煤市街杨梅竹斜街39号◆营业时间：9:00—20:00

热门食宿区域

欢迎住进南城的世俗风景里：热火朝天的牛街、宜古宜今的前门、亲切好玩的儿化音令人对这座遥不可及的大都市“祛魅”，转而爱上充满人情味、更鲜活的北京。住宿标准见169页。

牛街是京城肉食动物的摇滚派对，是清真美食家的总部基地；同样，整个南城都是老字号与地道小吃的大本营，放下架子埋头大吃吧，致敬这些胡同里的烟火气。

前门
崇文门
前门周边
前门周边 ¥¥¥
地理位置极佳。
有种住在景区的感觉。
前门一带是旅行者选择住宿的热门区域，大栅栏有许多宾馆和民宿，但空间多较为狭小。
桥湾
珠市口
广渠门内
虽然游客浓度颇高，但美食和特产都是严选品质，不是“糊弄外地人”的文化古街。
不要错过
爆肚儿
炸酱面
美食手信
天坛公园
天桥
天桥周边
天坛东门
东
护
城
河
从天坛到天桥再到先农坛一带，虽然餐馆数量比不上前门、牛街两个区域，也能找到一些南城特色美食。
不要错过
白水羊头
烧饼夹肉
炸灌肠
龙潭公园
龙潭中湖公园
护
城
河
永定门外
蒲黄榆
方庄
景泰
木樨园
刘家窑
宋家庄周边 ¥¥
交通网络发达，生活配套设施齐全。
部分地区人口密集，环境可能略显嘈杂。
宋家庄是北京的交通枢纽之一，去各地都交通方便，但距离主要景点有一定距离，且人员相对复杂。
海户屯
石榴庄
宋家庄
宋家庄周边
成寿寺
大红门
河

探索

旅行者推荐 INSIDERS' LIST

场所

vertigo jungle
- 18843180582
- 西城区铁树斜街68号

尹三豆汁
- 010-67056737
- 西城区前门大栅栏街1号一楼

洪记白水羊头
- 18211180184
- 东城区珠市口西大街留学路86号

老诚一锅
- 010-67012242
- 东城区金鱼池中街一号院一号楼2单元104

丰泽园饭店
- 010-63032828
- 西城区珠市口西大街83号

全聚德烤鸭店
- 010-67011379
- 东城区前门大街30号

提督 · TIDU
- 010-8315516
- 西城区廊坊头条21号院W9楼4层01号

粤财JW万豪酒店
- 010-63916361
- 西城区宣武门外大街18号

聚宝源
- 010-83545602
- 西城区牛街5-2号

王府茶楼 · 茶宴
- 010-63588878
- 西城区南菜园街1号丙1号1-1幢1-3幢2层201室

局气烤鸭 · 北京菜
- 18600009107
- 西城区前门西大街北京坊东区E14号楼3层

东方饭店
- 010-63014466
- 西城区万明路11号

LINES西餐厅
- 010-83165886
- 西城区天桥南大街9号楼天桥艺术中心2层

功德林素菜饭庄
- 010-65112542
- 东城区前门东大街甲2号

便宜坊烤鸭
- 010-67132536
- 东城区鲜鱼口街65-77号

天兴居
- 010-67116865
- 东城区前门鲜鱼口街81-83号

前门文华东方酒店
- 010-85928888
- 东城区草厂十条1号

新世界酒店
- 010-59608888
- 东城区祈年大街8号

贺兰山
- 010-83559211
- 北京市西城区南横西街98-1号

吐鲁番餐厅
- 010-83160247
- 西城区牛街6号

白记年糕
- 13671256827
- 西城区牛街清真超市1层

奶酪魏
- 010-63522402
- 西城区广安门内大街202号107室

三元梅园
- 13681011502
- 西城区白广路17号老白广路商场F1层

Muji无印良品酒店
- 010-63169199
- 西城区廊房头条21号院北京坊W2号楼1层

铃木食堂
- 010-63135409
- 西城区杨梅竹斜街10-14号

曼联梦剧场
- 010-63158008
- 西城区廊房头条21号院北京坊W9号楼

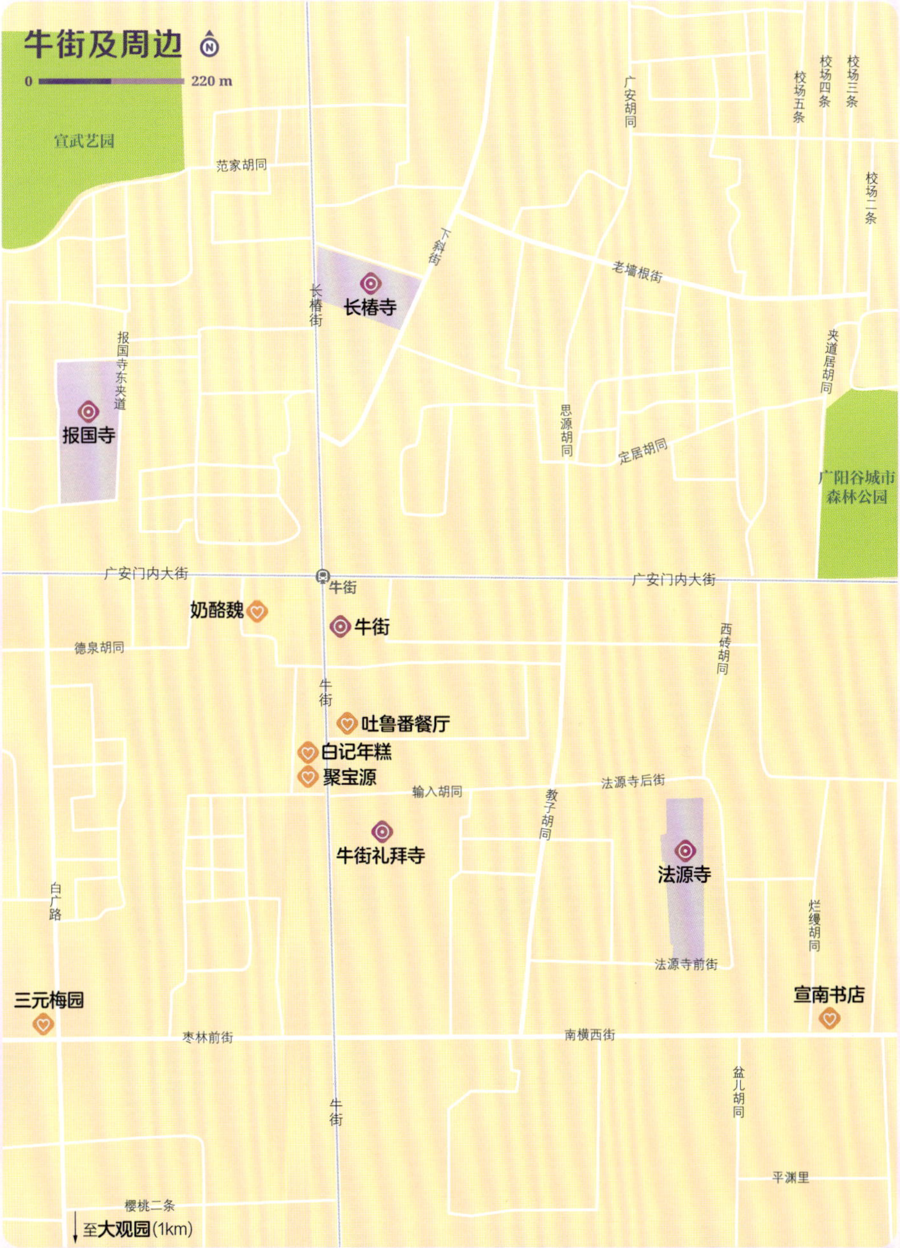
牛街及周边
0
220 m
宣武艺园
范家胡同
广安胡同
校场五条
校场四条
校场三条
校场二条
下斜街
老墙根街
长椿街
长椿寺
报国寺东夹道
报国寺
夹道居胡同
思源胡同
定居胡同
广阳谷城市森林公园
广安门内大街
牛街
广安门内大街
奶酪魏
牛街
德泉胡同
西砖胡同
牛街
吐鲁番餐厅
白记年糕
聚宝源
输入胡同
法源寺后街
教子胡同
牛街礼拜寺
法源寺
白广路
烂缦胡同
法源寺前街
三元梅园
宣南书店
枣林前街
南横西街
盆儿胡同
牛街
平渊里
樱桃二条
至大观园(1km)

景点
餐饮
住宿

前门大街及周边
0
290 m
景点
餐饮
住宿
新世界酒店
中国第一历史档案馆
前门文华东方酒店
西兴隆街
桥湾
老城一锅
天坛公园
天坛路
三里河公园
西打磨厂街
中国铁道博物馆（正阳门馆）
前门东大街
鲜鱼口街
珠市口东大街
前门东路
前门大街
全聚德烤鸭店
前门
珠市口
尹三豆汁
北京坊
瑞蚨祥
大观楼影城
Muji无印良品酒店
提督・TIDU
局气烤鸭・北京菜
大栅栏
煤市街
VOYAGE COFFEE
丰泽园饭店
洪记白水羊头
珠市口西大街
Soloist独奏公司
杨梅竹斜街
樱桃斜街
Vertigo Jungle
CHOOCHOO COFFEE
纪晓岚故居
93号院博物馆
琉璃厂
前门西大街
和平门
南新华街
京华印书局旧址
虎坊桥
湖广会馆

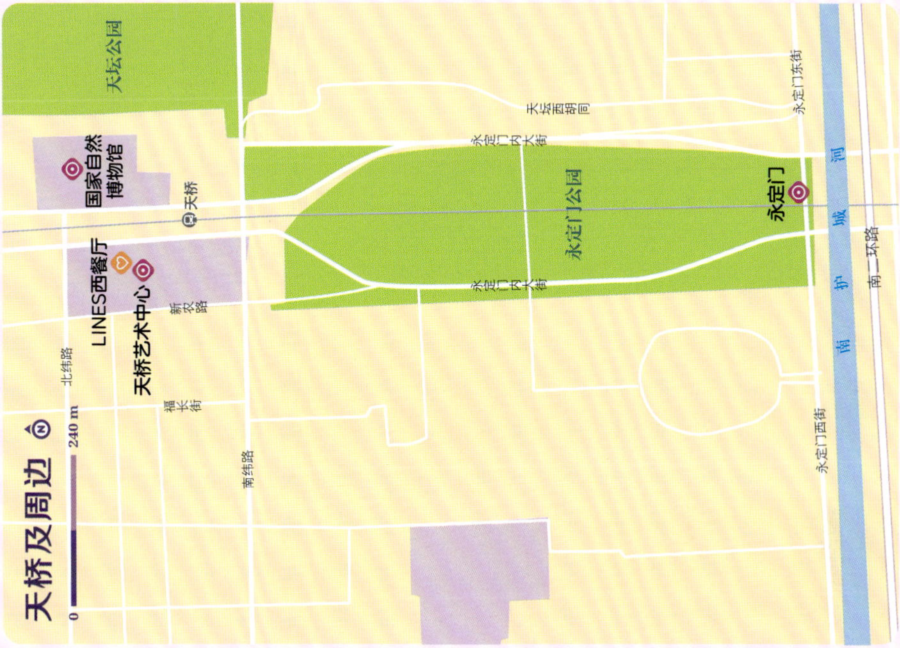
天桥及周边
0
240 m
天坛公园
国家自然博物馆
天桥
LINES西餐厅
天桥艺术中心
北纬路
新农路
福长街
南纬路
永定门内大街
天坛西胡同
永定门公园
永定门
永定门东街
永定门西街
南护城河
南二环路

景点
餐饮
住宿

西四、北京动物园及周边

在这里，你可以找到北京的"城市之源"——天宁寺、白云观等北京最古老的寺观大隐于市，莲花池、凉水河见证着八百年的建都历史，首都博物馆中的重要文物串联起辉煌悠久的城市脉络，就连不起眼的万松老人塔，也标记着一条自元代以来再未更名的古老胡同。

在这里，你能感受到历史维度上的"北京折叠"——繁忙的北京西站外有辽金时期的古老遗址，清代的农事试验场化身为欢声笑语的北京动物园，元代的妙应寺白塔边开起了时髦的咖啡馆，万寿寺外的码头上现代游船正沿着昔日的皇家御河往返。

数说西四、北京动物园及周边

1座
"北京城最为壮美的牌楼"

近750年
妙应寺白塔历史

1只
"西直门三太子"大熊猫萌兰

亚洲No.1
中国国家图书馆总建筑面积

1座
军事博物馆

2棵
鲁迅笔下的枣树（后期补种）

3只
白云观必摸石猴

在西四、北京动物园及周边，你可以这样玩：

1天 西四周边
（见78页）

1天 中国国家图书馆周边
（见92页）

3天 北京博物馆精华之旅
（见126页）

何时去

3月至5月
妙应寺的玉兰花绽放，西什库教堂的粉色海棠花朵与哥特式建筑相映成趣。

6月至8月
夏日的西四很适合去胡同里的咖啡馆点上一杯冷萃。

9月至11月
秋天是西四胡同City Walk的最佳时节，感受红墙白塔之间的浪漫秋日。

12月至次年2月
如果想躲避凛冽的寒风，可以前往鲁迅博物馆、正阳书局，一览北京的历史古韵和文人气息。

妙应寺白塔

西四、北京动物园及周边亮点

文化与展演

首都博物馆

首都博物馆非常适合作为你探访北京的第一站或最后一站，博物馆大致可以分为东面的圆厅和西面的方厅。方厅的2楼至4楼为新开放的“中华文明的有力见证——北京通史陈列”，介绍了北京这片土地上70万年人居史、3000年建城史、800余年建都史和70余年的新中国首都发展史。5楼是“岁华纪胜——老北京民俗展”，以四季为线索，系统呈现了北京的时令节俗。

最值得一看的是北京通史陈列，集中展示了许多重要文物。东胡林遗址出土的炭化粟距今约1万年，见证了北京成为世界粟黍类旱作农业的起源地之一。琉璃河遗址出土了“成周”卜甲、克盉、克罍、堇鼎等重要文物，这些甲骨、青铜器上的文字是了解北京建城史的一手资料。**伯矩鬲**是首博的镇馆之宝，相当罕见地装饰着7个牛首造型，一次浇铸成形的技术，也展现了当时燕地高超的青铜器铸造水平。辽金时期的文物折射出北京日益上升的城市地位，元代文物则包括一大批来自景德镇窑的杰出作品，其中**青白釉戏剧舞台人物纹枕**是馆内的明星，以镂雕形式展现了元曲流行的社会风尚。到了清代，从白塔寺塔刹内收集的黄檀木观音像、赤金镶宝石舍利长寿佛都是来自皇家的供奉。

圆厅内则是专题、艺术陈列。6楼是“北京古代佛塔文物展”，房山石经山曾出土五重舍利函及佛舍利，以及20世纪维修时从白塔寺塔刹内采集的文物，都非常值得关注。从这里沿着环形步道向下绕行，还可以依次参观5楼的“古代玉器艺术精品展”和4楼的“燕地青铜艺术精品展”。目前，大多数重要文物都转移到了通史陈列，建议你完成方厅部分的参观后，再安排圆厅部分作为补充。

博物馆中庭内有一座**景德街牌楼**，原本是立在历代帝王庙前的两座牌楼之一，被梁思成誉为“北京城最为壮美的牌楼”。1953年，牌楼因影响交通被拆除，在首都博物馆兴建新馆时，便用原构件在博物馆中庭内重建，成为新馆最早入藏的展品。

首都博物馆是北京最有“进取心”的博物馆之一，经常举办各种主题的重量级临展、特展，非常值得关注。微信公众号会推送最新的展讯，还可以免费阅览既往临展的图录。位于通州区的北京大运河博物馆（见345页）是首都博物馆的东馆，若你意犹未尽，不妨前往探访。

青白釉戏剧舞台人物纹枕

◆见252页地图◆地址：西城区复兴门外大街16号◆门票：免费◆营业时间：9:00—17:00，周一闭馆◆微信公众号：首都博物馆

北京鲁迅博物馆

1912年5月，鲁迅随南京临时政府北上到教育部履职，开启了他14年的“北漂”生涯，并在北京留下了4处故居。起初，他居住在宣南一带的绍兴会馆，随着经济状况好转，与弟弟周作人一道买下了八道湾胡同11号院。1923年，因兄弟失和，鲁迅搬到砖塔胡同，但由于这里房屋破旧狭窄，母亲白天来探访晚上须回到八道湾，十分不便，因此再次搬家，入住阜成门内的宫门口。宫门口故居是4处故居中保存最好的一处，如今被改造为北京鲁迅博物馆。

从博物馆的大门入内，迎面便是鲁迅的半身像，庭院内还树立着匈牙利诗人裴多菲、鲁迅在日本的老师藤野严九郎、美国

北京鲁迅博物馆室内陈设

左翼作家史沫特莱等人的雕像，这些人物都曾出现在鲁迅的作品中。北侧的陈列厅内介绍了鲁迅的生平，展出了大量手稿、藏书、藏画、藏碑拓片和友人信札。你可以跟随鲁迅的足迹远渡东洋，南下厦门、广州，也可以在馆内的地图、资料中感受鲁迅在北京的生活场景，自行设计出一条鲁迅的文学旅行线路。

博物馆的西侧是鲁迅故居。他亲自设计改建了这处居所，南厢房作会客厅，正房是母亲和原配夫人朱安的卧室。后院内那间凸出的“老虎尾巴”才是他本人的卧室及书房。你可以透过窗户看到室内的陈设，书桌上摆放着一张正定隆兴寺的观音像照片，这是鲁迅从东安市场买来的心爱之物，这件“东方美神”一直陈设案头。桌上的煤油灯在《秋夜》里被小飞虫“撞得丁丁地响”。又如《藤野先生》所写，墙壁上挂着藤野的照片，成为他夜间疲倦偷懒时继续战斗的勇气。

从1924年5月迁入到1926年8月南下厦门大学，鲁迅在此生活两年有余，这位相当高产的作家在这里完成了《华盖集》《华盖集续编》《野草》等文集和《彷徨》《朝花夕拾》《坟》中的部分篇章。但读者最感亲切的大概还是《秋夜》中的名句：“在我的后园，可以看见墙外有两株树，一株是枣树，还有一株也是枣树。”这两株枣树在中华人民共和国成立前便已枯死，如今所见是后来补种的，如果你在秋天前来参观，还能见到枣子落满地。幸运的是，鲁迅在庭院中手植的两棵丁香树，每到4月间花木葳蕤，芬芳依旧。

◆见252页地图◆地址：西城区阜成门内大街宫门口二条19号◆门票：免费◆营业时间：9:00—16:00，周一闭馆◆微信公众号：北京鲁迅博物馆

中国国家图书馆

中国国家图书馆的前身是清宣统元年（1909年）创建的京

考古旅行从博物馆开始

首都博物馆需要和另“一座”博物馆搭配起来一起逛，那便是**北京考古遗址博物馆**（免费，9:00—17:00，周一闭馆），这座稍显特殊的博物馆无统一的主馆，目前的三处馆址都是在考古遗址的基础上建设的。你可以把首博的明星文物当作“索引”，把出土文物的考古遗址作为“旅行路书”，来策划一段探索北京历史的考古旅行——当你把这些文物、遗址放在更为宏大的历史背景之下时，更能理解它们的重要意义。

琉璃河西周遗址（房山区琉璃河镇董家林村七区1号）是北京城市史的源头，在《左传》《史记》的记载中，武王伐纣后在今天的北京一带分封了燕、蓟两个诸侯国，作为守护周王朝的北方屏障。自1962年以来，对琉璃河遗址的多次考古发掘证明，这处靠近北京与河北边界处的遗址便是3000年前的燕都所在地，是北京城市的建城之源。

博物馆门前树立的青铜鼎原型便是1975年出土的堇鼎，这座北京出土的最大、最重的青铜礼器，以内部26字铭文讲述了堇（或许是燕侯家族的一位晚辈）奉燕侯之命，到宗周向太保召公进奉食物的历史。同期出土的还有伯矩鬲，其铭文记载了“伯矩”受到燕侯的赏赐而铸造青铜鬲，这两件文物的组合常被戏称为“鼎天鬲地”，是北京城市起源的见证。

陶兽首

绿釉贴塑鸡冠壶

琉璃河西周遗址

鋬花金托盘

琉璃河遗址博物馆内复原展示了一些车马坑与西周贵族墓葬。如今，该遗址出土的青铜器大部分都陈列在首都博物馆内。

大葆台西汉墓遗址（丰台区丰葆路郭公庄707号）于1974年发掘，是中国第一次在考古发掘中发现“天子之制”的“黄肠题凑”墓葬形制，“黄肠”指黄心的柏木，“题凑”就是柏木的一端都指向墓室中心，垒筑在棺木外围。如今在博物馆中还能看到这片壮观的“地下森林”。这座汉墓的主人可能是西汉广阳倾王刘建（也有人认为是西汉燕剌王刘旦），出土文物中有一件精美的玉舞人，“长袖”和“细腰”正是汉代舞人佩的典型特征。2025年5月，大葆台西汉墓博物馆经历了漫长的重建后，重新对外开放。

金中都水关遗址（丰台区右安门外玉林小区甲40号）是现存有关金中都最重要的考古发现之一。金贞元元年（1153年），海陵王完颜亮从金上京（今黑龙江阿城）迁都金中都，这是北京第一次成为一个王朝的正式都城。金中都在唐幽州城、辽南京城的基础上修建，这处水关遗址位于当时南城墙东段的景风门附近，还保留着过水涵洞底部的地面石、城墙夯土等部分。不要错过院内的辽金石刻展厅，展出了辽代契丹文墓志、金代石虎、文臣武将石像等文物。遗址南面的凉水河曾经是金中都的护城河。

中国国家图书馆馆藏古籍

师图书馆，起初的馆址位于什刹海北侧的广化寺内，民国时在文津街建设新馆，即北海西侧的北平图书馆旧址。1987年，在白石桥建成新的总馆，即为现在的馆址。

白石桥总馆分为南区和2008年新建成的北区。南区开设**国家典籍博物馆**，经常举办重量级展览，可以看到许多平时难得一见的珍贵文物与典籍，馆藏包括殷墟甲骨、居延汉简、敦煌遗书、《赵城金藏》《永乐大典》《四库全书》、明清档案等重要文物。南区还设有法律馆、台港澳文献阅览室、外文文献第一阅览室、善本特藏阅览室等专题阅览室。北区则是一座庞大的单体建筑，拥有一个标志性的开放式中庭。新建成的北区建筑面积达8万平方米，建成后使国图一跃成为全球第三大图书馆。

国图的开架阅览区只对13周岁以上的读者开放，如果带孩子旅行，可以去位于北区1—2层东南角的**少年儿童馆**（9:00—17:00），那里接待15周岁以下的读者。入馆时需要寄存背包，笔记本电脑等个人物品须换用图书馆专用的手提袋后携带入内；可刷身份证或读者卡进入阅览区域。

◆见252页地图◆地址：海淀区中关村南大街33号◆门票：免费◆营业时间：南区9:00—17:00，北区9:00—21:00（11月至次年2月开放至20:00），周一闭馆◆微信公众号：国家图书馆

中国人民革命军事博物馆

1960年正式开放的中国人民革命军事博物馆位列“北京十大建筑”之一，馆舍有着鲜明的苏联式风格，主楼塔尖上是“八一”军徽。2017年，持续5年的改扩建工程竣工，使军博的展览面积大大增加。

1楼的中央大厅为兵器陈列，正中央便是巨大的轰-6轰炸机，其后方是醒目的东风一号、东风二号导弹。有一些展品颇具传奇色彩，从展厅入口处开始顺时针游览，入口西侧是一架功勋喷气式歼击机，这架米格-15歼击机曾由英雄飞行员王海驾驶，参与抗美援朝战争，机身上的9颗红星标志着击落、击伤9架敌机的战绩；展厅西南角的头门山海战英雄艇原是抗日战争中从日军处缴获的战利品，在中华人民共和国成立后成为炮艇部队主力，参与多次近海作战；展厅西面的美国造P-51D野马战斗机曾参与开国大典；东北角的歼-8则是中国自主设计研发的第一型歼击机。

地下1层的大厅也以兵器陈列为主，占据“C位”的是“一架”千疮百孔的U-2侦察机，是由4架U-2的残骸拼凑而成的，两侧就是曾经击落U-2的红旗2号导弹。在展厅东北角，215号坦克曾在抗美援朝战争中立下赫赫战功。展厅东面则陈列着诸多战利品，如抗美援朝战争中缴获的美国造M26重型坦克，以及珍宝岛战役中缴获的苏联造T-62主战坦克。展厅南面的苏联造BM-13火箭炮“喀秋莎”，曾经参与过上甘岭战役。

除了最核心的兵器陈列以外，军事历史、军事科技、军事艺术相关的展览多在中央大厅四周的展厅内，可以了解中国的军事发展史和战争史。各展厅内分时段提供体验活动，如轻武器模拟射击、战斗机模拟驾驶、坦克模拟器、坦克漫游等，很受孩子们欢迎。可通过微信公众号预约门票和活动。

◆见268页地图◆地址：海淀区复兴路9号◆门票：免费◆营业时间：9:00—17:00，周一闭馆◆微信公众号：中国人民革命军事博物馆

北京展览馆

宽阔的广场中央是喷水池，高耸的塔楼尖顶是一颗五角星，如臂膀般伸出的柱廊将你环绕其中，站在北展面前，恍如置身莫斯科。1954年，这座由苏联援建的展览馆落成开放，是中苏"蜜月期"的见证。展馆西侧的莫斯科餐厅被人亲切地称为"老莫"，堪称北京人的西餐启蒙，这家仍在运营的餐厅也因此蒙上了怀旧色彩。如今，在这里举办的许多展会都是免费开放的，你也可以到展馆北侧的北展剧场看一场演出。

◆见268页地图◆地址：西城区西直门外大街135号◆门票：免费◆微信公众号：乐享北展

北京展览馆

北京天文馆

1957年开放的北京天文馆是我国第一座大型天文馆，在天文科普领域做出了巨大贡献。2007年，第59000号小行星被永久命名为"北馆星"，作为北京天文馆建馆50周年的贺礼。

参观北京天文馆需要预留至少2小时。从东门的售票处入内后，南面（左手边）即为2004年建成的B馆。你可以先去B馆参观，1层设有太阳展厅、月球陨石展厅，地下1层为宇宙穿梭展厅。在连接AB馆的甬道上，还展示着南丹陨石，于明武宗正德十一年（1516年）坠落在广西南丹，在广西河池地区的《庆远府志》即有记载，但直到1958年才被发现，起初是在"大炼钢铁"期间被当作铁矿石，但因始终无法熔化才被鉴定为陨石。通过甬道继续前往A馆，可以看到能直观证明地球在自转的傅科摆。

北京天文馆内设有多个剧场，A馆的球幕剧场天象厅是中国最大的地平式天象厅之一。馆内经常举办天文科普讲座、天文馆之夜等活动，可通过微信公众号查询影片计划和近期活动。

◆见268页地图◆地址：西城区西直门外大街138号◆门票：10元，如购买剧场票则无须购买展厅票◆营业时间：9:00—16:30，周二闭馆◆微信公众号：北京天文馆

中华世纪坛

这是一座为迎接21世纪而修建的建筑，其外观造型取意于中国传统的日晷，内部设有展厅、剧场、影院和广场。大多数人来到这里的目的就是看展，中华艺术坛经常推出来自世界各国的重磅展览，可以通过同名微信公众号关注最新展讯。

◆见268页地图◆地址：海淀区复兴路甲9号◆门票：免费，临展收费◆营业时间：9:00—17:00，周一闭馆◆微信公众号：中华世纪坛

民族文化宫

在复兴门内大街上路过民族文化宫时，你可能想不到这样一座看起来像机关单位办公楼的建筑也可以入内参观。这座建筑是由毛泽东提议、周恩来亲自审定的，1959年落成时，是"北京十大建筑"之一，内设展览馆、图书馆、博物馆、剧院、画院和文化交流中心，是中国收藏少数民族有关文物、古籍文献、美术作品最丰富的机构之一，经常推出各类民族主题展览。民族文化宫大剧院经常举办演出活动，内部装修颇具20世纪的风格，值得一看。

北京动物园大熊猫萌兰

◆见267页地图◆地址：西城区复兴门内大街49号◆门票：免费◆营业时间：9:00—16:30，周一闭馆◆微信公众号：民族文化宫

李大钊故居

从1920年春天至1924年1月，李大钊生活在这座宅院中，这里也是他在故乡以外生活时间最长的地方。在此期间，他发起成立北京共产主义早期组织，参与创建了中国共产党。如今故居已被辟为纪念馆，南面的小院内设有他的生平陈列，北面的小院原为李大钊一家的住处，如今为复原陈列。故居不时提供别出心裁的沉浸式导览、话剧式导览，可通过微信公众号了解活动信息。

◆见267页地图◆地址：西城区文华胡同24号◆门票：免费◆营业时间：9:00—17:00，周一闭馆◆微信公众号：北京李大钊故居

中国地质博物馆

创建于1916年，是由中国人自己创办的第一个公立自然科学博物馆，收藏地质标本55万余件，馆藏包括大量珍贵的恐龙化石、古人类化石、古生物化石和中国特色矿物标本。在1楼的地球厅中可以了解不同的动力地质作用是如何塑造了我们所见的自然环境。2楼的矿物岩石厅主要介绍不同矿物岩石的成因、分类、特征，宝石厅曾经荣获“全国博物馆十大陈列展览精品奖”，无疑是馆内颜值最高的展厅，南展线以单晶宝石（如钻石、水晶、碧玺）等为主，北展线以玉石（如翡翠、欧泊、绿松石）为主。3楼的史前生物厅展现了从生命起源到人类演化的漫长历史，这里还有一件呈奔跑姿态的中华龙鸟化石，其实中华龙鸟并非鸟类，而是一种生活在约1亿年前的小型兽脚类恐龙，对于理解鸟类的起源问题有重要意义。

博物馆稍显老旧，展陈内容专业，有一定的门槛，可以在参观前先了解一些地质学的基本内容。

◆见267页地图◆地址：西城区西四羊肉胡同15号◆门票：15元◆营业时间：9:00—16:30，周一闭馆◆微信公众号：中国地质博物馆

公园

北京动物园

动物园的历史可追溯到清朝，其前身是清光绪三十四年（1908年）建成的农事试验场，当时主要是谷麦、蚕桑、果木等农事的实验场所，附设的“万牲园”是中国第一座对公众开放的动物园。如今，你依然可以在园内找到清代的建筑遗存，比如南门入口处的那座西洋门楼就是当年的农事试验场大门。

想要完整地逛完园内的各大展区，需要至少半天时间。从南门入园后，你可以先去参观**大熊猫馆**（5元），这里分为亚运馆和奥运馆，大熊猫通常在早晨较为活跃，如果想要看到奥运馆内最受欢迎的大熊猫“萌兰”可能还需要排队。附近的雉鸡苑也有着浓郁的“中国特色”，五彩斑斓的雉鸡中有不少是中国特有的物种。从这里一路向北，可以穿过夜行动物馆、熊山、狮虎山，前往南长河北面的北区，这里集中分布着**海洋馆**（120元）、象馆、犀牛河马馆。然后折回南长河南面，先去看长颈鹿馆，往南是非常值得一看的金丝猴馆，这里是世界上唯一一座拥有川、滇、黔三种金丝猴的场馆。在西北角的鹿苑，可以看到萌萌的红

斑羚、中华斑羚，还有中国本土的亚洲盘羊。

在西区的最西面有一座畅观楼，这座西洋风格的建筑曾是慈禧太后的行宫，如今是园史馆。附近的鬯春堂现在则是一家书吧，可以在游览间隙来这里歇歇脚。

◆见252页地图◆地址：西城区西直门外大街137号◆门票：旺季15元，淡季10元◆营业时间：旺季7:30—19:00，淡季7:30—18:00◆微信公众号：北京动物园

历代帝王庙

古迹与建筑

妙应寺

在西四、阜成门一带，经常抬头就能望见这座耸立的巨大白塔。妙应寺，又名白塔寺，这座中国现存最早、最大的覆钵式佛塔，始建于元至元十六年（1279年），由来自尼泊尔的建筑师阿尼哥设计。这位建筑师是元朝国师八思巴的弟子，并得到忽必烈的赏识，在中国的45年间，他设计了许多重要建筑，妙应寺白塔是其中最著名的一例，如今在塔下有阿尼哥的立像。

寺内多数建筑是明清时期重修的，由于殿内原有的佛像陈设多在“文革”时期遭到破坏，如今多辟为佛教文物展厅。不要错过意珠心境殿前那对精美的元代石狮，是20世纪80年代从麒麟胡同迁来的。建于明弘治十八年（1505年）**七佛宝殿**是寺内最大的殿宇，顶部设有3座华丽的盘龙藻井，中央的须弥座上陈设着从异地迁来的元代三世佛，都以楠木雕造，两旁的“十八罗汉”也“名不副实”，实际是从拈花寺迁来的明代二十四诸天，由于殿内只有18个神位，剩余的6尊诸天中，有4尊迁到了法源寺，另外2尊去向不明。西配殿内设有“白塔寺历史文化展”，可以从中了解这座寺院的前世今生。

寺内最主要的看点仍是最后方的**白塔**，塔通高50.9米，由须弥座塔基、覆钵式塔身、十三圈相轮、塔刹等4个部分组成。白塔历史上经过多次维修，1978年维修时，曾在塔刹内部发现乾隆时期修塔时供奉的佛经、佛像、僧冠等文物，又在塔顶夹缝中发现一封1937年维修时留下的短信，当时正值卢沟桥事变，市民罗德俊有感于“国家兴亡难以断定”，满怀悲愤地记录了日军暴行，并偷偷将信件藏在塔内，以期后人不忘历史。那次维修时发现的佛教文物与信件，都收藏在首都博物馆。

正门西侧有一家**白塔之光咖啡厅**，三楼的露台是欣赏白塔的好位置。每周三前200名观众可免费入寺参观，寺内还不定期举办“白塔之夜”活动，会有民俗和音乐演出。

◆见252页地图◆地址：西城区阜成门内大街171号◆门票：20元◆营业时间：9:00—17:00，周一闭馆◆微信公众号：北京白塔寺

历代帝王庙

对古建筑爱好者而言，历代帝王庙这组完整壮丽的明代建筑群，实属不容错过的打卡地。这是明清两朝祭祀历代贤明帝王的场所，始建于明嘉靖九年（1530年）。大门和第二进的**景德门**都初建于明嘉靖年间，景德门内还能看见天花彩绘在修复前后的直观对比。两门之间的西院内单独设置了**关帝庙**，关二爷在这样的

五塔寺

皇家庙宇中独享一座宫殿，可见“关圣”的信仰多么深入人心。

穿过景德门即可见到嘉靖时期建的正殿**景德崇圣殿**，建筑形制等级颇高（可与故宫内的乾清宫相比），面阔九间，进深五间，有“九五之尊”之意，整体以金丝楠木建造，采用重檐庑殿顶、黄色琉璃瓦，均是中国古建筑的最高等级。殿内供奉着自三皇五帝以来的188位贤明帝王，这个数量是在清康熙年间的原供奉帝王基础上，补充了东晋、南北朝、五代的若干帝王，构建起统一多民族帝王的祭祀体系，在乾隆时期定型，历代帝王庙因此成为乾隆“中华统绪不绝如线”这一历史观念的象征。遗憾的是，如今殿内供奉的牌位都是后来重做的，雍正时期重书的神牌在“文革”时被改成了板凳。

景德崇圣殿前立有4座雍正、乾隆时期的碑亭。东南碑亭内的石碑背面为乾隆《御制历代帝王庙礼成述事》，记载了增补25位皇帝入祀帝王庙的经过。正西碑亭内则竖立了一块雍正时期的无字碑，原因至今成谜。东西配殿原本是祭祀文臣武将的场所，如今被辟为介绍历代重臣的展厅。殿后是祭器库，原用于存放祭祀物品，现为“明清皇帝与历代帝王庙”展厅。

“有桥没有水，有碑没有驮，有钟没有鼓，有庙没有佛”——这几句北京民谚形容了历代帝王庙的四大奇怪之处，你不妨来这里探究其背后的奥义。

◆见252页地图◆地址：西城区阜成门内大街131号◆门票：20元◆营业时间：9:00—16:30，周一、周二闭馆◆微信公众号：北京历代帝王庙博物馆

白云观

白云观的前身是唐开元二十九年（741年）所建的天长观，曾是北方最大的道观之一。相传丘处机前往西域面见成吉思汗时曾在此居住，回京后便在这里管理全国道教事务，因“长春真人”之名，此地得名长春观，成为道教全真道龙门派的祖庭。现存建筑多为明清时期重修，分为东、中、西三路，现为中国道教协会的所在地，在观内逛完一圈需要约1小时。

白云观一直以正月间热闹的庙会闻名，如今仍有许多人赶在春节期间来此摸石猴、打金钱眼。所谓“摸石猴”，是在山门正中拱券的右侧、山门西侧八字墙须弥座、东路雷祖殿前最西一通的石碑底座上，各有一只猴子，相传是神仙出门时留守寺中的分身，如今早已被摸得铿光瓦亮。摸石猴一直是北京人津津乐道的民俗之一，而打金钱眼则是在窝风桥上用硬币去投打大铜钱钱眼内的小铜铃，传说击中会带来好运。

◆见269页地图◆地址：西城区白云观街9号◆门票：10元◆营业时间：8:30—16:30，10月至次年4月开放至16:00◆微信公众号：北京白云观

真觉寺

建于明永乐年间的真觉寺，又称“五塔寺”，如今**北京石刻艺术博物馆**正坐落于此。寺内最主要的建筑是金刚宝座塔，于明成化九年（1473年）建成，塔的建筑形制比较特殊，在高7.7米的台基上又建了5座密檐式小塔，这种形制被称为金刚宝座塔，是以印度的佛塔为原型，但在装饰中也融合了大量中国的艺术风格。

真觉寺塔是中国现存金刚宝座塔中年代最早、形制最精美的一座。塔基底部为雕刻精美的须弥座，塔基周身遍布坐佛佛龛，是名副其实的“千佛之

塔”，拱券上雕刻着大鹏金翅鸟、龙女、摩羯、飞羊、狮子和大象，并称为“六拏具”，有浓厚的密宗色彩。顶部的小塔也装饰着精美的浮雕与佛像，原本可以通过拱券内的通道登临，但如今为保护文物已不能登塔。塔前种着两棵明代的古银杏，每到深秋，便将寺院的色彩饱和度拉到满格。

寺院内的其他建筑基本毁于清末民国的动乱时期，如今在塔院内陈列着许多石刻文物。西路的清康熙十四年（1675年）的显亲王富绶石享堂，浮雕装饰华丽。清初的满洲贵族还实行火葬，享堂便是专门用于存放骨灰罐和家人祭拜的空间。几件元代的石翁仲就出土自不远的水族馆工地中。东路则以各种碑刻为主，其中有一片专门的耶稣会士碑区，陈列着原本位于正福寺的来华传教士墓地的数十块墓碑，西洋四羊柱融合了古希腊的科林斯柱与中国的装饰传统，是圆明园的遗物。周边建筑中也辟有多处石刻展厅。

◆见268页地图◆地址：海淀区五塔寺村24号◆门票：20元◆营业时间：9:00—17:00，周一闭馆◆微信公众号：北京石刻艺术博物馆

万寿寺

万寿寺始建于明万历五年（1577年），由万历皇帝的母亲慈圣皇太后主持修建，清代成为帝后往返西山诸园林时的行宫，被称为“京西小故宫”，是一片集寺院、园林、行宫于一体的庞大古建筑群。万寿寺现为**北京艺术博物馆**的所在地，辟有“万寿寺历史沿革展”和“佛教

万寿寺

北京教堂巡礼

天主教传入北京的历史可以追溯至元朝，元至元三十一年（1294年），意大利传教士孟高维诺在京师汗八里传教。意大利传教士利玛窦于明万历三十三年（1605年）在宣武门一带建起一座中式风格的**南堂**（西城区前门西大街141号），清朝顺治皇帝经常来此与汤若望讨论科学，教堂曾附设天文台、仪器室、藏书楼，成为西方近代科学传入中国的一个窗口。教堂在清代多次重建，如今这座巴洛克风格的建筑是清光绪三十年（1904年）重建的。

由于顺治皇帝对天主教的推崇，又在王府井建设东堂，在蚕池口建立北堂。后来因北堂太靠近西苑三海，被迁往西什库一带，即如今的**西什库教堂**（西城区西什库大街33号）。这座漂亮的哥特式建筑，正立面上有圣若望等4人的圣像，而堂前的汉白玉栏杆、黄色琉璃瓦的碑亭、石狮又是鲜明的中式风格。清雍正元年（1723年），意大利传教士德理格在西直门建立**天主教圣母圣衣堂**（西城区西直门内大街130号），又称为西堂，成为四大天主堂中最晚建立的一座。

相比之下，基督教新教的传入要晚近得多。崇文门附近的**亚斯立堂**（东城区后沟胡同丁2号）由美以美会传教士于清同治九年（1870年）修建，现存折中主义风格的建筑是义和团运动后由清政府出资重建的。教堂坐落在同仁医院的背后，这座医院的前身其实就是美以美会创办的眼科诊所，如今仍以眼科闻名。各大教堂平日里大门紧闭，但在周日有主日活动时通常都允许旅行者入内参观。

另外，英国圣公会于清光绪三十三年（1907年）建立一座**中华圣公会救主堂**（西城区佟麟阁路85号院），在建设时采用了青砖、硬山顶等中国元素。如今，这里被改造为**模范书局诗空间**（10:00—19:00）。

探索

在北京寻访辽金遗迹

辽南京城是在西周蓟城、唐幽州城的基础上发展而来的，也是北京奠立都城地位的起步阶段。其范围大致位于今广安门一带，天宁寺塔便位于当时的南京城西北角。金中都城则是在辽南京的基础上扩建而来。如今在北京城的西南面仍然保留了一些辽金时期的遗迹。

莲花池公园（丰台区莲花池路48号；免费；6:00—21:30）是辽金时期主要的水源地。20世纪80年代，曾有人提议将这处当时已近干涸的水池填平，作为修建北京西站的站址，幸得历史地理学者侯仁之的积极呼吁，将这处辽金时期的遗迹保留了下来，将车站位置整体向东北迁移，如今在公园东北角还辟有侯仁之纪念角。也有许多摄影爱好者把这里当作拍摄北京西站的取景点。北面不远处的**玉渊潭公园**（海淀区西三环中路10号；门票2元，赏花节期间10元；6:00—22:30，9月至次年5月开放至21:30）是辽金时期的城郊名胜，相传金章宗多次在此垂钓，时人称之为“钓鱼台”，著名的钓鱼台国宾馆就位于公园东侧。这处公园也是春季的赏花胜地，3月至5月间，山桃、梅花、樱花的花期连绵而盛大。

如果你对辽金时期的古迹感兴趣，还可以继续前往城郊探访云居寺、银山塔林等景点。

造像艺术展”。中路的无量寿佛殿内保存着一座从长椿寺迁来的渗金多宝塔，由铜、铅、银、金等多种金属合铸，塔身上装饰有佛像、力士，是珍贵的明代艺术品。

寺院东面不远处有大运河的**广源闸遗址**，由元代郭守敬主持修建，是一座桥闸一体的水利工程，被称为“长河第一闸”，可顺路游览。

◆见268页地图◆地址：海淀区万寿寺路121号◆门票：20元，每周三有线上预约免费参观名额◆营业时间：9:00—17:00，周一闭馆◆微信公众号：万寿寺 北京艺术博物馆

广济寺

广济寺曾是京城“内八刹”之一，但主要建筑都毁于民国年间的一场大火，于1935年按照明朝的格局重建。主要看点在**大雄宝殿**，殿内有一座乾隆时期铸造的铜宝鼎，鼎身铸有佛教八宝图案。主尊为三世佛，在佛像的影壁背面，有清乾隆九年（1744年）由著名画师傅雯所作的《胜果妙音图》，全画以“指头画”的技法绘成，即利用手指、指甲、手掌等不同部位作画来表现画中的人物及场景，堪称镇寺之宝。但大殿内部并不开放，你可以尝试绕到殿后，透过玻璃窗欣赏这幅清代巨画。寺庙西北隅有一座戒坛殿，保存着清康熙三十七年（1698年）以汉白玉砌成的戒坛，也是寺中现存最古老的建筑物，但这里属于办公区域，不对外开放。广济寺现为中国佛教协会的所在地，春季可以来此欣赏牡丹。大门内有免费赠香处。

◆见267页地图◆地址：西城区阜成门内大街25号◆门票：免费◆营业时间：7:00—16:30

万松老人塔

万松老人是金元时期的著名禅师万松行秀，他有一位著名的弟子耶律楚材，是成吉思汗重要的谋士。这座塔便是万松老人的墓塔，曾一度被湮没而无人知晓，明万历、清乾隆年间曾两度重修，元朝时期的墓塔被整体包裹在现有的塔身之内。塔下院内设有**正阳书局**，有不少古籍与关于北京的地方文献。

这座砖塔也成为塔下**砖塔胡同**的名字来源。早在元杂剧《沙门岛张生煮海》中就有一句“我家住砖塔儿胡同”的台词，这条胡同历经六七百年不曾更名，是北京唯一一条保留元代地名的胡同，被古建专家罗哲文誉为“北京胡同之根”。鲁迅、张恨水等著名作家都曾在这条胡同里住过。

◆见267页地图◆地址：西城区西四南大街43号◆门票：免费◆营业时间：周一至周五9:30—18:30，周末9:00—20:00

天宁寺

寺院的前身是始建于北魏时期的光林寺，是北京最古老的寺院之一。如今寺内最大的看点便是辽代重建的**天宁寺塔**，这是一座八角形的密檐式砖塔，通高57.8米，是北京现存辽金时期佛塔中最精美、最高大的一座，也是北京城区地面上现存最古老的建筑。须弥座、塔身上都装饰着大量浮雕，塔身上有精美的仿木式拱券假门，尤其以正南面一

朝霞中的中央电视塔

侧保存最为完好，假门两侧为两尊力士造像，假门上方为华严三圣、二龙戏珠的雕刻，再往上则为华盖与飞天，勾勒出佛国天宫的庄严景象。

◆见269页地图◆地址：西城区天宁寺前街甲3号◆门票：免费◆营业时间：9:00—16:00◆微信公众号：北京天宁寺

中央电视塔

1992年建成的中央电视塔曾是北京的最高建筑，整体高度达405米，直到2018年“中国尊”落成之后这一地位才被取代。电视塔除了用于广播电视信号的发射和传播，还早早地开放了观光区域，主要分为底部的展览区和顶部的观景区，最高层的露天观景台高238米，还设有高空旋转餐厅（自助餐258元起）。

但本书调研时，这处已显陈旧的电视塔在观景台上安装了防护铁丝网，会极大地影响拍照效果——要不要买票登塔，还请三思。在玉渊潭公园，可以收获拍摄中央电视塔的最佳视角之一。

◆见268页地图◆地址：海淀区西三环中路11号◆门票：90元◆营业时间：8:30—22:00◆微信公众号：中央电视塔

皇家御河游船

清朝皇室出行游览三山五园（见62页），多是走南长河一线的水路。近年在南长河上开行的皇家御河游船，可以带你身临其境地感受这段历史。在紫竹院公园北门附近的**紫御湾码头**有游船往返于颐和园南如意门外的**南如意码头**（100元/人，10:00—16:00，全程约1小时）。你也可以选择在**动物园码头**（至颐和园全程票价120元，须另购北京动物园门票）上下船，但仍需要在紫御湾码头换船，旺季时换船点的秩序欠佳，可能需要长时间排队。

可通过微信公众号“运河畅达皇家御河”了解开行计划及购票，在线购票（须至少提前2小时）还享有不小的折扣。

北京动物园
南长河
北京北站
西直门
新街口
动物园
带孩子的游客可选择动物园内的平价餐厅以及园外的众多食肆，如园内的竹林小镇、熊猫咖啡；园外的海碗居等。
不要错过
• 莫斯科餐厅
• 动物园内餐厅
• “新疆办事处”
二里沟
车公庄西
车公庄
平安里
平安里
在热闹的西四大街上坐落着不少商务风格的酒店和规模较小的旅馆，两侧胡同里亦有四合院民居可下榻。
西四周边
¥¥
有独特的文化魅力，能贴近当地居民的生活。
缺少知名的连锁酒店，住宿品质需要自行甄别。
不要错过
• 护国寺小吃
• 京味菜馆
• 老字号甜品
西城区好吃好逛的代表，拥有烧饼、包子、面包等碳水大军，以及炸鸡、肥肠、砂锅等肉食大礼包。
西四周边
西四
阜成门
甘家口
三里河

热门食宿区域

金融街的摩天高楼诠释着国际都市的快节奏，不乏高级酒店；西四胡同深处健谈的大爷大妈热情好客，想要感受老北京文化，住这里不失为一个好选项；如果你想要住得离市区近还安静，常常被游人略过的三里河值得选择。住宿标准见169页。

从新街口往南，经西四到西单，就是一场味蕾的旅行；南礼士路和月坛的老字号食府可帮你避开热门旅游地的排队人群；动物园和北展一带还有更多国际化美食的选项。

旅行者推荐 INSIDERS' LIST

场所

山野板扎·云贵川Bistro
- 18515309636
- 西城区西单北大街131号西单大悦城6层

丁勾儿Timeout咖啡
- 15711452715
- 西城区太平桥大街98号中海凯旋1号楼1单元101-A

1901CAFE
- 010-66160335
- 西城区西安门大街101号

模范书局咖啡厅·诗空间
- 18519227269
- 西城区佟麟阁路与头发胡同交叉口西南40米

那间
- 010-66166607
- 西城区西四南大街59号

熊煮咖啡
- 16601037390
- 海淀区广通商务楼西南正门旁

白塔之光咖啡
- 010-66076155
- 西城区阜成门内大街185号

悠航SLOWBOAT（白塔寺店）
- 13001185508
- 西城区宫门口西岔73号

福福fufu（白塔寺店）
- 13520714596
- 西城区宫门口西岔73号

Bistro Yume梦·吟香（白塔寺店）
- 13552886477
- 西城区宫门口西岔9号

太婆天府山珍酒楼（复兴门店）
- 010-68019641
- 西城区剧场路二七剧场路小区19号楼1楼

SUSU·小苏苏
- 18610847509
- 西城区西单北大街180号THE NEW西单更新场M层

福楼新概念·枫丹露原LA ROSEE
- 010-66410050
- 西城区西单北大街乙131号西单大悦城6层

姥姥家春饼店
- 13141026313
- 西城区西单北大街131号西单大悦城8楼8F-09

民族饭店·饽饽时光
- 010-66063081
- 西城区复兴门内大街51号民族饭店

观盐·盐帮私房菜
- 010-68362753
- 西城区北京城区西直门外南大街甲23号

伏尔加西餐厅
- 010-68316633
- 西城区西直门外大街135号展览馆宾馆东配楼1楼

莫斯科餐厅
- 010-68316758
- 西城区展览路街道西直门外大街135号

鸿宾楼
- 010-68994560
- 西城区展览馆路11号

满恒记
- 010-66517188
- 西城区平安里西大街14号(赵登禹路口西南)

砂锅居
- 010-66021126
- 西城区西四南大街60号

国宾酒店
- 010-58585588
- 西城区阜成门外大街甲9号

熊猫咖啡（西直门外大街店）
- 15792574200
- 西城区北京动物园熊猫馆二楼

龙人居·水煮鱼（月坛店）
- 010-68045280
- 西城区月坛南街甲12号

张妈妈特色川味馆（魏公村店）
- 010-68937218
- 海淀区民族大学西路58号

金孔雀德宏傣味餐馆
- 010-68932030
- 海淀区魏公街16号

汗腾格里
- 010-68335599
- 海淀区三里河路7号新疆大厦

基辅罗斯餐厅
- 010-68277309
- 海淀区玉渊潭南路普惠南里13号

西四、北京动物园及周边地图

景点

餐饮

住宿

北京动物园及周边
0
540 m
大慧寺路
张妈妈特色川味馆
大学东路
交通大学路
民族大学南路
万寿寺
李四光纪念馆
万寿寺路
中关村南大街
真觉寺
广源闸遗址
中国国家图书馆
长
南
河
北京动物园
伏尔加西餐厅
紫竹院公园
国家图书馆
动物园路
北京
展览馆
熊猫咖啡
莫斯科餐厅
西三环路
紫竹院路
西直门外大街
动物园
北京天文馆
西直门外南路
紫竹院南路
首都体育馆南路
新苑街
汗腾格里

玉渊潭及周边
0
470 m
阜成路
白堆子
甘家口
阜成路南二街
东钓鱼台路
中塔路
中央电视塔
西三环路
玉渊潭公园
西
湖
东
湖
玉渊潭公园
三里河路
永
定
河
八一湖
玉渊潭东门
引
玉渊潭南路
基辅罗斯餐厅
中华世纪坛
玉渊潭南路
水
普惠西街
柳林馆路
军博西路
中国人民革命
军事博物馆
茂林居西路
渠
复兴路
公主坟
军事博物馆
复兴路
木樨地

景点

餐饮

住宿

白云观及周边
0 580 m
公主坟
军事博物馆
复兴路
木樨地
复兴门外大街
首都博物馆
白云路
真武庙四条
会城门路
西
护
城
河
白云观滨河路
白云观
羊坊店东路
北蜂窝路
北蜂窝中路
莲花桥
莲花池东路
手帕口北街
天宁寺
南蜂窝路
北京西站
莲花池公园
西三环路
广莲路
莲花河南街
小马厂路
天宁寺前街
西二环路
莲花池
莲
花
河
达官营
广安门外大街
湾子
莲花池南路
广安路
北京西站南路
马连道路
水口子街
六里桥东

景点
餐饮
住宿

北京站及周边

景点
餐饮
住宿

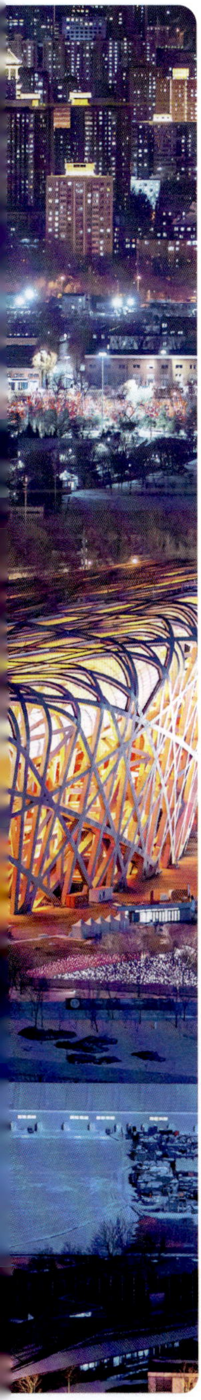

三里屯及朝阳

朝阳区就像是北京的时尚标杆，无论是CBD的高楼林立，还是三里屯的夜生活，这片区域总是让人感受到一股浓浓的“现代都市”气息。

2008年奥运会，朝阳区的“鸟巢”和“水立方”成了全球瞩目的焦点，几乎一夜之间，这些造型大胆的建筑就成了北京的新名片。而14年后，2022年冬奥会的帷幕同样在这片土地上拉开。朝阳区仿佛总能在关键时刻闪亮登场，给全世界递上一张北京的名片。

在这里，你既能体验到国际大都市的繁华与现代，也能感受到这座城市的市井人情和“独特秩序”。时尚与烟火气、豪迈与稳重在这里完美地融合。

数说三里屯及朝阳

9.1万
鸟巢可容纳观众人数

11万吨
鸟巢钢架结构总用钢量

7万
工体可容纳观众人数

246.8米
北京奥林匹克塔高度

100100
中国共产党历史展览馆主题邮局专属邮编

528米
CBD中国尊高度

1个
全球最大国际贸易中心之一国贸

在三里屯及朝阳，你可以这样玩：

2天 奥运与科技文化探索之旅 （见44页）

3天 冬奥古今穿越之旅 （见46页）

1天 798艺术中心周边 （见108页）

1天 新新人类城市体验 （见110页）

何时去

3月至5月
奥林匹克森林公园繁花盛开，迎春花、玉兰花、桃花次第开放。

6月至8月
乘船夜游亮马河，或是前往三里屯小酌，“chill得刚刚好”。

9月至11月
漫步在树木葱郁的使馆区，收获内心的宁静。10月末，银杏树叶变黄，日坛公园的银杏大道是感受北京秋景的好去处。

12月至次年2月
凛冽的寒风中，中国科学技术馆、中国工艺美术馆、中国考古博物馆等室内场馆依旧温暖如春。春节期间，不要错过东岳庙的民俗庙会。

国家体育场（鸟巢）

0 1.6 km
北京798艺术中心
在这片包豪斯建筑风格的空置厂房，欣赏工业时代的遗迹，感受浓郁的艺术气息。
北京798艺术中心
奥林匹克森林公园
城市传统中轴线延伸至此，在古今交融的时空意境中，感受科技、绿色与人文。
奥林匹克森林公园
奥林匹克森林公园
立水桥南
北苑
红军营
北苑路北
林萃桥
北五环路
来广营西路
来广营
东湖渠
望京北路
科荟路
森林公园南门
辛店路
奥林匹克公园
大屯路
安立路
大屯路东
关庄
望京东
宏泰西街
望京
望京西
北沙滩
北四环路
奥体中心
惠新西街北口
阜通
望京南
机场高速
酒仙桥北路
北土城
北土城东路
安贞门
惠新西街南口
健德门
芍药居
太阳宫
将台
光熙门
西坝河
三元桥
柳芳北街
柳芳
东风北桥
左家庄
朝阳公园
京藏高速
京承高速
清
河
坝
河

三里屯及朝阳亮点

三里屯

在北京的时尚地标尽情探索潮牌和奢侈品，艺术馆和买手店，还有各国美食、咖啡馆、酒吧和创意酒店。

侨福芳草地

北京最具艺术氛围的购物中心之一，大厦内陈列有萨尔瓦多·达利等艺术家的500余件艺术品。

北京欢乐谷

欢乐谷全年的有趣活动不断，是寻回童年美好回忆的完美去处。

建筑

国家体育场（鸟巢）

坐落在北京奥林匹克公园中心地带的国家体育场，犹如一件巨大的艺术品，由瑞士著名建筑师赫尔佐格和德梅隆设计。这座独特的建筑以交错编织的钢结构外观著称，宛如鸟巢一般，寓意着孕育和希望。

体育场可容纳9.1万名观众，分别见证过夏季奥运会和冬季奥运会的盛大开幕式和闭幕式、无数大型体育赛事以及各种演唱会。想要感受鸟巢，最身临其境的方法，就是买张活动的门票，坐在场内跟其他几万人一起摇旗呐喊，或放声高歌。

如果你不喜欢拥挤嘈杂的环境，可以买一张参观票，在没有赛事和活动时走入空旷的主看台，近距离感受金光灿烂的贵宾包厢和可以直面鸟巢钢结构的遗产长廊，你甚至可以在运动员入场通道中漫步。“顶美鸟巢空中走廊”是整个参观的亮点，行走在鸟巢屋顶特制的步道上，你可以俯瞰整个奥林匹克公园的壮丽景色。

最佳参观时间是傍晚时分，华灯初上，鸟巢在灯光的映衬下显得格外宏伟壮观，绚烂的灯光为这座钢铁巨作增添了无限魅力。每日具体开放及开灯时间可参见微信公众号。

◆见289页地图◆地址：朝阳区国家体育场南路1号◆门票：100元（含空中走廊）◆营业时间：旺季10:00—22:00；淡季10:00—21:00◆微信公众号：鸟巢

国家游泳中心（水立方）

国家游泳中心（水立方）

国家游泳中心由中澳联合设计团队打造，灵感来源于水分子的结构，外观呈现出晶莹剔透的“泡泡”效果。这座建筑于2008年完工，作为北京奥运会的主要游泳赛事场馆，见证了多项世界纪录的诞生。

奥运会后，水立方并未停留在辉煌的过去，而是成功转型。部分区域被改造成水上乐园，成为公众娱乐和休闲的好去处。在2022年北京冬奥会期间，水立方再次华丽变身为“冰立方”，成为冰壶赛事的举办场地。

参观水立方，你可以欣赏到独特的建筑美学和工程奇迹。内部空间宽敞明亮，阳光透过特殊材料的外墙洒入，营造出独特的光影效果。如果你是游泳爱好者，或是带着孩子出行，不妨体验一下内部的水上乐园，各种适合全家参与的水上项目定能让你和家人沉浸其中。

对于摄影爱好者来说，水立方也是取景的宝地。白天，它晶莹剔透；夜晚，灯光点亮后，整座建筑宛如一块闪耀的蓝色水晶。在不同的时间和角度，你都能捕捉到令人惊叹的画面。

◆见289页地图◆地址：朝阳区天辰东路11号◆门票：场馆参观30元；水上乐园200元◆营业时间：场馆参观9:00—18:00；水上乐园10:00—21:00◆微信公众号：水立方

国家速滑馆

昵称“冰丝带”的国家速滑馆，是北京2022年冬奥会和冬残奥会的主场馆之一。冬奥会期间这里诞生了1项世界纪录和10项奥运纪录，展现了其先进的二氧化碳跨临界直冷制冰技术的优势，被誉为“最快的冰”。场馆外环绕着22根飞旋飘逸的丝带，象征着速滑运动的流畅动态。2022年7月8日起，速滑馆正式面向公众开放，不仅用于承办各种冰上运动比赛，还作为青少年冰上技能培训和市民锻炼的场地使用。

普通游览者在冰丝带内可观看奥运徽章展览，欣赏赛时纪录墙留影和公共艺术作品展示，并可通过参观建筑模型和制冰模型了解场馆的先进技术。参观需在微信公众号购票，并持身份证件入场。想要亲自下场体验“最快的冰”则可以购买滑冰体验票，包含场馆参观和90分钟滑冰体验，初学者可以请一位滑冰助手（50元）。

◆见289页地图◆地址：朝阳区林萃路2号国家速滑馆◆门票：参观40元，滑冰体验（含参观）120元◆营业时间：10:00—18:00◆微信公众号：国家速滑馆

北京奥林匹克塔

奥林匹克塔坐落于奥林匹克公园的中心区域，是北京的新地标之一。塔群由5座高低错落的独立塔体组成，最高塔高达246.8米，整体设计灵感来源于奥运五环，象征着团结和友谊。塔身外观融合了中国传统文化元素与现代建筑风格，夜晚在灯光的映衬下，宛如一束璀璨的光芒。

塔内设有高速电梯，几十秒即可抵达塔顶。登上塔顶的观景平台，你可以360°俯瞰北京城的壮丽景色，将近处的鸟巢、水立方尽收眼底，远处的景山公园、故宫也隐约可见。天气晴朗时，甚至可以远眺燕山山脉。

建议选择晴朗的白天或黄昏时分前往，以获得最佳观景效果。对于摄影爱好者，这里是捕捉北京全景和日落美景的理想地点。

◆见289页地图◆地址：朝阳区科荟路33号◆门票：100元◆营业时间：9:00—21:00◆微信公众号：北京奥林匹克塔

北京工人体育场

北京工人体育场建成于1959年，是第一批“北京十大建筑”之一。半个多世纪以来，工体不仅见证了新中国的多个历史时刻，也作为文化与体育的窗口对外展现了中国的蓬勃形象。

2020年夏，“超期服役”的工体启动了保护性改造复建工程，体育场被整体拆除重建。2023年初，新体育场竣工面世，新工体保留典雅肃穆的灰色外观，同时引入先进的电视转播、声学、草坪技术，并且采用具有排水、融雪、遮阳、光伏发电等多功能的“看台碗”设计。未来体育场以外的区域将被打造为城市体育公园和湖区，为市民提供多功能健身设施和休憩空间。

工体是北京国安的主场，新布置的6.8万张国槐绿座椅内嵌黄色“BEIJING FC”字样，犹如一片涌动的绿色海洋，随着赛场内的欢呼掀起一阵阵激情豪迈的“绿色狂飙”。

◆见290页地图◆地址：朝阳区工人体育场北路◆微信公众号：北京工体live

侨福芳草地

十余年前建成的侨福芳草地在今天看来依然先锋感十足，大

秋日的北京奥林匹克塔

厦的4座建筑由一个玻璃斜屋顶联系起来，使其核心形成一个自然采光明亮的巨大中庭，其内部平台高低错落，悬索廊桥穿插纵横，营造出富有趣味和探索性的购物区域。大厦外墙四周设有9米深的下沉花园，为街道的行人与建筑提供了舒适的过渡空间。

侨福芳草地被认为是北京最具艺术氛围的购物中心，大厦内陈列有萨尔瓦多·达利、安迪·沃霍尔等艺术家的500余件艺术品，令人欣喜的是这些艺术品并非全部束之高阁，而是分布于大厦公共空间的各个角落。此外，大厦内还设有包括侨福当代美术馆·北京、芳草地画廊在内的艺术展览场所。

◆见290页地图◆地址：朝阳区东大桥路9号◆营业时间：10:00—22:00◆微信公众号：侨福芳草地

来工体看场球

工体平日并不对公众开放，目前进入工体的办法只有看球和看演出。作为北京国安的主场，工体在赛季的比赛氛围异常热烈，即便你不是球迷，到工体来看一场球赛，也很容易被运动员在赛场的表现以及国安球迷的应援气势感染。

微信公众号“北京国安足球俱乐部”可以查询赛程信息，散票通常在比赛日前几天开售，可在大麦上购票。如果购买页面的票区图让你困惑，可以参考国安官网每年3月份左右发布的新赛季年票公告，比如想要体会最热烈的气氛，可以选择球迷组织年卡区域周边的座位；想要远观球迷的热浪，可以坐在与其对角的区域；带小朋友的观众如果担心一些不文明口号影响到孩子，可以参考亲子年票区域位置。

对于第一次到工体看球的游人，以下几点建议或许能为你减少些不必要的麻烦：带身份证（不然就得走人工通道）；尽量乘坐地铁前往；禁止携带瓶装水（场内有饮品出售）和充电宝；如果你愿意入乡随俗，建议穿绿色衣服前来；非常不建议客队球迷购买散票，最好提前加入客队球迷组织，统一购票进入客队球迷区。

侨福芳草地内部艺术装置

文化与展演

中国科学技术馆

规模巨大的中国科学技术馆，无愧于“国家”之名。馆内有“华夏之光”“探索与发现”“科技与生活”“挑战与未来”四大主题展厅、一座号称“世界最大”的8K球幕影院和一座宽29米、高16米的巨幕影院。多数展品都可亲自动手操作，尤其是“儿童科学乐园”部分，十分适合亲子互动。由于展区面积较大，内容丰富，建议全馆预留至少半天时间参观。若想寒暑假和周末前往参观建议提前购票，球幕或巨幕电影可一起预约。

◆见289页地图◆地址：朝阳区北辰东路5号◆门票：30元◆营业时间：9:30—17:00，周一闭馆◆微信公众号：中国科学技术馆

北京奥运博物馆

北京奥运博物馆是一座专门展示奥林匹克运动历史和文化的官方博物馆，用大量文物介绍了奥林匹克运动的发展历程，以及北京承办两次奥运会的台前幕后。

馆内展览分为多个主题区域，涵盖了古代奥运会的起源、现代奥运会的发展、历届奥运会的精彩瞬间，以及北京成功举办2008年夏季奥运会和2022年冬季奥运会的历程。展品包括历届奥运会的火炬、奖牌、吉祥物、官方文件、运动员使用的装备等实物，以及大量的图片和视频资料，生动地再现了奥林匹克运动的辉煌历史及其背后的故事。

如果你是带孩子参观，展览区的最后设有免费的体育项目模拟体验区，包括投篮、射击等各类运动。

◆见289页地图◆地址：朝阳区天辰东路8号◆门票：免费◆营业时间：9:00—17:00，周一闭馆◆微信公众号：北京奥运博物馆

中国工艺美术馆

2022年才开放的中国工艺美术馆新馆，立刻就以融汇古今的建筑外观与汇集全国工艺美术精品的展陈成为奥林匹克公园区域的新亮点。和大多数博物馆不同，这里并不以古代文物见长，而是聚焦当代全国各地工艺美术大师的作品与各类非物质文化遗产的传承与保护：翡翠山子“岱岳奇观”、翡翠插屏“四海腾欢”等国家级珍品不容错过；当代龙泉青瓷《牡丹纹梅瓶》采用失传800年的冰裂纹釉复烧技艺，釉面开片细如发丝；景泰蓝“座龙花薰”突破点蓝工艺限制，以278种渐变釉色再现敦煌藻井纹样；湘绣双面全异绣《狮虎》正反分别呈现威猛雄狮与卧虎，异形异物的绣法令人不由得惊叹。调研时，馆内并没有常设展，所有展览都会定时更替。另外，作为“中国非物质文化遗产馆”，馆内还不定时提供收费或免费的非遗项目体验。

◆见289页地图◆地址：朝阳区湖景东路16号◆门票：免费◆营业时间：9:00—17:00，周一闭馆◆微信公众号：中国工美馆中国非遗馆

中国共产党历史展览馆

外观像是人民大会堂与国家博物馆结合体的中国共产党历史展览馆，开幕于2021年建党百年之际。内部“工”字形排布（象征党是中国工人阶级的先锋队）的展厅，涵盖了中国共产党从建党初期到新时代发展的各个阶段。作为全党最高等级博物馆，这里拥有四百余件国家一级文物，近代史文物水准不输国家博物馆：马克思的笔记本，毛泽东在开国大典上穿戴的呢衣帽、按动电钮升起的第一面五星红旗，毛泽东起草、周恩来手书的人民英雄纪念碑碑文，李大钊被捕后的自述书、就义时的绞刑架，首部中译《共产党宣言》与圆明园兽首，你都可以在展区找到。三层8号展厅门前的主题邮局是隐藏的惊喜：此处的邮筒拥有一个专属邮编“100100”。

◆见289页地图◆地址：朝阳区北辰东路9号◆门票：免费◆营业时间：9:00—17:00，周一闭馆◆微信公众号：中国共产党历史展览馆参观预约

中国工艺美术馆馆藏岱岳奇观

中国考古博物馆

鸟巢北侧的中国历史研究院大楼造型奇特，像是鼎和尊的结合，中国考古博物馆就在建筑内部。如果你因预约困难而无法参观国家博物馆，那么这座规模宏大、馆藏丰富、主题相似的博物馆，不失为一个值得考虑的替代。这里的展品涵盖了从史前时期到明清时代的各个历史阶段，包括精美的陶器、青铜器、玉器和金银器等。特别值得一提的是一些重要的考古发现，如由2000余片绿松石嵌片拼接而成的二里头绿松石龙形器，展现了夏代礼制与工艺水平；妇好墓青铜器群包括司母辛铜方鼎、象牙杯等商代晚期遗存，反映商代青铜铸造技术与祭祀文化……殷墟的甲骨文、西周的青铜礼器，以及汉代的陶俑等，在展区都能找到。

东岳庙

◆见289页地图◆地址：朝阳区国家体育场北路1号院◆门票：免费◆营业时间：9:00—17:00，周一闭馆◆微信公众号：中国考古博物馆

东岳庙

北京唯一的正一派道教庙宇东岳庙，是京城规模最大的道教庙宇之一，还肩负着“北京民俗博物馆”的职责。

这座始建于元朝的庙宇，供奉的是东岳大帝，也就是泰山之神。进入东岳庙前，不要错过街对面的明代的**三洞七楼琉璃牌坊**。从**棂星门**（即现在的寺庙入口）进入东岳庙后，先留意一下瞻岱门后围成一圈的“**七十六司**”。东岳大帝作为道教中阴间的守护神，他统辖的各司，便是在阴间负责各种事务的“分管衙门”。这七十六司的设置，足以让人感叹地府的“事无巨细”，“掌生死司”“掌土地司”算是比较好理解的，然而有些像是“掌胎生司”“掌卵生司”“掌贼盗司”，再配上惟妙惟肖的塑像造型，足以让人大开眼界。

岱宗殿是东岳庙的主殿，“岱岳殿”三个大字是康熙御笔。这里和后面的**育德殿**，尽管经历多次重修，但都保留着宋元时期的建筑形制。寺庙御道东西两侧零散分布着一百多块元明清各朝的碑刻及残碑，是北京目前规模最大的**碑林**。其中名气最大的，当数东侧被玻璃罩起的，元代书法大家赵孟頫亲书的**张天师神道碑**。

作为北京民俗博物馆，东岳庙各殿中还展示了不少北京民俗传统及老物件。每年春节期间，庙里还会举行热闹的**庙会**，各种传统手工艺展示、民间表演以及地道小吃齐聚一堂，热闹非凡。

◆见290页地图◆地址：朝阳区朝阳门外大街141号◆门票：10元◆营业时间：8:30—16:30，周一闭馆◆微信公众号：北京民俗博物馆

全国农业展览馆

身为“北京十大建筑”之一的全国农业展览馆，如今坐拥与三里屯一街之隔的黄金地角，却可能因主题有些“土气”而未能进入大多游客的视线。除了不定期举办各类展览，这里还是中国农业博物馆的所在地。从地铁出口的正门进入，远远瞻仰过富有时代气息的主馆（1号馆）后，便可以向左进入2号馆的博物馆入口了。博物馆展区很分散，遍布园区多个展馆，进入展厅前，记得先拍一张门口展示栏里带有推荐观展路线的总平面图。

2号馆与4号馆展示了由古至今中国农业的发展历程；7号馆提供适合儿童的免费农业科技互动体验（可惜维护欠佳）；8号、9号馆分别展示了全国各地土壤标本与历代农具；最后的10号馆则是彩陶收藏家田士利捐赠的彩陶展。在4号馆通往7号馆的路上，左手边是一座可供游客纳凉休息的人工湖（湖畔的**滋生·御窑茶坊**提供观景茶座，有时有收费展览），右手边的一些雕塑则复原了古代耕作的场景。

◆见290页地图◆地址：朝阳区东三环北路16号◆门票：免费◆营业时间：8:30—16:30，周一闭馆◆微信公众号：中国农业博物馆

今日美术馆

中国首家民营非企业公益性

美术馆，致力于对中国当代艺术及其关键人物的关注和推广，其形式除了展览，还包括一系列的讲座、工坊等线下活动。值得一提的是，这里也是国内首批无障碍聆听环境美术馆，为听障者提供平等接受艺术教育的机会。美术馆共有三个展馆，其中一号馆由北京的老啤酒厂的锅炉房改造而成，楼顶坐着的一排白色小人是其最醒目的标志，这一组名为“看展览”的永久性户外装置，是艺术家汪建伟专门为美术馆设置的，或许旨在向参观者传达“看与被看”的意义。

◆见291页地图◆地址：朝阳区百子湾路32号苹果社区4号楼◆门票：各展览单独售票◆营业时间：10:00—18:00，周一闭馆◆微信公众号：今日美术馆

街区与公园

三里屯

在20世纪90年代的北京，如果跟人打听哪儿最洋气，那三里屯这个答案一定会高频出现。三里屯（一定要加儿化音）是北京老牌的休闲娱乐街、摇滚青年的朝圣地，拥有北京第一家酒吧、第一家咖啡馆，加之北部涵盖的第二使馆区聚集了许多外籍人士，三里屯让“国际化”一词有了面孔。

2023年1月，因建筑被判定为危房，大名鼎鼎的三里屯酒吧街上的商铺被迫腾退，“整容”后的街道变得整洁，却不复特色。“酒吧一条街”从三里屯的招牌变为历史坐标点，至于酒吧街那些被说烂嚼碎的下酒故事，也一同被封存在史话和传说里。其实早在清退之前，三里屯的时髦就已经和酒吧解绑了，“2.0版本”的三里屯拥抱了年轻一代新鲜多样的娱乐方式，成为北京乃至全国潮流创意与前卫文化的代表。

三里屯

今天的三里屯指的是以太古里为核心的商圈，大致范围包括SOHO、机电院、工体以及使馆区。**太古里**分为南、北、西三大区域，最早开放的南区是一片开放的街区，外观现代的建筑群以通道、巷子、小径相连。南区与北区通过三里屯西街相连，这条步行街道曾因建筑“开墙打洞”和环境脏乱而得名“脏街”，2017年改造后面貌一新，现在是24小时营业的**三联韬奋书店**、**春风习习（朝阳城市书屋）**和其他文艺场所所在。沿三里屯路继续往北，就到了北京的**第二使馆区**，这里聚集着德国、加拿大、土耳其等国家在内的二十多座大使馆。与三里屯南区的时尚气质截然不同，使馆区幽静的街道和参天的行道树充满了复古风情，墨西哥大使馆前的三里屯东街是京城著名的银杏大道。使馆区还是寻访异国风味的理想之地，以PeterPan、ALAMEEN、雅典娜等为代表的经典餐厅被誉为各国的驻京办食堂，和三里屯南区的时尚餐厅相比，虽创意不足，但“洋派”有余。

三里屯地区的SOHO、机电院、3.3大厦都藏着不少潮流小店，喜欢探店的人能轻易消耗掉大半天时光。从附近的三个地铁站——工人体育场、团结湖、农业展览馆，皆可方便抵达三里屯。三里屯路北段连接着亮马河，若体力充沛可连在一起进行City Walk。

◆见273页地图◆地址：朝阳区三里屯路沿线区域◆门票：免费◆营业时间：全天

奥林匹克森林公园秋色

奥林匹克森林公园

最初为2008年北京奥运会而建，旨在为城市增添一片生态屏障，以五环路为界，分为南园和北园。南园的主要景点包括**奥海**和**仰山**。奥海是公园最大的人工湖，观景布道环绕四周，点缀着观景平台；登上仰山，可以俯瞰整个奥林匹克公园全景，将鸟巢、水立方和奥林匹克塔尽收眼底，天气晴朗时还能远眺北京城的天际线。从3月到10月，森林公园中每个月都有不同种类的花盛开；而10月下旬到11月上旬，南园南门附近的**银杏大道**和北园南门附近的**银杏林**金黄一片，是摄影爱好者的热门取景地。

森林公园占地6.8平方公里，面积巨大，想靠双脚丈量全园并不现实。然而公园禁止外部自行车入内，官方虽提供4人座四轮自行车租赁，但平日100元（周末150元）/小时的高价，让很多人望而却步。如果想体验在森林公园兜风的感觉，可在南门停车场附近扫一辆共享单车，向西经公园南门骑行至奥林西路右转，然后沿奥林西路—北五环辅路（注意机动车）—奥林东路圈起的环线骑行一圈，全长约7公里，耗时约1小时。

◆见272页地图◆门票：免费◆营业时间：06:00—21:00◆微信公众号：北京奥林匹克公园

亮马河

在北京的地图上，9.3公里长的亮马河只是一条不起眼的细线，它曾经是客商马队在进入京城之前洗马、饮马的地方，因此被称为“晾马河”。2019年竣工的改造工程将原本狭窄、破碎的亮马河水系打通，对公共空间和驳岸环境进行了整合设计，在许多地方打造了颇具野趣的景观，于是亮马河从一条臭水沟变成了“北京塞纳河”。巴黎人民在塞纳河畔喝咖啡、玩浆板、坐游船，如今北京人民在亮马河也能享受到这一切。不要钱的玩法当然有，在河畔悠闲地沐浴阳光，漫步于河滨小道，同样能感受到这条河流对你的友好邀请。

目前从燕莎经蓝色港湾和朝阳公园抵达红领巾公园的6公里长的**亮马河国际风情水岸**已实现通航，“1河2湖24桥18景”的概念已从图纸跃升至现实，尤其入夜后的亮马河璀璨华美，光影流彩，桥梁在夜晚的灯光下显得格外迷人，成为亮马河独特的风景线。不远处的**蓝色港湾**是一座小镇式的商业建筑群，除了购物和餐饮外，还提供丰富的亲子和娱乐活动，如室内外儿童游乐场、滑冰场、健身房、SPA、美术馆等。其标志性的欧洲风格建筑与“北京塞纳河”一同为人们营造了欧式松弛的氛围。已连续举办十余届的蓝港灯光节，每年都拥有一个独具匠心的主题，正逐步成为北京冬季最精彩的盛会之一。

◆见290页地图◆地址：朝阳区亮马河燕莎友谊商城至蓝色港湾段◆门票：免费◆营业时间：全天◆微信公众号：亮马河国际风情水岸

国贸CBD

耳熟能详的“国贸CBD”，全称北京商务中心区（Beijing Central Business District），其范围为东大桥路、通惠河、东四环和朝阳北路围合起来的长方形区域。这里是众多世界500强企业中国总部所在地，同时聚集了SKP、华贸中心、国贸商场、世贸天阶等京城知名高端购物

国贸CBD

中心。

CBD最为人熟知的建筑应数**中央电视台总部大楼**，这座工程造价逼近200亿元的建筑奇观拥有独一无二的造型，它由两栋倾斜的塔楼组成，在160米高处由一个直角形的空中连廊相连。央视大楼在很长一段时间内毁誉参半，还得到了“大裤衩”这个与优雅无关的绰号，但时至今日，这个绰号的含义已是亲切大于嘲讽，而大楼极具辨识度的外观也使其成为北京的新建筑地标。

三星大厦、众秀大厦和中信大厦被大家称为**“CBD三件套”**，集中分布在央视大厦的南侧，其中中信大厦以528米的高度登顶北京之巅，因其形似古代礼器“尊”而得名“中国尊”。

在平日里的CBD，抬头仰望可见充满精英气息的摩天大厦；俯视之下，这座城市最真实的一面——拥堵与忙碌，则一览无余，正如国贸桥下的十字路口，红绿灯切换之际如潮水般涌出的人群。夜晚的CBD拥有北京夜空最为璀璨的天际线，站在国贸商城北区6层的免费观景平台上，能将“大裤衩”和“CBD三件套”一并收入眼底和镜头中。

◆见291页地图◆地址：朝阳区景辉街与针织路交叉口（CBD核心区）◆门票：免费◆营业时间：全天

北京798艺术中心

798坐落于朝阳区东北角，曾是一座国营电子工厂的代号，厂区在20世纪50年代由东德专家设计建造，随着市场经济的转型，工厂在20世纪90年代逐渐停产，然而独特的“包豪斯”式建筑风格和宽敞空间很快吸引了众多艺术家、设计师和创意工作者的目光。他们在这里安家，让798一度成为中国先锋艺术的代名词。

潘家园“鬼市”寻宝

鬼市古而有之，这个“鬼”字一来说的是时间，夜半方兴，至晓而散；二来说的是货物真假难辨，全靠自己长眼。因此老北京管逛鬼市叫“趟鬼市”，就是形容这里的水深，得趟着走。鬼市本来是旧时代的遗物，今时今日竟有变成时尚的趋势。现在北京的鬼市中最大的一处在东三环的潘家园，每逢周三、周五晚上，大批年轻人兴致勃勃地来到鬼市奔赴猎奇寻宝之旅。

当代鬼市兼有夜市和跳蚤市场的气质，潘家园鬼市能淘到的物件包罗万象，超乎想象。古文玩字画，手串首饰，盲盒手办，旧书画报，还有BP机、旧相机、翻盖手机、随身听等数码记忆——总有一样能引你驻足。价格从几元到几万元都有，不过大部分都是买不了吃亏上当的小玩意。交易过程早不似从前那般诸多规矩和忌讳，遇到懂行的卖家还能愉快交流一番。

潘家园鬼市每周三、周五举行，至23:00结束。2025年4月起，每周六新增“非遗”主题夜市（但持续时间未知，请关注官方通知）。从潘家园地铁站B口出站，进入潘家园市场即是。

朗园station艺术装置

周末文艺新去处：郎园Station

对于热爱文艺和时尚生活的人们来说，近来京城又多了一个新去处——郎园Station。其前身为北京纺织仓库，经过精心改造后，不仅保留了工业遗产的记忆，更焕发出文化与商业的新生。

之所以叫Station，是因为园区内原有一座老火车站，后被改造成了园区的标志性建筑"中央车站"，部分铁轨和站台得以保留。同样被保留下来的还有30余座20世纪60年代的旧厂房，厂房宽敞、高大的空间容纳了更丰富的功能——文化秀场、剧场、公共活动、大型艺术装置都能在其中得以展示。

与其他的文创产业园相比，郎园Station最大的特色就是入驻了300多家影视相关机构，拥有上万平方米的影视制作和商业摄影棚，占全国院线电影后期制作近60%的市场份额。这就意味着，你不仅能在这里找到艺术展览、咖啡厅、买手店、各类新奇有趣的店铺，还能获得参观剪辑室、参加电影节活动、感受虚拟拍摄等独特体验。

郎园Station由首创郎园运营管理。"首创郎园"在北京目前有三个项目，分别是：

郎园Vintage（朝阳区通惠河北路郎家园6号），以共享办公为主的迷你创业园区，有各式餐厅、咖啡店、展览和Livehouse场地。

郎园Park（石景山区上庄大街18号），科技文创和文化空间，是三个园区中亲子活动最多的一处。

郎园Station（朝阳区酒仙桥东坝乡半截塔村53号），以影视制作为特色，是三个园区中最新、最大的一处。

如果十几年前来到798，你会发现这里几乎都是独立艺术家的领地，而现在的798，则更像是一个融合了商业艺术展、小资餐馆咖啡和各类小商品专卖店的大杂烩。幸好，这里的商业艺术展仍然有不少堪称精品（只要你能负担同样不菲的票价）。而且，只要仔细找找，你还是能够寻觅到那些不起眼的独立书店和小众艺术家个展。

艺术区中心，包豪斯广场旁的**UCCA尤伦斯当代艺术中心**是798名气最大的展馆，日常展览大量国内外知名艺术家的作品，涵盖绘画、雕塑、装置艺术等各种形式。艺术区北侧的**白盒子艺术馆**则以展示前卫、实验性艺术著称。

如果想找有意思的书店，包豪斯广场北侧的**旁观书社**，虽然面积不大，但图书选品（非虚构类为主）处处体现着老板的格调，更难得的是折扣堪比电商；尤伦斯艺术中心二楼的**佳作书局**则主要打折销售中外艺术类书籍，还经常邀请各种艺术大咖举办讲座。

因为负担不起高昂的租金，很多（真正属于艺术家的）画廊和展厅只能"屈居"在小巷子里或是旧仓库的楼上，与大多走马观花的游客无缘。新近上线的"798艺术区"官方小程序，收录了当前所有大小展览信息，还提供详尽的互动地图，找展终于不再困难。去798之前，不妨仔细做做功课。

出艺术区北侧小门，酒仙桥北路对面的恒通国际创新园里的**北京民生现代美术馆**不时会承办精品大型艺术展。博物馆隔壁还有一座小而美的**松下纪念馆**（免费；工作日10:00—16:00），回

日坛公园祭日壁画

顾了松下电器创始人松下幸之助的一生。

艺术区24小时开放，然而如果想参观各种展览，感受这里的艺术氛围，建议安排在下午，并避开很多展馆闭馆的周一。艺术家们通常比你更能睡懒觉，11:00才是这里大多数展览开门的时间。相反，如果想拍下一个没有游客干扰的空旷798，一大早来就对了!

◆见272页地图◆地址：朝阳区酒仙桥路2号◆营业时间：全天开放◆微信公众号：798艺术区

北京欢乐谷

跟风头正兴的环球度假区比起来，很多北京“95后”“00后”的童年回忆欢乐谷，近来无疑略显落寞。然而其更靠近城市中心的位置、更实惠的票价、更少的游客、更友好的年卡政策，都让欢乐谷，尤其是在旺季和节假日，依然不失为一个休闲娱乐的好去处。

公园分为**七大主题区**：峡湾森林、亚特兰蒂斯、失落玛雅、爱琴港、香格里拉、蚂蚁王国和欢乐时光，每个区域都有其独特的风格和故事背景。

微信小程序“欢乐谷官方”实时提供各项目的预估排队时间。热门项目可能排队时间较长，若想节省时间，可购买园方提供的快速通道票（100元/项目）。如果你常驻北京，也可以选择购买年卡。

◆见273页地图◆地址：朝阳区东四环小武基北路◆门票：淡季299元；旺季339元◆营业时间：夏季9:00—22:00；冬季10:00—22:00◆微信公众号：北京欢乐谷

朝阳公园

虽然被评为国家AAAA级景区，但实际上朝阳公园是一座标准意义上的家门口的公园。无须抱着逛景点的心态前来，大可以走马观花，把这里当作观察朝阳市民闲暇生活的样本。近年来，朝阳公园带火了许多休闲方式，比如草坪晒背、浆板飞盘、瑜伽颂钵，更不用说从足球到慢跑的各种户外运动。充满创意的市民持续为这座四环内最大的城市公园开发无尽的可能性。

公园面积广大，布局分区复杂，迷路在所难免。可以乘坐观光车、租赁自行车和电动代步车。春夏秋三季，在公园的多个码头可以登船游湖，其中位于公园中心的方舟湖码头有开往蓝色港湾的游船。公园拥有许多亲子空间，南部的儿童游乐区保留着老式游乐园的审美，能轻易唤起年轻父母的童年记忆。

公园的西北角和蓝色港湾相连，西门挨着枣营地铁站，南门挨着朝阳公园站，公共交通便利。

◆见272页地图◆地址：朝阳区朝阳公园南路1号◆门票：免费◆营业时间：6:00—21:00◆微信公众号：北京朝阳公园

日坛公园

位列“九坛八庙”之一的日坛，曾是明清皇帝祭祀太阳神的地方，如今却更像是一座本地人晨练、散步的“免费运动场”。虽然紧邻CBD，但一走进园内，喧嚣瞬间远去。古老的祭坛、参天的大树，还有蜿蜒的小路，都给人一种恍如隔世的宁静。你可能会和练太极的叔叔阿姨们擦肩而过，也可能遇见一群老外正摆弄飞盘。

中央电视台

建议从雅宝路正对的公园西门进入公园，进门后看到的红色**西天门**曾是日坛的正门，门后的汉白玉**神道**路面，是曾经每逢春分皇帝率文武百官祭日时踏过的原物。神道直通被圆形围墙包围的**方形祭坛**，不妨漫步在祭坛周围古老的石板路上，想象当年庄严祭祀的场景。尽管隆重的仪式早已成为历史，祭坛周围的空旷和神秘感仍然能让人感受到几分肃穆。

◆见290页地图◆地址:朝阳区朝阳门外日坛北路6号◆门票:免费◆营业时间: 6:00—21:00

日咖夜酒

京A Taproom

这家以精酿啤酒起家的餐厅，户外空间可以将"大裤衩"一览无余。室内则采用同类餐厅一贯的美式工业风格。早午餐的菜单颇为健康，坐在阳光充盈的餐桌前，来一份绿色北非蛋，椰子酸奶燕麦碗也是不错的选择。

◆见290页地图◆地址: 朝阳区光华路1号一层L108、L109单元◆营业时间: 11:00至次日01:00

Geez Cafe集思啡馆

Geez Cafe集思啡馆是个闹中取静的好去处，室内光线温馨，阿芙佳朵值得一试，冰激凌奶香和咖啡醇香搭配入口，让人满足。

◆见290页地图◆地址: 朝阳区三里屯西五街5号院内◆营业时间: 09:30—18:00

This is C5 cafe 咖啡馆

自开业起，这家咖啡馆就成了艺术爱好者的聚集地，全白的房间和天窗让人倍感舒适。除了环境宜人，咖啡的水准也在线，值得一提的是，手冲咖啡的杯子和瓷盘都来自黑川雅之的设计。

◆见290页地图◆地址: 朝阳区三里屯西五街F座C5艺术中心内◆营业时间: 10:30—19:00

Bubble Bar 鸡尾酒吧

充满仪式感的"北京雾霾"出圈许久，即使是鸡尾酒专家到访也会称赞。除了调酒，这里单一麦芽威士忌的品类也相当齐全。

◆见290页地图◆地址: 朝阳区新东路8号院5号楼1-028◆营业时间: 19:00至次日02:00

元古酒馆

元古总是仙气飘飘的，充盈着日式庭院的侘寂之感。白日将尽、霓裳、窗前雪、左手月光……一款款取名诗意、颜值在线的鸡尾酒让人难以抗拒，非常适合小酌。

◆见290页地图◆地址: 朝阳区三里屯路11号太古里北N6-4层◆营业时间: 12:00至次日02:00

云·酷 Atmosphere

位于国贸大酒店的80层，是北京最高的酒吧。精致的甜点下午茶、各色鸡尾酒，还有创意小吃，比如用威士忌雪茄做的甜筒、加入"鱼子"的Beijing80等。

◆见290页地图◆地址: 朝阳区建国门外大街1号国贸大酒店80层◆营业时间: 周一至周五17:00至次日02:00，周六至周日14:00至次日02:00

上图：北京欢乐谷舞龙表演
下图：蓝色港湾

北京798艺术中心
一间间新潮的小店令人目不暇接，既饱眼福，又饱口福。
不要错过
• 精致小吃
• 咖啡
• 日料
望京南
将台西
将台
芍药居
太阳宫
光熙门
西坝河
坝
河
三元桥
柳芳
左家庄
作为第三使馆区，亮马桥汇聚了凯宾斯基等国际酒店。
亮马河周边 ¥¥¥
周边消费配套密集，方便登船夜游亮马河。
价格昂贵。
亮马河周边
亮马桥
东风北桥
亮
马
河
不要错过
• 在河岸喝咖啡
• 蓝色港湾
• 国际餐饮
“北京塞纳河”拥有松弛的气氛和精致的小店，还有别出心裁的国际餐厅带着你的味蕾周游世界。
枣营
朝阳公园
朝阳站

热门食宿区域

这是北京最富活力的区域之一，气质先锋，标新立异。精品设计酒店与潮牌民宿林立，高贵的五星级酒店等待着人们挥金如土。住宿标准见 169 页。

从午夜后的酒馆精酿到晨光里的豆浆油条，昂贵的精致感与朴实的烟火气并存，人们既对米其林餐厅与网红咖啡馆充满热情，也乐意在亮马河畔和奥森草地上惬意野餐。

旅行者推荐 INSIDERS' LIST

场所

新荣记
- 010-85171636
- 朝阳区建国门外大街2号北京银泰中心A座5层

荣季95 · 小海鲜酒馆
- 010-85913323
- 朝阳区建国路89号院17号楼

国贸79 Grill 79
- 010-85716425
- 朝阳区建国门外大街1号北京国贸大酒店79层

寂川
- 010-53395553
- 朝阳区西大望路甲2号航空大厦F1层

BRBR叙利亚餐厅
- 18301639590
- 朝阳区朝阳公园路6号蓝色港湾1号楼2层SM2-22号商铺

春台Spring Patio
- 15611082609
- 朝阳区三里屯路19号三里屯太古里南区3层S9-31号

意大利安妮餐厅
- 010-85693013
- 朝阳区神路街39号院2号楼3-108

叽叽扎扎烤肉场
- 16600055124
- 朝阳区工人体育场北路4号70号楼一层105室

Wood Garden
- 010-65078392
- 朝阳区三里屯南街工体北路4号院81号楼1层110室

达斯坦印度餐厅 Dastaan
- 15030152369
- 朝阳区三里屯SOHO五号商场3层

鸟屯
- 010-85952961
- 朝阳区工体东路甲6号智胜快捷酒店一层

元古酒馆
- 13811246477
- 朝阳区三里屯路11号太古里北区N4三层(Kenzo旁扶梯上)

COMMUNE · X幻师
- 15210977183
- 朝阳区三里屯太古里南区8号楼3层S8-31

怂火锅厂
- 18162781257
- 朝阳区工体北路58号太古里西区四层W4-1单元

湘爱
- 010-53520033
- 朝阳区工人体育场北路58号工人体育场东门辅路向南150米

Don Quixote堂吉诃德
- 18611967679
- 朝阳区建国门外大街1号院

雅典娜 · 希腊餐厅
- 010-64646036
- 朝阳区三里屯西五街1号雅典娜

PeterPan意大利餐厅
- 010-64651661
- 朝阳区三里屯西五街5号

ALAMEEN · 阿拉伯餐厅
- 010-84517489
- 朝阳区三里屯西五街西2号(近德国大使馆)

Funny Bar
- 18740001921
- 朝阳区新东路8号院5号楼1-023

狗窝酒馆
- 13701021775
- 朝阳区工人体育场北路21号永利国际一单元1805

LUXE LOUNGE
- 010-51077359
- 朝阳区恒安大厦13层

宝格丽酒店
- 010-85558555
- 朝阳区新源南路8号院2号楼

瑰丽酒店
- 010-65978888
- 朝阳区朝阳门外大街1号京广中心1-23层

柏悦酒店
- 010-85671234
- 朝阳区建国门外大街2号银泰中心A座

丽思卡尔顿酒店
- 010-59088888
- 朝阳区建国路甲83A华贸中心

三里屯CHAO
- 010-58715588
- 朝阳区工人体育场东路4号

怡亨酒店
- 010-85612888
- 朝阳区东大桥路9号

中国大饭店
- 010-65052266
- 朝阳区国贸商城南区中段(国贸地铁站A口步行390米)

北五环路
林萃桥
奥林匹克森林公园
国家速滑馆
林萃路
奥林西路
奥林东路
森林公园南门
科荟路
科荟路
北京奥林匹克塔
北辰东路
安立路
科荟南路
北辰西路
中国科学技术馆
林萃路
仰
大屯北路
国家会议中心
中国工艺美术馆
中国共产党历史展览馆
山
奥林匹克公园
大屯路隧道
大屯路
安立路
大屯路
科学园南里中街
天辰西路
天辰东路
湖景东路
南沙滩东路
河
中国考古博物馆
科学园南里东街
国家体育场北路
北辰西路
北辰东路
京藏高速
慧中路隧道
慧中路
安翔北路
北辰西一路
国家游泳中心（水立方）
国家体育场（鸟巢）
安立路
小月河东路
安翔路
北京奥运博物馆
北四环中路
0
510 m
奥林匹克森林公园及周边
N
奥体中心

景点
餐饮
住宿

三里屯及周边
N
0
515 m
机场高速
左家庄
青年路
东直门外斜街
新东路
新源街
顺源街
亮马桥路
亮马桥
BRBR叙利亚餐厅
朝阳公园路
河
亮马河
宝格丽酒店
马
新源南路
亮
亮马河南路
东直门外小街
胡家园路
三里屯路
东三环路
Geez Cafe集思啡馆
This is C5 Cafe咖啡馆
雅典娜希腊餐厅
农展馆北路
枣子营街
三里屯西六街
使馆区
朝阳公园西路
东直门外大街
东直门外大街
农业展览馆
全国农业展览馆
新东路
春秀路
三里屯路
Bubble Bar 鸡尾酒吧
三里屯东四街
元古酒馆
雅秀北路
三里屯
春台Spring Patio
三里屯
CHAO
工人体育场
工人体育场北路
工人体育场北路
农展馆南路
团结湖
北京工人体育馆
北京工人体育场
Wood Garden
意大利安妮餐厅
达斯坦印度餐厅Dastaan
团结湖北路
工人体育场西路
叽叽扎扎烤肉场
乌屯
南三里屯路
姚家园路
工人体育场东路
东大桥斜街
湘爱
白家庄路
水碓子东路
团结湖中路
吉市口东路
工人体育场南路
东岳庙
东三环路
团结湖公园
团结湖路
朝阳门外大街
朝阳北路
呼家楼
朝阳北路
东大桥
关东店北街
呼家楼北街
朝外南街
朝外市场街
芳草地西街
朝阳门外大街
瑰丽酒店
侨福芳草地
怡亨酒店
朝阳路
金台西路
日坛北路
东大桥路
金桐西路
金桐东路
金台夕照
日坛路
日坛东路
日坛公园
针织路
景华南街
京A Taproom
光华路
光华路
光华路
云·酷 Atmosphere

景点

餐饮

住宿

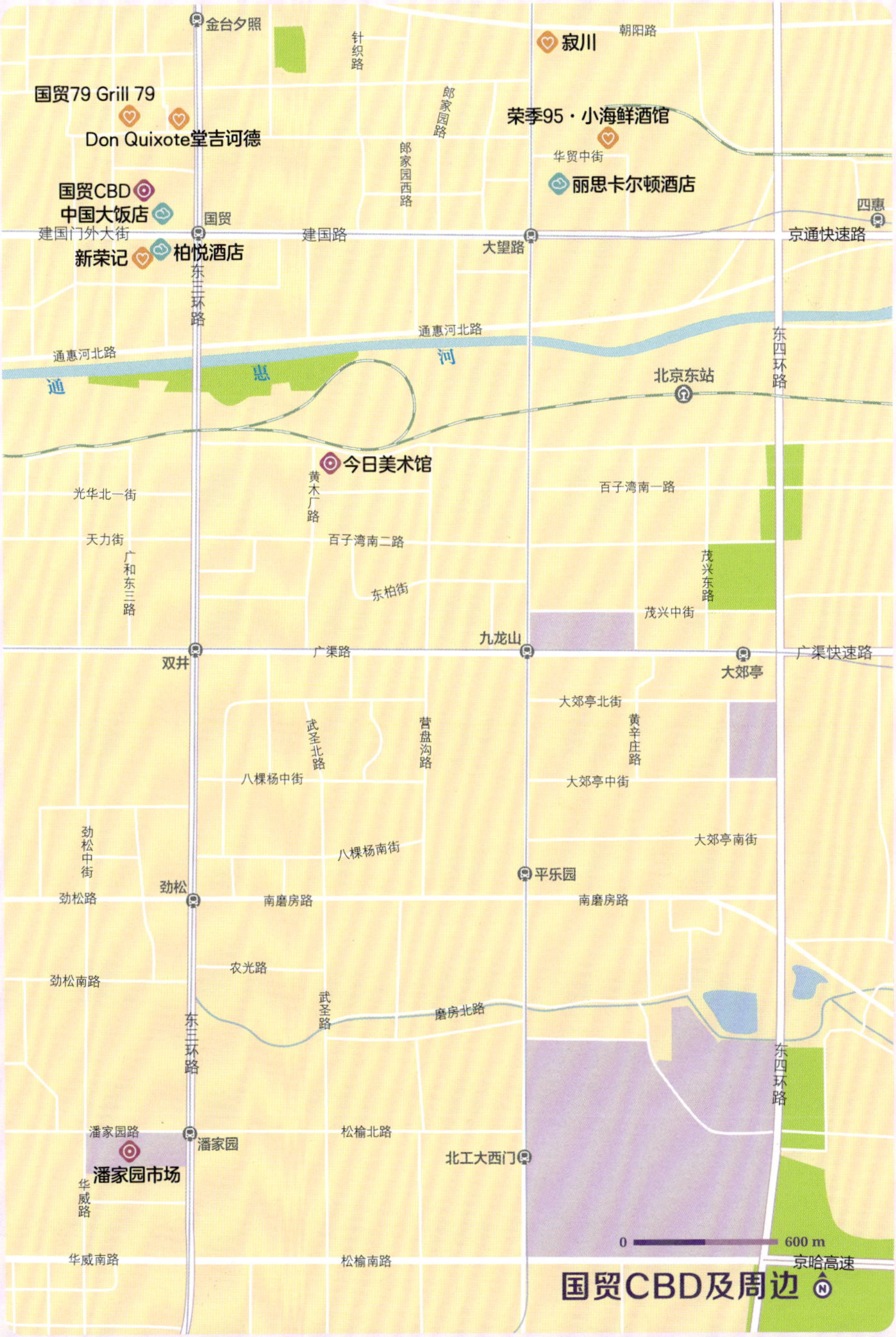

金台夕照
针织路
朝阳路
寂川
国贸79 Grill 79
Don Quixote堂吉诃德
郎家园路
荣季95・小海鲜酒馆
郎家园西路
华贸中街
丽思卡尔顿酒店
国贸CBD
中国大饭店
国贸
四惠
建国门外大街
建国路
大望路
京通快速路
新荣记
柏悦酒店
东三环路
通惠河北路
通惠河北路
东四环路
通
惠
河
北京东站
今日美术馆
黄木厂路
光华北一街
百子湾南一路
天力街
百子湾南二路
广和东三路
东柏街
茂兴东路
茂兴中街
九龙山
双井
广渠路
大郊亭
广渠快速路
大郊亭北街
武圣北路
营盘沟路
黄辛庄路
八棵杨中街
大郊亭中街
劲松中街
八棵杨南街
大郊亭南街
平乐园
劲松
劲松路
南磨房路
南磨房路
农光路
劲松南路
武圣路
磨房北路
东三环路
东四环路
潘家园路
潘家园
松榆北路
北工大西门
潘家园市场
华威路
0
600 m
华威南路
松榆南路
京哈高速
国贸CBD及周边
N

景点
餐饮
住宿

颐和园及周边

西山一带兼具山水之胜，历来是皇家园林荟萃之地，是铺陈在京西的一幅天然画卷。这里集中了北京最重要的几座皇家园林，你可以在颐和园中远望西山晴雨，也可以在圆明园中缅怀国殇，著名的清华、北大也都在昔日的园林基础上改扩建而来——你所熟悉的荷塘月色与“一塔湖图”，都承载着深厚而灿烂的园林传统。如今，你可以在国家植物园拥抱春天的烂漫花海，或去夏季荷塘感受幽雅的阵阵清香，深秋时加入看香山红叶的大军，亦可于凛冬时节嬉戏于昆明湖的冰面上——四时风景变幻，光影流转，西山从未失却它的生机与风采。

数说颐和园及周边

728米
颐和园长廊长度

超过13万株
香山红叶树木数量

544只
十七孔桥石狮数量

557米
香山香炉峰海拔最高点

41米
佛香阁高度

14000+
颐和园长廊彩画数量

超过1100万册
北大图书馆藏书量

在颐和园、清北及周边，你可以这样玩：

2天 皇家园林精华之旅
（见64页）

1天 清华北大周边
（见90页）

1天 三山五园绿道
（见160页）

1天 香山一八大处徒步
（见164页）

何时去

3月至5月
春天颐和园西堤的柳绿桃红和乐寿堂的玉兰渐次绽放，3月清华园的紫荆花开正盛。

6月至8月
夏日适合乘船游览颐和园，在紫御湾码头可以乘坐游船直达颐和园南如意门附近的码头。

9月至11月
秋季颐和园满园的红叶和银杏染遍墙头。10月中下旬，随着人潮去香山欣赏漫山红叶。

12月至次年2月
颐和园冰场预计在每年元旦前后开放，十七孔桥日落时金光穿洞的美景更是令人心醉。

颐和园长廊

0 1.6 km
颐和园
绮丽的天然风景再加上寺庙、园林的点染，颐和园成为京郊的著名游览胜地。
圆明园遗址公园
圆明园曾是“一切造园艺术的典范”，如今只能在坍塌的残垣断壁怀想其昔日的胜景。
圆明园遗址公园
清华大学
北京大学
颐和园
八大处公园
京密引水渠
清河
京新高速
京藏高速
五环路
农大南路
信息路
黑山扈路
安河桥北
圆明园西路
学知园
六道口
清华东路西口
学院路
五道口
西苑
圆明园
北宫门
北京大学东门
昆明湖
玉泉山路
香山路
国家植物园
香山
香山公园
颐和园西门
茶棚
万安
北坞村路
闵庄路
旱河路
五环路
香山南路
万泉河桥
万泉河路
北四环路
中关村
中关村东路
知春路
知春里
西土城
海淀黄庄
苏州街
巴沟
北三环路
大钟寺
蓟门桥
西土城路
人民大学
皂君庙路
苏州桥
西四环路
蓝靛厂
长春桥
蓝靛厂北路
魏公村
学院南路

颐和园及周边亮点

高等学府巡礼

清华、北大等一众高等学府云集于此，是莘莘学子心中的求学圣地。

八大处公园

这座历史悠久、风景宜人的佛教寺庙园林以其8座古刹和12处胜景闻名。

古迹与建筑

颐和园

清乾隆十五年（1750年），乾隆皇帝为了筹备其母亲的六十大寿，开始在瓮山、西湖一带修建清漪园，整个工程历时15年、耗资四百余万两白银。整座园林的格局模仿杭州西湖，又取汉武帝在昆明池操练水军的典故，将西湖命名为昆明湖。从湖中挖出的淤泥土方堆筑于昆明湖北岸的瓮山，因其作为祝寿工程，取名为万寿山。清咸丰十年（1860年），清漪园被英法联军烧毁。

清光绪年间，慈禧挪用海军的军费，以“修治清漪园工备操海军”“创办昆明湖水师学堂”的名义，使这处皇家园林得到大规模的翻修，前山建筑群得到恢复。慈禧“还政”后便常居于此，取“颐养冲和”之意更名为颐和园。1928年，中华民国国民政府将颐和园作为公园对公众开放。清咸丰十年（1860年）颐和园列入《世界遗产名录》。

秋日的颐和园

后山

大多数游客的参观路线是从靠近4号线地铁站的北宫门开始。入园后即到**苏州街**（10元），此处景点仿照苏州山塘街而建，是模仿市井买卖的场所，店铺中的店员都打扮成太监、宫女的样子。苏州街于1988年重建，但这项重建工程颇为粗糙，如时间紧张可略去不看。从这里向南就是后山的四大部洲，仿照西藏桑耶寺而建，是佛教思想中宇宙观的体现，中央的香岩宗印之阁内供奉着从前山原大报恩寺内迁来的三世佛与十八罗汉。

在颐和园被英法联军焚毁后，后山建筑未得修复，如今所见的大部分建筑多是20世纪80年代以后陆续重修的。最值得一看的古建筑是后山东侧的多宝琉璃塔，是乾隆为其母亲祝寿而修建的，其精美程度绝对是清代琉璃塔中的佼佼者，却很容易被旅行者错过。

前山

四大部洲的后方有小路可以通往前山，最核心的看点是**佛香阁**（10元）。这处高大的楼阁是光绪年间恢复颐和园时的头号工程，构成了前山的中轴线和整座园林的视觉中心。从湖畔的云辉玉宇牌楼出发，穿过排云门即到排云殿。这处建筑群是在乾隆时期的大报恩寺旧址上重建的，是慈禧接受朝贺、举行庆典的主要场所。从这里一路上山，即可到恢宏的佛香阁，过去是慈禧的礼佛场所，底层供奉着一尊高约5米的明万历年间的观音铜像，是1989年从万寿弥陀寺迁来的。

背后更高处是琉璃牌楼**众香界**和无梁殿**智慧海**，这两座砖石建筑在八国联军焚烧颐和园时幸免于难，但琉璃装饰、殿内的木质佛龛都遭到严重破坏。站在佛香阁前的阶梯平台处，可以望见东西两侧的转轮藏和五方阁，目前都不对外开放。转轮藏的庭院内树立着颐和园最大的石碑**万寿山昆明湖碑**，是设计人民英雄纪念碑时参考的原型之一。

万寿山下的湖岸旁，是全长达728米的**千柱廊**，将排云门也串联其中。每根枋梁上都装饰着苏式彩画，超过14,000幅，还在长廊中设有4座凉亭象征一年四季，每座凉亭的东西两侧各有一幅巨幅彩画，题材多源于竹林七贤、《三国演义》等历史人物或者历史故事。沿着千柱廊，向西可以去看著名的**清晏舫**，向东则可通往宫廷区。

宫廷区

在乾隆时期修建清漪园时，这处园林主要作为游览的御苑，皇帝通常从紫禁城或圆明园等地当天往返，园内的宫廷区仅作为礼仪象征。光绪重修颐和园后，在昆明湖东北岸的宫廷区大加投入，使其成为一处可供居住、办公的场所，也成为晚清事实上的权力中心之一。宫廷区也和紫禁城类似，分为内寝、外朝两部分。

千柱廊的东端尽头为**乐寿堂**，当年是慈禧的住处，也是内寝的中心建筑。东面的跨院永寿斋是李莲英的住处。乐寿堂前陈列的铜鹿、铜鹤、宝瓶有“六合太平”的寓意，巨大的“青之岫”是明朝米万钟在房山一带发现的，但他在搬运这块巨石的过程中耗尽家财，最终不得已弃置，因此这块石头也被称为“败家石”。乾隆年间，这块巨石被搬入园内。

从乐寿堂向东可到**德和园**（5元），慈禧为了修建这座戏楼耗费71万两白银。戏楼设有3层戏台，内部有绞车架供演员“从天而降”，底部有水井可做喷泉，是现存清代戏楼中最华丽的一座。从这里向东北可到颇有江南风味的**谐趣园**，其蓝本便是无锡寄畅园，是园内最大的一处园中园。

从乐寿堂往东南方向走，东宫门附近的**仁寿殿**是外朝的中心建筑，也是帝后在园内驻跸时听政的场所。仁寿殿处在宫廷区的东西向轴线上，这条轴线向西延伸可与西郊的玉泉山形成对景，向东穿过仁寿门、东宫门，即是通往圆明园的御道。仁寿门南面为**颐和园博物馆**（20元），展出了许多老照片和园内收藏的宫廷文物。

昆明湖

昆明湖的整体格局与杭州西湖相仿，乾隆有诗句“明湖仿浙西”，说的也是这件事。两湖最相似的地方是颐和园内的西堤上设有六桥，完全照搬杭州苏堤，湖中的南湖岛、治镜阁岛、藻鉴堂岛也与西湖的“一池三山”意趣相通。

博物馆附近为颐和园的东堤，北首的**知春亭**建在一处小岛上，从这里可以一览佛香阁、万寿山的全景，西面则向玉泉山、西山借景，很好地扩展了园内的景观视线和空间层次。穿过文昌阁后一路向南，可到镇水的铜牛。眼前的**十七孔桥**可通往南湖岛，每年冬至前后，十七孔桥的桥洞中会上演“金光穿洞”的奇景。

沿东堤继续向南约1公里可到有“昆明湖第一桥”之称的绣漪桥，这里是东堤、西堤的连接处，清代帝后多沿水路从这里进入颐和园。附近的南如意门外有**御河游船码头**，可到紫竹院和动物园。但如果时间充裕，还可以沿着西堤去看玉带桥、水操学堂。**水操学堂**是慈禧借口培养海军、实为修建园林的产物，其中陈列的永和轮是日本在日俄战争胜利后送给慈禧的“礼物”。1939年日本占领北平期间，这艘早已沉入昆明湖的轮船又被打捞修复，用作“中日亲善”的政治宣传。

昆明湖上有许多乘船项目可以选择。石舫、铜牛、南湖岛、南如意门、玉带桥、畅观堂（近西门）等地设有摆渡船码头（30—40元/人；8:00—18:00），可以方便地解决园内交通，排云门码头有环湖游船（40元/人）。此外也有手划船、电瓶船等项目。

◆见294页地图◆地址：海淀区新建宫门路19号◆门票：旺季30元，淡季20元；联票（含德和园、佛香阁、博物馆、苏州街）旺季60元，淡季50元◆营业时间：旺季6:00—20:00，淡季6:30—19:00◆微信公众号：颐和园

圆明园遗址公园

从康熙年间始建以来，这座“万园之园”一直是清朝最受重视的皇家园林。从清康熙四十八年（1709年）康熙将这座园林赏赐给皇四子胤禛（即后来的雍正皇帝）起，此处的营建工程持续了超过150年，成为紫禁城以外最重要的政治中心。乾隆年间，又陆续在圆明园的东面修建长春园，在南面修建绮春园，三园通常合称为圆明园。清咸丰十年（1860年），圆明园被英法联军抢劫后焚毁。清光绪二十六年（1900年）又遭八国联军劫掠，此后又饱受军阀、官僚的偷运和抢夺，最终沦为一片废墟。

多数旅行者会从靠近4号线圆明园地铁站的南门开始参观，入口附近的**正觉寺**曾是一处藏传佛教寺院，因地处圆明三园的围墙之外，而在两场战争中幸免，如今被辟为**圆明园博物馆**。2020年，圆明园十二兽首中的马首由何鸿燊捐赠回到圆明园，就在博物馆中展出。参观完博物馆后，可以在附近的南门码头乘船（35元/人）前往西洋楼码头，也可以步行穿过绮春园，从三园交界处一路向北，经银杏大道便到西洋楼遗址的西门。

西洋楼遗址（15元）坐落在长春园内，这座清乾隆十四年（1749年）增建的园林取乾隆

圆明园遗址公园雪景

少年时居住的长春仙馆之名，由传教士郎世宁主持设计。或许与许多人想象中的西洋楼有些不同，这处遗址规模颇为庞大，尽管随处可见石构件，但实际上现存数量尚不及完整时期的20%。从西门入内首先便会看到谐奇趣，这是长春园内最早修建的西洋建筑，喷水池中心的西洋翻尾石鱼曾经可以喷出数米高的水柱。北面的黄花阵是清代帝后举办中秋灯火晚会的地方。东面的方外观原本是一座清真寺，是乾隆为容妃（香妃）修建的礼拜场所。从这里继续向东即到海晏堂，这里的水法便是十二兽首的原址。由于乾隆皇帝对西洋画中的“水法”很感兴趣，所以园内建有多处水法喷泉，最著名的一处便是大水法，也是圆明园最为人熟知的地标景观，喷泉的设计取材自罗马神话“猎狗逐鹿”，与之正对的观水法就是欣赏喷泉之处。大水法背后是远瀛观，曾是容妃寝宫，当时还陈列着英王乔治三世赠送的天体运行仪。向东过线法山，即是西洋楼遗址区的东门。东门南侧不远处便是**圆明园盛世全景模型**（10元），继续向西南可到含经堂，这是长春园的中心建筑，布局与紫禁城的宁寿宫类似，它们都是乾隆为自己设计的“养老院”。

位于西北方向的圆明园是三园中历史最久、面积最大的一处，反倒在许多游客的路线之外。其中的许多景观也被赋予代表华夏山川的政治意味，比如全园最高的假山**紫碧山房**，被视作昆仑山的象征，而面积广阔的**福海**则寓意着“福如东海”。从三园交界处有游览车（20元）可以前往圆明园的各主要景点，参观结束后，可以从西侧的藻园门离开。

圆明园一年有3个免费开放日，分别是文化遗产日（6月第二个周六）、国防教育日（9月第三个周六）、圆明园罹难日（10月18日）。

◆见294页地图◆地址：海淀区清华西路28号◆门票：10元，通票（含全景沙盘、西洋楼遗址）25元◆营业时间：7:00—21:00◆微信公众号：圆明园遗址公园

觉生寺

觉生寺始建于清雍正十一年（1733年），后将万寿寺内的永乐大钟迁入该寺，因此人们更熟悉其“大钟寺”的别名，如今辟为古钟博物馆。寺内最大的看点就是大钟楼内的永乐大钟，通高6.75米，重约46.5吨，堪称“世界钟王”，通体铸刻有近23万字的佛教经咒。

◆见309页地图◆地址：海淀区北三环西路甲31号◆门票：30元，每周三前200名观众免费◆营业时间：9:00—17:00，周一闭馆◆微信公众号：大钟寺古钟博物馆

团城演武厅

清乾隆十三年（1748年），清军在平定两金川（今四川省阿坝藏族羌族自治州金川县和小金县一带）的战役中，因当地碉楼易守难攻而受到阻碍，因此设置健锐营，并在香山一带建设演习基地，即健锐营演武厅，这段历史被记录在“敕建实胜寺碑”上。该碑存放在西城楼附近的实胜寺碑亭中，但目前并未开放。

演武厅的核心建筑为团城，是训练军士通过云梯攻打碉楼的主要场所。在20多年后的第二次金川战役中，这套演习训练体制发挥了作用，清军最终获得胜

利。团城内辟有展厅，北城楼内的“实胜寺后记碑”则记载了健锐营平定新疆大小和卓的历史。

◆见308页地图◆地址：海淀区香山南路红旗村1号◆门票：免费◆营业时间：9:00—17:00，周一闭馆◆微信公众号：健锐营演武厅

公园

八大处公园

在西山的众多景点中，香山公园文化底蕴深厚、名气最大；西山充满自然野趣、深受本地登山者欢迎；八大处公园则更像一个“复合型”选手，兼具历史和自然的趣味。“八大处”是指翠微山、卢师山、觉山上的八处汉传佛教寺院。但实际上，三山上共建有几十座寺院，是京郊诸山中最有宗教氛围的一处。从靠近山脚的**长安寺**（一处，暂不开放）一路登山，沿途可以看完前七处，各处寺院或壮阔宏伟，或曲径通幽，是一段变化万千、极富仪式感的“朝圣之旅”。

始建于唐大历年间的**灵光寺**（二处）是最古老也最受欢迎的寺院之一，寺内原有一座辽代的招仙塔，后毁于八国联军的炮火。僧人在残存的塔基中曾发现一枚佛牙舍利，为供奉舍利于1964年重建了灵光寺塔。**三山庵**（三处）正殿门槛下有一块水云石，其天然纹理如同一幅水墨画。**大悲寺**（四处）尤其以院内的两株元代银杏闻名，大雄宝殿内的十八罗汉相传是元代雕塑名家刘元的作品。**龙泉庵**（五处）的空间布局颇有画意，整体建筑

八大处公园秋景

随山势起伏，几株古柏点缀其间，更衬托出盎然的古意。**香界寺**（六处）是景色最疏朗开阔的一处，可以远眺三山五园。历史上的香界寺规模宏大，康熙、乾隆曾多次在此居住，“86版”《西游记》有不少镜头是在寺内取景的。终点是幽深的**宝珠洞**（七处），这里地势最高，可以收获北京城的全景视野。

宝珠洞附近有滑道（成人100元/儿童50元；9:00—17:00）和索道（70元）可以下山，最后去看偏居一隅的**证果寺**（八处），这是属于八大处的“七上八下”。

◆见294页地图◆地址：海淀区八大处路3号◆门票：10元◆营业时间：6:00—19:00◆微信公众号：北京市八大处公园

香山公园

位于小西山山脉东麓的香山自唐代以来便成为城郊的名胜，清康熙十六年（1677年）在此设立香山行宫，即乾隆时期静宜园的前身。香山与静宜园皆名列“三山五园”，成为京郊最重要的皇家园林。香山先后遭到英法联军、八国联军的破坏，原有的园林格局几乎无存。21世纪以来，历史上的“静宜园二十八景”被逐渐恢复。

距离西郊线有轨电车站最近的是公园的北门与东门。北门内有惊险刺激的简易索道（单程100元）可直达海拔575米的主峰香炉峰，本书调研时正在改造中，预计2025年底重新开放。北门附近的**碧云寺**（10元；旺季8:00—17:00，淡季8:30—16:30，周一闭馆）始建于元至顺二年（1331年），明代魏忠贤曾经出资重修，清代乾隆时期也曾大规模扩建。1925年，孙中山去世后曾在寺内停灵，寺内的普明妙觉殿被辟为孙中山纪念堂。

秋日的香山公园

寺院南路的罗汉堂也值得一看，是乾隆时期仿杭州净慈寺所建，你会发现济公并没有端坐神台，而是跑到了“疯和尚”头顶的横梁上，可以找寺里的僧人打听一下背后的典故。北路清幽雅致的**水泉院**是北京寺院园林的佳作。寺内最著名的是中路建筑最末端的金刚宝座塔，为乾隆时期增建。塔院前的石牌楼就已相当精彩，站在牌楼前还能望见高处林木掩映下的宝塔，是中国同类塔中现存最高大的一座。尽管塔身的雕刻不如真觉寺的五塔那般精致，但借助山势和寺院的烘托，这座塔的整体气势远胜真觉寺的五座佛塔。北门南面的**宗镜大昭之庙**曾是班禅驻地，还保存有一座壮观的七层琉璃塔。

公园的东门更靠近历史上静宜园的核心区。由贝聿铭设计的**香山饭店**，在现代主义风格中融入了鲜明的中国传统园林元素，2014年被评为“中国20世纪建筑遗产”。南面的**双清别墅**（免费；9:00—16:30，周一闭馆）是中华人民共和国成立前夕毛泽东的住处。别墅西面为香山寺，曾是与碧云寺齐名的古刹，但现存建筑多是现代重建的。

每年10月中旬至11月初的香山红叶，是北京城最著名的时令景观之一。不过，这可能是一个冷知识：香山的红叶并非枫叶，而是清乾隆年间栽植的黄栌树的叶子。建议你避开周末前来，否则要忍受无尽的堵车和排队。

◆见308页地图◆地址：海淀区香山买卖街40号◆门票：旺季10元，淡季5元；联票（含碧云寺）旺季15元，淡季14元◆营业时间：旺季6:00—18:30，淡季6:00—18:00◆微信公众号：香山公园服务号

西山国家森林公园

与香山、八大处相比，西山更以野趣见长。在每年秋天的红叶季，西山的红叶岭同样绚烂多姿，游客却比隔壁的香山要少得多。鬼笑石俨然成为拍摄北京夜景和日出的著名机位。公园内标注了不同颜色的主题步道，并标注了预计的完成时间。

◆见308页地图◆地址：海淀区闵庄路西端◆门票：5元◆营业时间：旺季7:00—18:00，淡季8:00—17:00◆微信公众号：北京西山国家森林公园

自然

国家植物园

国家植物园是在原北京植物园（北园；5元）与原中科院植物所（南园）的基础上合并设立的。园内收集了各地代表植物及珍稀濒危植物超过3万种，五大洲代表性植物标本500万份，有多个专类园、温室、盆景园展区。

如果你时间有限，建议优先参观北园。展览温室是20世纪90年代的北京十大建筑之一，设有热带雨林、四季花园、沙漠植物、兰花凤梨及食虫植物等展区。宿根花卉园内收集了百合科、毛茛科、菊科、鸢尾科等300多种宿根花卉。北园内还保留着梁启超墓，由其子梁思成设计，墓园内有一座八角形纪念亭，是梁思成较为早期的建筑设计。园区北部有一座始建于唐代的**十方普觉寺**（5元；8:00—17:30，冬季8:30—17:00，周一闭馆），也被称为“卧佛寺”，其大门是一座华丽的琉璃牌楼，寺内的布局还保留着唐代“伽蓝七堂”的法式，卧佛殿内即为元

代铸造的铜卧佛，因“卧佛”与英文“offer”谐音，这里也成为许多年轻人求升学，或工作录取的寺院。园区西北角的水杉林会在周末上午喷水雾（冬季暂停），宛若仙境。沿着樱桃沟内的步道向西北，可到“一二·九”运动纪念亭。

南园也设有展览温室，展示热带、亚热带植物。水生与藤本植物区内展示了上百种莲花与睡莲，水池东侧有一块20世纪50年代出土的“康熙御碑”，其主题就是赏荷。

◆见308页地图◆地址：海淀区香山卧佛寺路◆门票：10元（含北园、南园）◆营业时间：北园6:00—21:00，冬季11月16日至次年3月15日6:30—19:00；南园8:00—18:00◆微信公众号：国家植物园

文化与展演

北京大学

北大的前身是创建于1898年的京师大学堂，从诞生之初便是中国的最高学府。1952年院系调整后，北大从沙滩红楼一带迁入燕京大学的校址，因此这座校园也被称为“燕园”，未名湖与博雅塔的景观被戏称为“一塔湖图”，成为北大的标志性景观。

北大东门靠近4号线地铁口，交通最为便利，从这里一路向西约400米处便是图书馆，南面为百周年纪念讲堂，是举办各类演出、讲座的场所，可通过微信公众号“北大讲堂online”查询订票。继续向南就到了**北大书店**（新太阳学生中心B2层），可以买到一些文创纪念品。西面是草木葳蕤的**燕南园**，可谓名人辈出，翦伯赞、马寅初、冯友兰、朱光潜、冰心等著名学者曾居住在这里。燕南园以北便是静园，是燕京大学时期的女生宿舍，如今多为院系办公室。

秋日的北京大学未名湖

继续向北即到**未名湖**，曾是清代淑春园的一部分。南岸上有埃德加·斯诺墓，他是第一个到红色苏区采访的西方记者，也曾在燕京大学担任新闻系讲师。你可以继续绕去湖的东侧看看梁思成设计的**博雅塔**，是一座外观仿照通州燃灯塔而建的水塔。湖北岸的红楼是燕大时期的男生宿舍，也被称为“德才均备斋”，连带东面的“体健全斋”，组成了全面发展的人才标准，这几栋楼的名称还是由历史学家钱穆提议的。红楼南面立着蔡元培像，以纪念这位北大历史上最受尊敬的校长。

红楼西侧是**塞克勒考古与艺术博物馆**（9:00—17:00，周一闭馆），南面则为**校史馆**（5元；9:00—16:00，周一、周三、周五闭馆）。两馆中间的道路通向西门，即悬挂着“北京大学”匾额的“校友门”，门内的那一对华表来自圆明园。附近的勺园是燕园一带最早兴建的园林，由明代书法家米万钟亲自设计，取意“淀之水滥觞一勺”。勺园一度成为囚禁英法俘虏的地点，相传被释放回去的俘虏为了报复，引兵从通州直趋海淀，使勺园、圆明园同归于“烬”。

参观校园须提前1—7日在微信小程序“参观北大”预约，只在寒暑假、节假日、双休日开放参观。面向社会公众的参观入口仅设在东门。

◆见309页地图◆地址：海淀区颐和园路5号◆门票：免费◆营业时间：进校时段8:00—11:00，13:00—16:00；最迟离校时间19:00

清华大学大礼堂

清华大学

清华大学的前身清华学堂始建于1911年，是清政府利用美国退还的部分庚子赔款设立的留美预备学校。1914年，由美国建筑师亨利·墨菲制定校园的总体规划，并设计了大礼堂、科学馆、图书馆、体育馆等四大建筑，这也使清华的校园与美国的大学非常相似。

从清华西门进入校园后，沿清华路向东不远便是**近春园**，因朱自清的散文名篇《荷塘月色》而闻名。继续向东便是那座巴洛克风格的**二校门**，这是清华建校之初的校门，毁于“文革”时期，现存建筑是1991年重建的。从这里向北即到日晷，是1920级毕业生献给母校的礼物，其北面的大片草坪后方便是墨菲设计的具有文艺复兴风格的**大礼堂**。草坪东面是德国古典主义风格的**清华学堂**，是校园内历史最悠久的教学楼，梁启超、王国维、陈寅恪、赵元任等国学“四大导师”都曾在此任教。草坪西面是科学馆，其背后的工字厅是清代清华园内的主体建筑，也是清华建校时开学仪式的举办地。大礼堂的北面是**图书馆**，最古老的东翼由墨菲设计，中厅、西翼的扩建工程则出自清华学子杨廷宝之手。图书馆西面的操场西侧便是西体育馆，建成于1919年，也是清华体育精神的见证。

从二校门前沿着清华路一路向东，在银杏掩映下，可以继续前往**清华艺术博物馆**（50元，特展另行购票；9:00—17:00，周一闭馆），这座2016年才落成开放的博物馆已经成为国家一级博物馆，馆藏中包括著名的清华简、达·芬奇的《大西洋古抄本》手稿等重要文物。在国际博物馆日（5月18日）、元旦、元宵节等节庆期间会开放夜场至21:00。

参观校园须在微信小程序“参观清华”预约，工作日提前1天开放预约，周末及节假日提前7天开放预约。

◆见309页地图◆地址：海淀区双清路30号◆门票：免费◆营业时间：进校时段8:00—11:00，13:00—16:00

香山革命纪念馆

在中华人民共和国成立前的1949年3月至9月，中共中央从西柏坡迁往北京后，曾在香山一带办公，这处纪念馆就展示了“为新中国奠基”的这一历史阶段。常设展览介绍了从北平和平解放、进京“赶考”、西苑阅兵到开国大典期间的历史。

◆见308页地图◆地址：海淀区红枫路1号院1号楼◆门票：免费◆营业时间：9:00—16:30，周一闭馆

日咖夜酒

E Cubed·宇宙客厅

藏在一家写字楼，被戏称为“学术酒吧”。木质元素塑造了独特的装饰风格，氛围很独特，有时会举办主题沙龙。

◆见309页地图◆地址：海淀区五道口华清商务会馆1601B◆营业时间：10:30至次日02:00

Vault 102

隐藏在一家香水店中，但只要继续前行找到“暗门”，很快便会发现别有洞天。酒单上以风味象限图的形式标出了各款饮品的风格，大概是专属于五道口的

气质了。

◆见309页地图◆地址：中关村东路16号院2号A座102◆营业时间：19:00至次日1:00

杳 · SPEAKEASY BAR

拥有不错的氛围和视野，各种特调酒都非常具有仪式感。店内偶尔举办类似“以书换酒”的活动，那些书架其实是装饰元素之一，你或许可以通过书柜滑门通向另一个空间。

◆见309页地图◆地址：成府路华清商务会馆1707◆营业时间：18:00至次日1:00

Rooted&Flow福楼

这里的环境充满了东南亚风情，四处可见可爱的猴子元素，仿佛瞬间置身热带。一树梨花压海棠、死神只吃苹果、清迈月光、枚酒青柑等酒品，每一杯都充满了创意和风味。

◆见309页地图◆地址：海淀区中关村东路18号财智国际大厦B座901◆营业时间：19:30至次日1:00

畅游“宇宙中心”五道口

道口，指的是铁轨和公路的交叉处。从北京北站出发向北，京包铁路线上的第五个道口就被叫作五道口。随着京张城际铁路工程的展开，2016年10月31日，最后一趟列车从五道口地面驶过。随后很快轨道便被沥青抹平，而五道口铁路的记忆则被保存在五道口地铁站南面的**京张铁路遗址公园**内。

不知何时五道口开始被称作“宇宙中心”。诚然这里是北京高校云集之地，除了最高学府清华、北大，还有著名的学院路“八大学院”：北林、农大、矿大、北语、地大、北科、北航以及北大医学部，知识的“宇宙”吸引来了外国留学生，孵化了创意和科技产业，从而塑造了五道口智性、开放、包容的气质。

如果想要进行一场高校之旅，要注意各高校对社会开放的情况不同，通常需要预约登记方可进入，请提前关注各高校的微信公众号。另外，高校自己的博物馆有一些面向公众开放，比如清华大学艺术博物馆、农业大学昆虫博物馆、地质大学博物馆、北外世界语言博物馆等，可在各自的公众号查询参观信息。

五道口地铁站的东南角的五道口购物中心里藏着一家令人惊艳的书店，创办了三十余年的**万圣书园**以人文社科类书籍为主，店内不设座椅，但大部分书都有拆了塑封的样本，是爱书人心中的理想国。购物中心西北面还有一座独立的二层单体建筑，是潮流书店PAGEONE所在之处，空间开场明亮，提供舒适的消费和自习区域，并出售时尚的文创商品。

五道口的餐饮十分国际化，尤其因这里是仅次于望京的北京第二大韩国人聚居地，能吃到正宗的韩国料理。因此空着肚子前来绝不是个坏主意。

上图：京张铁路遗址公园

京密引水渠
在这片中国高等学府最集中的区域，从经济型酒店到中档商务酒店的选择众多。
农大南路
清河
五道口周边
¥¥
学院气息浓厚，住宿餐饮都有较为平价的选择。
除了高校，周围看点较少。
学知园
安河桥北
圆明园遗址公园
国家植物园
除了香山饭店和颐和安缦这样的传奇酒店，西山一带也藏着不少民宿和度假酒店，冬可滑雪，夏可避暑，春秋两季美不胜收。
北宫门
西苑
圆明园
五道口周边
清华东路西口
六道口
五道口
香山
国家植物园
香山公园
中关村的美食种类非常丰富，虽不以京派风味取胜，但擅长川湘美食和东、西洋料理。
北京大学东门
万泉河桥
颐和园西门
颐和园
西山周边
¥¥¥
环境清幽，风光极佳，便于登山、健行。
远离市区，往返主要景点耗时长。
万安
茶棚
西山周边
北京西山国家森林公园
中关村
中关村
“宇宙中心”五道口除了最出名的韩餐，小吃和饮品也同样出圈儿。
不要错过
• 川菜
• 湘菜
• 粤菜
海淀黄庄
巴沟
苏州街
知春路
西土城
八大处
拥有自然美景的香山和八大处，最适合品茗听风。食材方面则以新鲜的山珍和野菜为特色。
不要错过
• 茶社
• 山珍和野菜
• 素斋
京
苏州桥
蓝靛厂
长春桥
不要错过
• 韩国料理
• 日本料理
• 风味小吃
大钟寺
蓟门桥

热门食宿区域

海淀学府林立，兼有书卷气与科技感，但住宿上无甚特色，以商务酒店和连锁快捷为主。近郊西山一带，倒是能寻找到绿意蔓延、诗情澎湃的山间民宿。住宿标准见169页。

学院路高校围墙外的“民间食堂”，能唤起曾经青春的人们关于火锅、烤串、面食的记忆；这里的咖啡馆和酒吧藏龙卧虎，没准哪一间就诞生过炙手可热的代码；民族风味和国际美食也在该区域的美食版图上占据一席之地。

旅行者推荐 INSIDERS' LIST

场所

阳坊涮肉
- 17316210668
- 海淀区中关村5号

那家小馆
- 13810027392
- 海淀区丹棱街甲1号互联网金融中心大厦B1层

花家怡园
- 010-51283379
- 海淀区清华西路28号

金谷园饺子馆
- 010-62053203
- 海淀区北三环中路44号文教园K座南2层

齐齐哈尔小炉匠炭火烤肉
- 18516858638
- 海淀区海淀南路10-4号

白家大院
- 010-62632193
- 海淀区苏州街15号

小吊梨汤
- 010-82616985
- 海淀区颐和园路8号1至2层01

酒鬼金居酒屋
- 010-82412410
- 海淀区学清路8号科技财富中心A座一层A103C

芈重山老火锅
- 010-69943719
- 海淀区五道口东源大厦二楼东侧

95号酱骨 · 一块豆腐
- 010-56927116
- 海淀区展春园西路2号

五道双马
- 010-62666179
- 海淀区东王庄小区33号楼108

五道口枣糕王
- 010-62798255
- 海淀区成府路41号-9

乐园夜市场
- 010-62345611
- 海淀区五道口王庄路33号王庄美食城2层

杨平牛肠
- 13146892338
- 海淀区王庄路东王庄33号楼2层

Habibi Restaurant哈比比巴基斯坦餐厅
- 19800263685
- 海淀区民族大学西路8号院1号楼3层301室

宫事颐庭
- 13121583913
- 海淀区新建宫门19号颐和园景区内贵寿无极院

小放牛炒菜馆
- 010-53657710
- 海淀区远大路1号D段5层5325

映庐
- 010-62009989
- 海淀区东冉北街9号

川军本色
- 010-68400286
- 海淀区北三环西路甲30号双天大厦12层底商

北平楼烤鸭
- 010-82082197
- 海淀区牡丹园西里16号楼1-2层

草原黑森林碳烤羊腿
- 010-53658311
- 海淀区学院路甲5号1厂房区1层001

肉串汪
- 010-62055815
- 海淀区北四环西路1号1层

北大博雅国际酒店
- 010-82689999
- 海淀区中关村北大街127号

颐和安缦酒店
- 010-59879999
- 海淀区颐和园宫门前街1号

颐和园及周边地图

颐和园及周边
0
1.1 km
百望山森林公
十方普觉寺（卧佛寺）
国家植物园
国家植物园
香山路
玉泉山路
香山
国家植物园
香山公园
香山革命纪念馆
万安
团城演武厅
茶棚
香山南路
西山国家森林公园
闵庄路
西五环路
旱河路
八大处公园
巨山路
杏石口路
平庄郊野公园

景点
餐饮
住宿

黑山扈路
圆明园西路
信息路
农大南路
东升八家郊野公园
京新高速
河
清
北五环路
中关村北大街
安河桥北
圆明园遗址公园
清华大学
清华东路西口
花家怡园
万泉河路
宫事颐庭
颐和园
北宫门
颐和安缦酒店
西苑
圆明园
北大博雅国际酒店
昆明湖
北京大学
金谷园饺子馆
杳・SPEAKEASY BAR
北京大学东门
五道口
E Cubed・宇宙客厅
Vault 102
小吊梨汤
Rooted&Flow福楼
颐和园西门
万泉河桥
北四环路
阳坊涮肉
万泉河路
中关村大街
中关村东路
那家小馆
白家大院
苏州街
海淀黄庄
知春里
知春路
知春路
巴沟
苏州街
齐齐哈尔小炉匠炭火烤肉
觉生寺
蓝靛厂北路
蓝靛厂北路
万泉庄路
北三环路
蓝靛厂路
人民大学
大钟寺
京
皂君庙路
密
苏州桥
引
西四环路
长春桥
长椿桥路
远大路
学院南路
水
西三环路
中关村南大街
渠
高梁桥斜街
蓝靛厂南路
蓝靛厂南路
车道沟
万寿寺
石口路
紫竹院路
国家图书馆

景点
餐饮
住宿

近郊地区及周边

六环以内的北京近郊，就像一个现代与传统之间的过渡地带，你既能感受到钢筋水泥的脉搏，也能聆听自然的呼吸。

落成不久的北京环球度假区无疑是这里最耀眼的现代符号，色彩斑斓的游乐设施充满活力，游客的尖叫与欢笑此起彼伏，宛如一场永不谢幕的欢乐庆典；与之形成鲜明对比的则是卢沟桥与宛平城，它们默默诉说着历史的厚重与沉痛；朝阳区的红砖美术馆，以其独特的建筑风格与当代艺术的展览，成为艺术爱好者心中的圣地；而大兴的南海子公园，则以其开阔的景致和麋鹿苑的独特风光，成为亲子游的理想去处。这里是历史的追忆，是艺术的享受，是自然的宁静。在这个现代与传统交汇的边界，你可以放慢脚步，细细体会北京这座城市独特的韵味，找到属于自己的那一份安宁与感动。

数说近郊地区及周边

No.1
全球最大国家级电影专业博物馆

No.1
北京银幕最大的一代激光IMAX巨幕厅

No.1
中国首座环球主题乐园

60米
滑雪大跳台“雪飞天”高度

约3.8万平方米
中国电影博物馆面积

1354米
新首钢大桥全长

2株
千年古白皮松

在近郊地区及周边，你可以这样玩：

3天 冬奥古今穿越之旅
（见46页）

1天 北京环球度假区
（见106页）

1天 798艺术中心周边
（见108页）

1天 通州大运河绿道骑行
（见156页）

1天 温榆河及清河绿道骑行
（见158页）

何时去

3月至5月
法海寺桃花盛开。南海子公园丁香、樱花、郁金香、牡丹等花朵竞相开放。

6月至8月
首钢大桥骑行正当时，夜晚华灯初上，沿途各种串串美食等你品尝。

9月至11月
环球影城举办盛大的万圣节主题活动，一般为期1个多月，开启一场惊心动魄的探险之旅吧！

12月至次年2月
环球影城迎来圣诞季，园区内特定时刻会飘雪。户外寒冷，也可以在中国电影博物馆温暖的室内看上几场电影。

首钢园滑雪大跳台

首钢园

曾经的工业园区焕发新颜，滑雪跳台、“高炉夜景”、首钢大桥骑行……各种新潮的生活方式等你体验。

卢沟桥和宛平城

历史的车轮滚滚向前，过往的伤痕不可忘记。尝试数清卢沟桥上究竟有多少石狮子，若是运气好，还可欣赏到“燕京八景”之一的“卢沟晓月”。

近郊地区及周边亮点

火沙路
北京首都国际机场
天北路
机场高速
温榆河公园
太平
野公园
立汤路
清河营
郊野公园
东小口
休闲公园
京平高速
机场东路
京承高速
首都机场高速
京平高速
东郊
湿地公园
东苇路
机场第二高速
温
榆
河
壁富路
东郊森林公园
金榆路
管庄路
将府公园
坝
河
中
坝
河
河北省
潞苑北大街
东坝郊野公园
常营公园
青年路
五环路
六环路
通燕高速
永顺公园
minion land
小黄人乐园
北京环球度假区
这座乐园无缝融合了电影魔法、冒险刺激和家庭欢乐，让你的北京之旅不虚此行。
通
惠
河
北
运
河
广渠快速路
运河西大街
九棵树西路
京哈高速
灌
渠
北京环球度假区
化工路
萧
太
通马路
后
河
台湖
公园
京津高速
南苑森林
湿地公园
凉
水
河
二台山路
德贤路
京沪高速
五环路
南海子公园（麋鹿苑）
黄亦路
京台高速
京福路
六环路
凤
河

卢沟桥

古迹与建筑

卢沟桥和宛平城

卢沟桥和宛平城，北京西南地区的历史遗珠。1937年7月7日，卢沟桥上打响了全民族抗战的第一枪，成为现代史中不可磨灭的伤痕与勇气的象征。漫步此地，你会不由自主地从现实抽离，仿佛置身于一段沉重而悲怆的历史卷轴。

如果从地铁宛平城站开始游览，站旁即**中国人民抗日战争纪念雕塑园**(8:30—17:00，周一闭园)，瞻仰过园区中央的**中国人民抗日战争纪念碑**后经北门离开，日军炮轰造成的**七七事变弹坑遗址**仍留在门外右手边的**宛平城**墙上。

这座建于明朝的屯兵卫城，据守着卢沟桥战略重地，城墙高耸，砖石规整，四方紧闭的形态犹如一个历史的容器，将战火与苦难封存其中。位于城中心的**中国人民抗日战争纪念馆**(免费，9:00—21:00)，完整讲述了卢沟桥事变乃至整个14年抗战的过往。

出抗战纪念馆，沿脚下被压出车辙的石板路(这是根据城中发掘出的石板仿建的)一路向西，穿过宛平城的街巷，厚重的**西门**(威严门)外即**卢沟桥**。桥头的**卢沟桥历史博物馆**(9:00—16:30，周一闭馆)讲述了卢沟桥与宛平城的历史岁月与建筑特色。

始建于金代的卢沟桥，扼守着古时的京畿西大门，是中国现存最古老的联拱石桥之一。花岗岩桥面两侧，望柱上的众多**石狮子**或坐或立，形态各异。民谚云："卢沟桥的狮子数不清。"石狮子的确切数量确实是个谜——即使在官方统计中，也有485只、498只和501只三种说法。不妨亲自数一下，注意不要漏掉华表顶端和桥头的石狮子。

桥东北侧的**乾隆御碑**上，"**卢沟晓月**"四字指的是旧时的"燕京八景"之一。"晓月"本谓黎明时分河水映衬下的弯月，但如今的人们则更喜欢在华灯初上时便来园中等待月色升起。

◆见312页地图◆地址：丰台区宛平城西门西侧◆门票：卢沟桥20元，宛平城及抗战纪念馆免费◆营业时间：宛平城区全天开放，卢沟桥4月至10月7:30—19:00，11月至次年3月8:00—17:30◆微信公众号：卢沟桥文化发展中心

法海寺

翠微山南麓的法海寺，由明代宦官李童于明正统四年(1439年)发起兴建，如今以精美的明代壁画而闻名。寺庙院落共四进，大雄宝殿是寺庙的主殿，殿前有两棵**千年古白皮松**，殿内的九铺**明代壁画**是大多数人来法海寺的主要目的。

大殿内壁画分为五部分，其中最著名的包括北墙殿门左右两侧的"**帝释梵天礼佛护法图**"、扇面墙背后的"**三大士图**"以及东西山墙上的"**十方佛赴会图**"。这些壁画色彩浓烈、构图繁复，每一处细节都饱含画师的心血。壁画采用沥粉堆金的技艺，细腻的线条和丰富的色彩层次，使人物与场景栩栩如生，让观者仿佛置身于佛国仙境。曾任中国历史博物馆美术组组长的古壁画学家潘絜兹先生曾赞叹："平生所见壁画甚多，当推法海寺第一。"

可重点关注"**帝释梵天礼佛护法图**"中的"诃利帝母"形象：她怀抱爱子，母亲的慈爱和孩子的天真被描绘得异常生动，这一细节让壁画在人间情味中增添了一份柔情。画中穿插的动物形象，如狐狸、野猪、豹子等，也充满了活力与趣味，体现了画师对自然界细致的观察与生动的再现。"三大士图"中的水月观音也是壁画的亮点：观音菩萨轻衣薄纱，面带慈

祥，衣袂飘扬之间，静中有动，给人以无穷的安宁感。观音的披纱以极为细密的线条勾勒，透过披纱还能看到菩萨的皮肤，细腻描绘令人叹为观止（见321页）。东西山墙上的"佛会图"作为十八罗汉雕塑的背景，描绘的莲花、芭蕉、牡丹等植物，色彩浓烈而又晕染得当，细节处充满精工细绘之美。

参观壁画需在微信公众号单独预约并分批参观，禁止摄影摄像，调研时，个人参观每天9:30至15:00共6场，名额非常紧俏，请尽早预约（可提前7天）。若没约到瞻仰壁画真迹的机会，后侧的药师殿中展出了它们的高精度复制品（可拍照），亦可大饱眼福。

新近开馆的**法海寺壁画艺术馆**（石景山区模式口大街甲47-1号；工作日/周末及节假日98元/138元；10:00—17:00，周一闭馆）位于法海寺南侧山下，馆内用3D技术"复活"了这些壁画，并配有详细的介绍，每半小时一场的球幕电影（20元）也比较震撼。

李童太监墓就在法海寺售票处西侧，他是法海寺的创建者。寺庙南侧山下还有一座基于明代当红大太监田义的墓改建的**宦官文化陈列馆**（石景山区模式口大街80号；门票8元；9:00—16:00），开放的地宫和其中拥有六个脚趾的干尸令人印象深刻。寺庙东南侧有一座**中国第四纪冰川遗址陈列馆**（石景山区模式口28号院；免费；8:30—17:00），可以看到很多地质科普资料，以及动物与矿物标本。

◆见325页地图◆地址：石景山区模式口北街28号◆门票：寺庙20元，寺庙+明代壁画100元◆营业时间：9:00—16:30，周一闭馆◆微信公众号：法海寺壁画艺术馆

北京环球度假区哈利·波特的魔法世界

公园与街区

北京环球度假区

2021年北京环球度假区的开幕，让国内终于有了第一座环球主题公园，也令北京成功跻身"主题公园一线城市"之列。

环球影城主题公园（简称"环球影城"）是环球度假区的主体，共分七大区域：哈利·波特的魔法世界、侏罗纪世界努布拉岛、变形金刚基地、小黄人乐园、未来水世界、功夫熊猫盖世之地、好莱坞。

这里的魅力在于它无缝融合了电影魔法、冒险刺激和家庭欢乐——无论你是想在霍格沃茨学会魔法，还是在"侏罗纪世界"中直面恐龙；无论是游乐园爱好者，还是相关作品的影迷，环球影城足以让你为之特地安排一次北京之行。

环球影城外的环球度假区

环球度假区不仅包括环球影城主题公园，免费开放的商业街**环球城市大道**不仅是从地铁站和停车场往返环球影城的必经之路，还提供了更多性价比更高的餐饮选择。中餐厅有北京烤鸭**全聚德**、江浙菜**外婆家**和港式茶点**囍凤楼**等；西餐有美国连锁**阿甘虾餐厅**、巧克力连锁店**酷巧**的亚洲首店，以及拥有特别菜单的**KPro肯德基概念店**等；日料、东南亚菜等选择也十分多样。

此外，度假区还有**环球影城大酒店**和**诺金度假酒店**两家豪华住宿选择。尽管双人间千元以上一晚的价格并不算便宜，但窗外环球影城的景致，以及专享的单独通道提前入园等多种权益加持，也让这份花费稍显"物有所值"。

省钱玩环球影城

1. 携程、飞猪、美团、高德地图、京东……各个平台都在打折卖环球影城门票及优速通，折扣各不相同。

2. 建议乘坐地铁前往，可以省下上百元停车费。

3. 环球影城允许自带零食和饮品（注意：园区禁止带泡面及自热食品）。

4. 核销门票当日可重复入园，因此可以叫外卖至地铁口，但往返比较耗时。18点后可叫外卖至环球影城大酒店外卖柜，再直接经酒店入园口回园（18点前非酒店住客必须绕经城市大道回园）。

5. 部分时段可以选择0.5日票，票价节省近一半。14点入园——这可能是你“睡得最值”的一次懒觉。

6. 若一年内打算来环球影城两次及以上，推荐购买年卡。不同等级的年卡，可以满足不同入园时段人群的需求。年卡不仅可以让你反复入园，还可以获得园内餐饮折扣。

首钢园三高炉夜景

◆见313页地图◆地址：通州区环球大道◆营业时间：10:00—22:00，会随季节变化，具体请在购票时确认◆门票：浮动制，调研时指定单日票538—748元，具体请查阅官方小程序◆微信公众号：北京环球度假区

首钢园

首钢曾是中国最大的钢铁生产企业之一，鼎盛时期，它曾承担了全国十分之一的钢产量。2005年起，首钢生产基地陆续迁出北京，现在的首钢园便位于它的旧厂区。这片足有十几个故宫大的广阔区域，曾是2022年北京冬奥会的主要赛场之一，标志性的**滑雪大跳台“雪飞天”**赛后永久保留，与那些告别了昔日烟火的高炉、烟囱、管道一起，共同组成了一道亮丽的京西最新风景线。

首钢园目前开放的主要场馆大多集中在石景山路以北的北区，如果从金安桥地铁站下车，眼前即一字排开的三座巨型高炉。居于中心的**一高炉**目前被改造成为拥有5层空间的**SoReal科幻乐园**（参观票139元，通票399/499元；周二至周五13:30—20:30，周六日10:30—21:00，周一闭馆），内部宛若科幻电影的场景，大部分体验项目为VR类。

马路对面是**三高炉**，留意南北两侧巨大的鱼雷罐车与重力除尘器，你可以登上它40米高的炉顶，在70米长的步道上俯瞰首钢园全景（登顶票68元；开放时间10:00—17:00，周六日提前至9:00开放）。拍摄三高炉的最佳机位在西侧的**秀池**畔。三高炉北侧有一家堪称全国“最赛博朋克”的星巴克咖啡，值得在此小憩。

回到马路东侧，一高炉南侧的**四高炉**，与周围其他原厂房一起组成了庞大的**首钢国际会展中心**。想要参观，可以关注相关

骑行新首钢大桥

全长1354米的新首钢大桥，独特的双塔斜拉钢结构桥身，为焕发生机的首钢园区域带来了一座新地标，也让北京的骑行爱好者有了一个新目的地——在桥上打卡浪漫的黄昏与璀璨的夜景。即便没有专业的骑行设备，骑共享单车穿越首钢大桥也是不错的选择。可在地铁11号线新首钢站附近找一辆共享单车，沿石景山路向西，从非机动车道直接骑上桥面即可。

南苑森林湿地公园飞雁台

展会信息。

汇集吃喝玩乐的**六工汇购物广场**位于四高炉的西南侧。再向南则是**群明湖**，它曾是首钢的冷却水池。而现在，南岸耀眼的"雪飞天"**首钢滑雪大跳台**倒映在湖水中，宛若一条出水巨龙，远看则像一座"超大号高跟鞋"。你可以登上这座前冬奥场馆（门票80元），在近20层楼高的出发区感受谷爱凌夺冠时的同款视角。

园区面积广大，骑行更为舒适。若想步行游览，可登上连接园区南、北、西三个方向的"T"形**高空步道**，在这条专属于行人的"高速公路"上可以将园区美景尽收眼底。

高空步道的西侧尽头通往**首钢园香格里拉酒店**（双人间约1200元/晚），这座由首钢发电厂改建而成的豪华酒店，粗犷的建筑结构在玻璃幕墙内完整保留，而内部大堂的装潢则像是一场装置艺术的盛宴。

◆见312页地图◆地址：石景山区石景山路68号◆门票：免费◆营业时间：8:00—20:00◆微信公众号：首钢园

北京园博园

北京园博园曾是2013年中国国际园林博览会的会场，现在则号称是一座"国内最完整、融中外园林景观之大成于一园"的大型园林城市公园。园内分布着用各地地名命名的园林，大多是国内城市，不要错过异域风情十足的**伊斯兰风情园**。园区面积广阔，可以选择租赁自行车骑行。

标志性建筑永定塔高69.7米，和锦绣谷一起成为园区的两大亮点。锦绣谷是由一个20多公顷的建筑垃圾填埋坑改造而成的花谷，堪称"化腐朽为神奇"的生态修复典范。

位于园区西北角的**中国园林博物馆**不容错过，6个室内展厅详尽介绍了中国及国外园林的发展历史与建筑风格。展园撷取南方园林精华，如苏州畅园、岭南余荫山房等，让游客仿佛置身于真实的古典园林之中。室外展区则展现了北方园林的独特风貌，如塔影别苑、染霞山房等，结合地形特点，巧妙运用传统造园技巧，令人叹为观止。

◆见325页地图◆地址：丰台区射击场路15号◆门票：免费（园林博物馆需预约）◆营业时间：3月至10月6:30—19:00，11月至次年2月7:30—18:00◆微信公众号：中国园林博物馆

南苑森林湿地公园

北京的南中轴线上终于也有了自己的"城市绿肺"。与奥森南北相望的南森，利用已有的绿色湿地和湖泊水系，沿着南四环中路创建了占地约1.7平方公里

百望山森林公园黑山扈战斗纪念园

的公园。历史上，这里曾是沼泽水淀、天然野趣之地，后来随着北京地下水位的下降，水域面积逐渐缩减。近年来，经过生态修复，再现了昔日天然野趣、鸥鹭翔集的景象。公园内设有三层观景台，连坡屋顶的区域也做成观景台阶，提供360度观景区域，可远眺西山、国贸CBD，观千顷林海。从西门进入，向东穿过郁郁葱葱的林间小路，转角跋涉登上一座小山丘，就到达了“飞雁台”。临近日落时分，几乎是这里人最多的时候，不少人都赶着来追一场日落和晚霞。观景台下布局有咖啡厅，进入观景台需要在微信公众号进行预约。

◆见313页地图◆地址：丰台区槐房路◆门票：免费◆营业时间：4月至10月7:00—20:00，11月至次年3月7:00—21:00◆微信公众号：北京南苑森林湿地公园官方服务号

南海子公园（麋鹿苑）

南苑（又名南海子）在元、明、清三朝都是皇家专用狩猎场，范围曾覆盖今日北京南四环至南六环间的广阔区域。如今的南海子公园，只是曾经南海子狩猎场的一小部分。

清同治年间，法国动植物学家大卫神父在此发现了世上仅存的一群麋鹿，使这片湿地随着他的发现而名扬四海。如今分布在世界各地的麋鹿，都是当年南海子麋鹿的后代。为了纪念这一发现，现在南海子公园中重新设立麋鹿保护区（麋鹿苑），引进麋鹿在此散养。

距离**麋鹿苑北门**不远的**麋鹿苑博物馆**介绍了此地与麋鹿的渊源。从博物馆向南可进入环绕湿地的**观鸟步道**，在此可以邂逅包括孔雀、白鹭和黑天鹅在内的各种鸟类。你可能还会看到某种像鹿的动物从眼前窜过，很遗憾那不是麋鹿，大概率是麅子（中华鹿）或“傻狍子”（东方狍）。麋鹿生活的**保护区核心区**封闭管理，游客无法进入，你最有可能看到它们的地方是在观鸟步道东侧尽头的桥上。从这里向东极目远眺，如果看见视线尽头草地上似有似无的成群黄色斑点，那就是麋鹿了。如果想拍下它们的英姿，至少需要400mm长焦镜头。

桥北的各个围栏内分别饲养着梅花鹿和马鹿，运气好的话，也可能看到麋鹿本尊。园区在此处也提供喂鹿体验（60元/人），但本书调研时只有梅花鹿。

◆见313页地图◆地址：大兴区黄亦路16号◆门票：免费◆开放时间：公园夏季6:00—21:00，冬季7:00—20:00；麋鹿苑9:00—16:00，周一闭园◆微信公众号：南海子公园

百望山森林公园

北京的山，大抵分属燕山和太行山两脉，京西的百望山就属于太行山余脉，并且是太行山延伸到华北平原东端尽头的山峰。200米的海拔在北京群山之中不算出众，幸而拥有靠近市区的地理优势，地铁16号线马连洼站A口出站步行约10分钟即可抵达公园东门。

百望山还有个名字叫“望儿山”，据闻佘太君曾在山上为其子杨六郎助威，因此山上留有佘太君庙、教子台等建筑。除了这个传说，百望山还见证了两段真实确切的历史。圣母山和圣母院记述了当年首批到华传教的圣母会在此留下的教会故事；黑山扈战斗纪念园展现了1937年7月卢沟桥事变之后，平西抗日游击队用步枪击落敌人一架战斗机的英勇事迹。

作为“官方盖章”的天然氧吧，百望山是休闲健步的好去处，公园内路线清晰，老幼皆宜，登至山顶可东望京城全景。

◆见312页地图◆地址：海淀区黑山扈北口19号◆门票：6元◆营业时间：7:00—19:00◆微信公众号：北京百望山森林公园

文化与展演

中国电影博物馆

为纪念中国电影诞生100周年的标志性建筑，也是目前世界上最大的国家级电影专业博物馆。进入大厅的中央圆厅环幕非常震撼，呈现出光影交汇、气势磅礴的沉浸式场景。走上二楼，多个展厅完整回顾了中国电影的百年发展史，将那些耳熟能详的经典老电影娓娓道来。1905年，著名京剧老生谭鑫培主演的《定军山》标志着中国电影的诞生。随着技术不断迭代更新，中国电影进入有声电影时代。20世纪60年代生产的影片《地道战》在几十年里，全球观众达到数十亿人次，是世界上放映场次和观众人数最多的影片，八一电影制片厂已对此项申报了吉尼斯世界纪录。1999年，《宝莲灯》的出现再次照亮了中国的美术电影市场。此后中国电影市场愈加繁荣。

厅内的展品值得细细探索：从百年前的老胶片、放映机到“流浪地球”使用过的太空服道具，应有尽有。除了展览，这里还有6个放映厅每日循环播放经典电影，这可能是你在大荧幕上欣赏这些已下线电影的唯一机会。

中国电影博物馆《定军山》拍摄场景展示

◆见326页地图◆地址：朝阳区南影路9号◆门票：免费，观影另收费◆营业时间：博物馆9:00—17:00，周一闭馆◆微信公众号：中国电影博物馆

中国铁道博物馆（东郊展馆）

东郊展馆是中国铁道博物馆最大的分馆（正阳门馆，见241页），堪称铁路迷的天堂。巨型展厅中展示着1881年英国制造、我国现存最老的“0号”蒸汽机车，时代色彩浓厚的“毛泽东”号、“朱德”号机车，以及国内高铁的“开路者”中华之星动车组等。你还可以进入毛主席乘坐过的专列车厢参观（收费10元）。户外展区有一座按老车站风貌复原，非常“出片”的**年代车站**，还有一座设在老铁路餐车上的**主题餐厅**。博物馆东侧围墙外即著名的北京环行铁道。博物馆设有观景台，运气好的话可以看到最新型列车试跑。

◆见326页地图◆地址：朝阳区酒仙桥北路1号院◆门票：免费◆营业时间：9:00—16:30，周一闭馆◆微信公众号：中国铁道博物馆

民航博物馆

和以军用航空为主的中国航空博物馆不同，这座更小但更精致的博物馆的主题是民用航空。**室内展区**除回顾中国民航的发展史外，还停放着一架编号为4208的**伊尔-14飞机**，毛主席那张在飞机上工作的著名照片，经考证就是在这架飞机上拍摄的。你可以登机参观，弥补无法登机参观中国航空博物馆的伟人专机的遗憾。**室外展区**则展示了中国民航使用过的历代机型，包括如今已难得一见的里-2运输机和“三叉戟”，还有各种

红砖美术馆建筑内部

民航的专用设备，如摆渡车、客梯车。

◆见326页地图◆地址：朝阳区首都机场辅路民航200号◆门票：免费◆营业时间：9:00—16:30，周一闭馆◆微信公众号：民航博物馆

观复博物馆

由收藏家“马爷”马未都创办，是全国首家开放的私人博物馆，展览的都是他的私家珍藏。共有瓷器、家具、油画、工艺、门窗五馆，大量黄花梨木家具让人啧啧称奇。这里还是三十多只“观复猫”的家，大多是被救助的流浪猫，你可以在“花名册”上找到每只猫的名字和“职务”，有时临展厅还会有“观复猫”的相关展览。平时它们会在院子里游荡，每逢下午的集体加餐时间则尤为热闹。

◆见326页地图◆地址：朝阳区大山子张万坟金南路18号◆门票：100元◆营业时间：9:00—17:00◆微信公众号：观复博物馆

红砖美术馆

红砖美术馆落成于2012年，独特的全红砖建筑以及中式山水庭院结构，可谓如今北京各类“网红”建筑的鼻祖。在装饰上，红砖美术馆运用了大量的红色砖块、木材和石材，既突出了美术馆的特色，又增加了艺术感。在建造砌筑过程中，没有对红砖进行过多切割，尽量保证每一块砖的完整性，别有一番韵味。如今的红砖美术馆全年承办各种高水准的艺术展，如往期展览《托马斯·萨拉切诺：共生》《海蒂·布赫：皮囊之上》等。具体档期可见微信公众号。

◆见326页地图◆地址：朝阳区顺白路何各庄368号◆门票：150元◆营业时间：5月至9月10:00—18:00，10月至次年4月10:00—17:30，周一闭馆◆微信公众号：红砖美术馆

中国印刷博物馆

由北京印刷学院开办，是世界最大的印刷博物馆。一层是中国古代印刷展厅，从8000年前的刻画符号，到魏晋南北朝时期的拓印、捺印技术，你将一步步见证古代印刷术的起源与发展。唐代卷轴装《金刚经》、镇馆之宝《春秋经传》和《安民告示》等展品，将带你领略古代印刷术的辉煌成就。二层的展厅则主要讲述印刷术与文明互鉴。三楼有时会举办与印刷相关的临展。尤其不要错地下一层的**印刷机展区**，上百台中外各式印刷机布满展厅，场面蔚为壮观。

◆见312页地图◆地址：大兴区黄村兴华北路25号◆门票：免费◆营业时间：9:00—17:00，周一闭馆◆微信公众号：中国印刷博物馆

法海寺水月观音壁画与曼陀罗藻井

热门食宿区域

若将目光移至北京近郊地区，你会发现这里虽然不似市中心一样景点密集，但是同样拥有丰富的住宿资源，既有多家经济型酒店、舒适型民宿，也有高档星级酒店。住宿标准见169页。

五环、六环之间不乏热门的珍馐汇集地，除了老北京的经典菜肴，也有各种国际美食，令你的味蕾大为满足。

度假区里有几家高档酒店，考虑到其位置，价格自然不菲，适合计划深度游览环球影城的人。
北京环球度假区 ¥¥¥
可提前入园，减少排队时间。
离市区远，选择有限。
这里的餐饮对于各个年龄阶段，尤其是亲子游的人群非常友好，提供趣味和美味并重的就餐体验。
不要错过
• 电影主题餐厅
• 甜品
• 国际美食
天通苑东
国展
北京首都国际机场
三号航站楼
北苑
清河营
孙河
马泉营
善各庄
崔各庄
温榆河
小中河
中坝河
东坝北
东坝
坝河
东坝南
姚家园
青年路
高碑店
传媒大学
通惠河
通惠河灌渠
通州北关
通运门
北运河
北运河西
九棵树
梨园
临河里
土桥
双合
焦化厂
黄厂
郎辛庄
黑庄户
万盛西
万盛东
花庄
北京环球度假区
环球度假区
萧太后河
小红门
北神树
旧宫
亦庄文化园
万源街
亦庄桥
次渠北
亦庄站
定海园
次渠
荣京东街
荣昌东街
凉水河
嘉会湖
德茂
同济南路

探索

旅行者推荐 INSIDERS' LIST

场所

旺顺阁鱼头泡饼
- 010-68688119
- 石景山区鲁谷东街东台湾街A区

梧桐小院
- 13910722526
- 石景山区模式口大街甲47号

山也Park
- 18612240802
- 石景山区老山教练场环形路古城公园管理处北门向东50米

女儿红·新派江南菜
- 010-68000002
- 石景山区北京国际雕塑公园西区西门北侧

杏花堂
- 010-53671686
- 石景山区环宇荟A座2层

几木
- 010-53685686
- 石景山区上庄大街东侧郎园平房D101-D102

Shang Brew香啤坊
- 010-88293206
- 石景山区石景山路68号3号高炉C馆

首钢大食堂
- 010-88291919
- 石景山区石景山路68号首钢园区服贸会区域2号馆北侧

电厂酒廊Power Station
- 010-88298180
- 石景山区群明湖西街与五一剧场南路交叉口西南60米

千禧国湘
- 010-68960968
- 石景山区和平西路55号院2号楼二层

观澜餐厅
- 010-60607777
- 丰台区凤凰嘴街5号院鼎兴大厦B座F3层

京狮炙燥·顺儿胡同
- 18611199560
- 丰台区首经贸中街6号102底商

湖里春风
- 13370150838
- 丰台区丽泽路300号丽泽天街5层

SPACELAB失重餐厅
- 18614293255
- 大兴区欣宁街15号院1号楼3层

知嘛健康·中餐厅（零号店）
- 010-81058806
- 大兴区思邈路39号院同仁堂健康药业大兴生产基地

环球影城莲花园
- 4008778899
- 通州区北京环球度假区环球影城大酒店二层

囍凤楼
- 010-56678060
- 通州区环球大道1号院5号楼RR-06

珍宝海鲜JUMBO Seafood
- 010-50960926
- 通州区环球大道1号院

首钢园香格里拉酒店
- 010-88298888
- 石景山区石景山路68号院群明湖西街

环球影城大酒店
- 4000688688
- 通州区日出巷2号院

西南华邑酒店
- 010-57328888
- 海淀区太平路甲18号

法海寺
石门路
模式口
永
定
永引叠翠
河
引
水
渠
阜石路
苹果园
金安桥
阜石路
西五环路
千禧国湘
Shang Brew香啤坊
北辛安路
古城大街
杨庄东街
电厂酒廊
Power Station
首钢园
北辛安
首钢大食堂
新首钢
石景山游乐园
古城
金安路
石景山路
石景山路
八角游乐园
永
北京冬奥公园
古城南街
定
莲石西路
G108
西六环路
永定河休闲森林公园
河
西五环路
北宫国家森林公园
北宫路
北京园博园
园博大道
园博大道
0
1.2 km
园博园
张郭庄
首钢园及周边

景点

餐饮

住宿

东北郊博物馆群
N
0
820 m
孙河
京密路
红砖美术馆
顺白路
京平高速
北京尼克劳斯俱乐部
香苇路
马泉营
马泉营西路
香江公园
崔各庄
来广营东路
民航博物馆
京密路
机场高速
观复博物馆
望京东
望京东路
大望京公园
黑桥公园
中国铁道博物馆
（东郊展馆）
中国电影博物馆
宏泰东街
阜安东路
东五环路
酒仙桥路
北京798艺术区中心
将府公园

景点
餐饮
住宿

远郊地区

与市区的喧嚣与繁忙相比，六环外的北京，仿佛远离尘嚣的秘境，历史与自然在这里静静交融，构成了一幅沉稳优雅的画卷。古老的长城绵延不绝，残破的石阶记录着岁月悠长；十三陵静卧于群山之间，庄严肃穆，静谧幽深，无声讲述着王朝兴衰；美景连绵的百里画廊，山峦起伏，流水潺潺，四季变换，如诗如画。

除了少数城区，六环外几乎没有地铁覆盖，更适合驾车自由驰骋。当沿途的风景在车窗外徐徐展开，那遗落的古道、深藏的庙宇、山中的古村，都会将自己私藏的故事与你低声诉说。

数说远郊地区

3.74公里
八达岭长城

19座
银山塔林现存古塔

5.4公里
慕田峪长城

14278块
石经板数
藏于云居寺和石经山

1700+年
潭柘寺历史

70万至20万年
“北京人”化石距今时间

超过120平方公里
十三陵总面积

在远郊地区，你可以这样玩：

1天 八达岭长城与十三陵
（见54页）

1天 慕田峪长城与雁栖湖
（见56页）

1天 九眼楼长城与银山塔林
（见58页）

1天 红螺寺与雁栖湖
（见142页）

1天 戒台寺与千灵山
（见146页）

1天 潭柘寺与檀谷
（见148页）

何时去

3月至5月
北京的花期虽短却绚烂，算准花期，踩着点儿奔赴远郊的山岭和公园，赏玉兰、牡丹、杜鹃、丁香……各处姹紫嫣红开遍。

6月至9月
轻装上阵，此时是攀登长城的好季节。十渡、雁栖湖的水上娱乐活动多样，是避暑的好去处。

10月至11月
红叶季到来时，登临长城看层林尽染，拜访红螺寺赏银杏金黄。

12月至次年2月
银装素裹的银山塔林非常出片，能感受到传承几百年的古建之美。冬季郊外寒冷，此时前往郊区各景点时，需要格外注意安全，小心雨雪天气造成的地面湿滑。

雁栖湖秋景

长城

在世界范围内，长城都是中华民族的代表性符号和中华文明的重要象征，北京段的几座长城也是万里长城中的精华。

雁栖湖

亲眼见到湛蓝的湖水与浓郁的彩林交相辉映的美景，你就会明白为何国际会议将此处选为举办地。

远郊地区亮点
十三陵
探访中国皇家陵墓的典型代表，感受古代中国在风水与建筑布局上的智慧。
大运河森林公园
在“城市绿心”深度放松身心，更有世界文化遗产大运河相伴，“北京城市副中心三大建筑”值得细细探访。
周口店国家考古遗址公园
“北京人”和“山顶洞人”化石的接连出土，让这里闻名天下。历史书上出现过的那几块著名的头盖骨，多数出自于此。
大运河森林公园
周口店国家考古遗址公园
北京
东城
西城
朝阳
海淀
石景山
门头沟
房山
大兴
通州
顺义
平谷
昌平
凤凰岭
廊坊
北京首都国际机场
北京大兴国际机场
北京野生动物园
沙河水库
金海湖
六环路
京礼高速
京承高速
京平高速
京秦高速
通燕高速
京哈高速
京津高速
京沪高速
京台高速
大广高速
大兴机场高速
大兴机场北线高速
京雄高速
京港澳高速
京昆高速
京尉高速

十三陵神路

纪念地

十三陵

昌平天寿山麓的十三陵，是明朝十三位皇帝的陵寝群。陵区依山傍水，背靠天寿山，面朝广阔的平原，象征着天子的威严与天地自然和谐相融。作为中国皇家陵墓的典型代表，十三陵不仅展示了明朝帝王的权力和尊荣，还反映了古代中国在风水与建筑布局上的智慧。2024年，永陵和思陵首次向公众开放，目前，明十三陵可参观的景区为神路、定陵、长陵、永陵、昭陵、康陵和思陵。

神路

如今开放的神路景区，是曾经明成祖长陵全长7.3千米神道的一部分，后来成为十三陵的总神道。检票口外侧，作为整个十三陵景区入口的鲜红**大宫门**（旁立下马碑）标志着神道的入口，谒陵的文武百官均需在此下马，曾经中门仅供帝后棺椁及神御物通过，连皇帝都只能走东侧门（其他人走西侧门）。大宫门北侧约500米，检票口内碑亭中高7.91米的**长陵神功圣德碑**，正面记载了明仁宗朱高炽对其父朱棣的赞颂，侧面和背面则刻着清乾隆和嘉庆二帝的御制诗文。碑亭以北的神道两侧有相向排列的1对石望柱和36尊石像生，依次为狮、獬豸、骆驼、象、麒麟、马共12对，均为前卧后立；其后为石人，将军、品官、功臣共12尊，皆为立像。北端的**棂星门**（又名龙凤门）标志着神道的结束，三门六柱的形制，与《永乐大典》记载“灵星垂三门之象”“设六扉而开阖”相吻合。此处距离长陵仍有约4公里，可想而知曾经陵园的规模是多么庞大。

大宫门南侧约1公里另有一座**石牌坊**，是曾经十三陵的外牌坊。这座六柱五间十一楼彩绘牌坊，高16米、宽35米，是全国现存最大的石牌坊。

定陵

建于明万历十二年（1584年）的定陵（旺季60元，淡季40元），是国内唯一一座被正式发掘过的皇陵。这里曾安葬明神宗朱翊钧（万历皇帝）、孝端皇后，以及继位的明光宗的生母王贵妃。

整座陵园为明皇陵标准的“前方后圆”形制。检票入园前，会先经过三座并列的**汉白玉石桥**和矗立的无字**神功圣德碑**。充当检票口的红色**重门**曾是陵寝的第二道大门，原本其外侧的外罗城及宫门现已无存。检票入园后，面前的巨型汉白玉台基属于被李自成起义军焚毁的**祾恩殿**，穿过其后两柱牌楼式的**棂星门**，便可以看到陵墓的主体**宝城**——黄瓦红墙的**明楼**（可登楼参观）立于石砌的**方城**之上，穿过方城的大门，其内便是地宫的入口。

定陵的**地宫**位于地下27米，花岗岩制的地宫由五座大殿组成，入口处的楼梯通往空空如也的**左配殿**，而地处地宫中心的**中殿**放置着皇帝、皇后、贵妃三人的宝座、供桌和长明灯，所有的墓葬都在最里侧的**后殿**，现在看到的三尊棺椁和26个红漆木箱都是复制品，原物连同三位帝后遗骸都已灰飞烟灭。出宝城后，左右两侧的**展厅**展示了很多在此出土的文物，不过最著名的万历皇帝**金翼善冠**和**皇后凤冠**大多时间展出的都为复制品，只有运气好的时候才得见原件。

长陵

明成祖朱棣（永乐皇帝）的长陵（旺季45元，淡季30元），是十三陵中兴建最早、规模最大的一座。其“前方后圆”的形制与定陵基本相同，不同的是长陵

金翼善冠

的**祾恩门**及其后的**祾恩殿**得到了完整保存，使它成为唯一保存至今的明代陵殿。这座完全按故宫奉天殿（即现在的太和殿）形制建造的巨型宫殿，规模仅次于故宫太和殿和太庙享殿，且是三者中唯一的明代原物。整座大殿全部采用名贵的金丝楠木打造，殿内的60根金丝楠木柱尤为耀眼。尽管无法进入后面的地宫，但站在祾恩殿前，从这里的辉煌便能想象出长陵地下暗藏的奢华。

永陵

这里是明世宗朱厚熜（嘉靖皇帝）及陈氏、方氏、杜氏三位皇后的合葬陵寝。永陵规模宏大，规制仅次于长陵。祾恩殿为重檐七间，左右配殿各九间。比起长陵，在永陵的方院和宝城之外，还有一道前七陵都没有的**外罗城**，其制“壮大，甃石之缜密精工，长陵规划之心思不及也”。外罗城之内，左列神厨，右列神库，各五间，还仿照深宫永巷之制，建有东西长街。此外，永陵的明楼全为砖石结构，无片木寸板，更为坚固，所以当下楼体仍是明代的原构，完好无损。

昭陵

昭陵（旺季30元，淡季20元）的规模相对较小，属于明穆宗朱载坖（jì）和他的三位皇后。与长陵和定陵相比，这里在墓冢封土前部多了一道拦土墙，与方城两侧的宝城墙内壁相接，形成状似月牙的城体，俗称**“月牙城”**，城内的院落因较封闭，又被称为**“哑巴院”**。这种形制自昭陵第一次使用，影响其后明朝的六座帝陵及清朝多座帝陵。

据记载，昭陵建成一年后即发生地基沉陷等问题，即位的明神宗不得不先后两次修葺，仅维修费就多达150余万两，超过当时全国半年的财政总收入。可惜现在的**祾恩殿**等建筑，几乎都是20世纪80年代末重建的，无法看到当年修缮过的原物。

康陵

康陵是明武宗朱厚照和孝静毅皇后夏氏的合葬陵寝，是目前明十三陵中发现砖铭文最多的一座。康陵的城墙砖上镌刻的铭文，多出自民间书法家或是略通文墨的工匠，其书法艺术展现了丰富多彩、古朴自然的韵味。

思陵

思陵相较于其他几座，规模较小。此地本是明思宗宠妃田贵妃的妃园寝。明朝灭亡后，李自成命人将明思宗及皇后周氏合葬于田贵妃之墓，使思陵成为十三陵中唯一一座帝后与妃嫔合葬之陵。可惜的是，思陵屡遭劫难，损毁严重。但古陵残碑，松涛阵阵，仍别有一番意境。

◆见355页地图◆地址：昌平区十三陵镇昌赤路◆门票：各景区单独售票，建议根据游览兴趣和时间选择购买◆营业时间：08:30—17:00◆微信公众号：明十三陵管理中心

十三陵公共交通

选择公共交通从北京市区出发前往十三陵，最便捷的方式是在德胜门箭楼西北侧乘872路，一路高速直达十三陵各开放景点，用时70—90分钟。

地铁昌平线十三陵景区站距最近的开放景点神路仍有2公里路程，离公交站也较远，出地铁后通常搭网约车前往。也可以多坐一站至昌平西山口，换乘昌78路前往十三陵各景点。

从十三陵去八达岭长城或居庸关长城，可在定陵或神路乘879路，约30分钟一班，70分钟左右可到达居庸关长城，90分钟到八达岭长城。

八达岭长城

长城

八达岭长城

对很多人而言，“八达岭”就是北京长城的代名词。那张长城蜿蜒在八达岭葱郁山脉之上的经典照片，早已随教科书深入人心。诚然，八达岭在旅游旺季游客众多，旅行体验确实不能称为上佳。然而，直达公交、市郊铁路和高铁“三位一体”的便捷交通，以及和明十三陵、八达岭森林公园不远的距离，让你能够轻松安排出一条充实的一日游路线。更何况，这里的风光春有花海，夏有凉意，秋有红叶，冬有雪景，确实担得起“长城头牌”的名号。

景区有南北两个入口，无论从哪个入口进入，步行不远都可到达**瓮城**——攀爬长城的正式起点。

从瓮城出发，大多游客都会选择路线较长、地势较缓的**北线**；如果选择**南线，**就会得到一个人流量少得多的八达岭。

北线共12座敌楼，其中**北八楼**是八达岭最高的一座。“不到长城非好汉”的噱头，让大部分旅行团只在瓮城至北四楼**“好汉碑”**之间游览，因此之后路段游客会少一些。南线共7座敌楼，下山必须原路返回。**南四楼**是南线最高的一座敌楼，同样有一座**“好汉碑”**。

如果想节省体力，也可乘**缆车**（单程/往返100/140元）直达两侧最高的北八楼或南四楼。北四楼有**滑车**（单程/往返80/120元）往返南门熊乐园附近，但比起步行30分钟下山，滑车排队时间往往更久。

距景区南门步行约15分钟的**八达岭国家森林公园**（33元，9:00—16:00，仅6—10月开放），林木茂密，步道繁多。在见识了人潮汹涌的长城之后，来到这里放松一下身心也不错。森林公园入口附近穿过一座不起眼的低矮铁路涵洞，这是建于1905年的**中国第一座铁路涵洞**，继续步行约5分钟即到达大名鼎鼎的**青龙桥站**，京张铁路列车的“人”字形换向就是在这里进行的。站旁有一座**詹天佑铜像**，登上其后的台阶，可瞻仰这位中国铁路之父的**墓园**。若想深入了解他的生平及京张铁路建设历程，可以去八达岭长城北门附近的**詹天佑纪念馆**（20元，08:30—16:30，周一闭馆）参观。

北京市区前往八达岭长城最快捷的方式，是从北京北站或清河站乘动车前往**八达岭长城站**，最快只需二三十分钟。或可在德胜门箭楼西北侧（近地铁2/19号线积水潭站B2口）乘877路公交，约90分钟，一站直达**八达岭长城公交站**。德胜门附近及北京各处还有一些旅游大巴在揽客，与公交相比票价贵很多，速度也没有明显优势。

市郊铁路S2线每日数班往返于黄土店站（近地铁8/13号线霍营站A口）与**八达岭站之**间（时刻表见微信公众号：北京市郊铁路），无须提前购票，但速度很慢，全程需70—80分钟。不过这条线几乎沿老京张铁路行驶，尤其推荐乘晚6点左右末班车回城，在车上就能悠闲地感受百年前铁路设计的精妙。

从八达岭长城去十三陵，除打车（用时约1小时）外，也可在景区南门附近乘879路公交，沿途还经过居庸关长城。

◆见356页地图◆地址：延庆区八达岭◆门票：40元◆营业时间：旺季6:30—17:30，淡季7:30—17:00◆微信公众号：八达岭长城

慕田峪长城

作为开发较晚的长城景区，慕田峪在来华外国游客中的名气丝毫不输八达岭——5.4公里的总城墙长度，是现存最长的一段连续长城。它的设计既壮观又复杂，以其多样的防御结构而闻名，你可以观赏到20座敌楼紧密相连的壮观景致，还有长1.5公里的双面垛口墙段，这在其他长城景区中难得一见。

大多游客都集中在景色更丰富的北线（10—20号敌楼），尤其是10号敌楼（外支城）和电影《非诚勿扰2》中出现过的15号敌楼间。想到达开放区尽头的20号敌楼，需攀上一条接近直上直下的“**好汉坡**”，体验颇为惊险。**南线**（1—8号敌楼）路线较短，游客也较少，亮点是尽头雄伟的1号敌楼，又名“**大角楼**”。走遍20座敌楼至少需要4小时。

北京市区到慕田峪长城没有直达公交，只有北京旅游集散中心、慕巴士和慕快客等公司的旅游巴士。公交车可在东直门乘916快线，约1小时到达怀柔北大街站，之后可搭乘网约车或换乘H23/H24/H36路公交。

◆见356页地图◆地址：怀柔区渤海镇慕田峪村◆门票：40元◆营业时间：旺季7:30—18:00，淡季8:30—17:00◆微信公众号：慕田峪长城

居庸关长城

这里是一个可以让你同时领略长城雄奇和关隘威严的地方。扼守军都山峡谷的居庸关，自2000多年前的春秋时代起，就是由西北进入今北京地区的重要屏障。明代时，整个关隘的范围延伸数十公里，连八达岭都只是当年的“居庸外镇”而已。如今开放游览的南北两座关门，以及两侧依山势合围起来的约4公里城墙，只是曾经居庸关的中关城。

919路公交车站及2号停车场靠近**南关门**，3号停车场靠近**北关门**，两处均可以登城。东侧的**东关长城**坡度较缓，难度适合大多数人。建议从北关门开始登城，除了从北关门出发至**东箭楼**陡峭的一段，之后一直到南关门都是较平缓的下坡，1小时内可以逛完。其中距北关门不远的一号平台附近，可根据市郊铁路S2线时刻表，拍摄列车从詹天佑于1909年主持建的**京张铁路居庸关隧道**中开出，尤以每年3月底杏花盛开时最美。西侧的**西关长城**则陡峭得多，请量力而行，其中山顶的**8号敌楼**海拔888米，是景区最高的一座。如果绕东西两侧共4公里的环线走一圈，至少需3个多小时。

慕田峪长城航拍

旅游团几乎都集中在北关门至东箭楼之间区域，其余路段相对人少。此外，近几年每年5月至10月，居庸关长城都会开放夜游，旅行者可以欣赏到五彩灯光映照下的长城之景。

◆见356页地图◆地址：昌平区南口镇居庸关村◆门票：40元◆营业时间：6:30—18:00，夜游（通常5月至10月初）18:30—21:30◆微信公众号：居庸关长城

黄花城水长城

建于明永乐年间的黄花城水长城因三段长城入水而得名，也是北京唯一与水相连的长城。这段长城雄伟险峻，气势磅礴，盘旋于山脊之上，环绕在灏明湖畔，不愧为京郊独有的“山间碧玉，水中长城”。如今的景区，更像是一个集乘船、划船、戏水等各种水上活动于一体的乐园。

景区内长城共有三段，从东

黄花城水长城

门进入后即是第一段长城入水处，兼作桥梁的大坝是拍照的好位置。过大坝即是登长城的入口，此处也有游船和快艇前往对岸的半岛——便宜的游船反而让你有更多时间赏景。半岛可划船，也可步行前往西侧沙滩。连接西侧两段间入水处的玻璃桥是最热门也最“出片”的地点。从沙滩前往玻璃桥，可以直接搭乘滑车再穿过西段的长城到达，也可直接穿过**明代板栗园**，再从栗园亭附近的入口进入。明代板栗园现存古树百余株，树龄均在500年以上，相传为明代守城将士栽种的。玻璃桥东侧的中段长城极其陡峭，攀爬时请注意安全。景区还可以进行攀岩、速降等户外活动。

◆见356页地图◆地址：怀柔区九渡河镇西水峪村◆门票：60元◆营业时间：8:00—17:00◆微信公众号：水长城

响水湖长城

在北京开放的长城景区里，响水湖长城算是规模最小的一处。然而如果你只是想拍一张独自漫步在无人长城上的照片，这里却很合适——即使在周末和节假日，也只有少量游客。每年3月前后，山间梅花盛放，与长城相映成趣，也造就了这里一年中唯一的旺季。

从景区大门步行约1公里可到达**长城（磨石口段）入口**。穿过废弃水库的大坝，眼前即是经典的“长城蜿蜒，烽火台屹立”的景色。第一座敌楼之后是一条几乎垂直的“**加强版好汉坡**”，而且是下坡，恐高的旅行者建议到此为止；如果执意挑战自我，请务必抓牢扶手，看好脚下。随后的路程相对简单，有体力的旅行者可继续前行，爬上对面的山坡。

景区内的“**养生大峡谷**”，实际是一座可以踏青的普通山坡。

◆见356页地图◆地址：怀柔区渤海镇大榛峪村东◆门票：非梅花季43元，2月至3月梅花季53元◆营业时间：8:00—16:30◆微信公众号：响水湖长城

九眼楼长城

因每边各有9个瞭望孔而得名的**九眼楼**，是万里长城中规模最大的一座敌楼。它雄踞在海拔1141米的火焰山主峰上，天气晴朗时，透过瞭望孔可以清晰看到60多公里外的“中国尊”和北京市区。

进入景区大门，从一片新近开辟的露营地穿过后，就是登山口。从这里前往九眼楼约需1小时的攀登，因而建议从中途凉亭的岔路先转向“**火焰山营盘遗址**”方向，参观过这座形制保存完好的明代兵营后，再沿着长城城墙登上山顶的九眼楼。

乘坐公交Y14路在石窑村站下车后，步行30分钟即可到达景区，更建议自驾或包车前往。

◆见356页地图◆地址：延庆区四海镇石窑村东南1公里处◆门票：40元◆营业时间：4月至10月9:00—17:00，11月至次年3月9:00—16:00◆微信公众号：九眼楼生态长城展示区

司马台长城与古北水镇

建于2010年的古北水镇，是乌镇原班设计团队在密云山间打造的一座京韵十足的民国风情“江南水镇”。你可以在各类仿古建筑间打卡拍照，泡温泉，或乘乌篷船泛舟于河道之中。

仿古的水镇旁倒有一个真古迹：**司马台长城**。这段全长5.4公里的明长城，在北京所有开放的长城景区中修缮最少、最原生态。从检票口沿鸳鸯湖边步道上行约30分钟可抵达2号敌楼，向西是1号敌楼，向东可一直通向开放区域尽头的10号敌楼。登上长城，一路越来越破败，两侧墙体大片消失，敌楼残缺不全，

其实这才是长城修缮前的真实面貌。步行全程往返需3—4小时，也可搭索道直达5号敌楼。

长城检票口位于古北水镇内，如不买水镇门票，必须在水镇检票处乘免费接驳车前往。

从北京市区前往古北水镇，最实惠的方式是在北京北站或清河站乘S5市郊列车前往古北口站，全程约2小时，沿途经过密云水库。在古北口站可换乘专线公交，约20分钟至古北水镇。

中青旅提供直达古北水镇的往返班车，全程约2.5小时，可在微信小程序“旅服优选”查询时刻及购票。

◆见356页地图◆地址：密云区古北口镇◆门票：古北水镇（含长城）140元，长城40元◆营业时间：古北水镇9:00—22:30；司马台长城9:00—17:00◆微信公众号：古北水镇旅游

古迹与建筑

潭柘寺

始建于西晋的潭柘（zhè）寺是北京地区第一座佛寺，自古就有“先有潭柘，后有幽州”的说法。寺名源于“寺后有龙潭，山上有柘树”——现在寺门口确实有一株古柘树，然而没有证据表明它就是寺名里的那一棵。

踏入寺内，先留意**山门**上的康熙御笔**“敕建岫云禅寺”**。门后**天王殿**右侧有一口曾为寺内众多僧侣炒菜的**大铜锅**，直径足有1.85米——先别急着感叹，曾经的熬粥锅直径4米、深2米，据说煮一次粥要放小米上百斤，可惜现已不存。**大雄宝殿**后有两株相传植于唐代的古银杏，11月中旬秋色无限。其中右手边一株被来此礼佛的乾隆帝封为**“帝王树”**，传说清朝每登基一位新帝，此树就会长出一条新枝。帝王树后、毗卢阁前的**二乔玉兰**在每年清明前后的“限定季”艳冠群芳。

潭柘寺的二乔玉兰

此处转向东，便来到曾经的清帝行宫区域。**乾隆宝座展厅**中的壁画描绘了乾隆帝亲临时的盛大场面，南侧有一座**猗玕亭**，弯曲的水道正是乾隆效仿《兰亭集序》中“流觞曲水”进行游戏的原址。寺庙西侧的亮点是**龙王殿**门前的**石鱼**，尽管现在的石鱼是1980年重制的，但还是拦不住祈求健康与成功的信众争相排队触摸“讨彩头”。前几年特殊时期，石鱼一度被禁止触摸，现在人们终于又可以光明正大地“摸鱼”了。

潭柘寺山下约5公里外有一**檀谷生活汇**及**慢闪公园**（平日/周末19.9/29.9元，微信公众号：檀谷TANKO），前者提供了周边最多的中高档餐饮选择，后者则是一个适合亲子游和拍照打卡的公园。可从潭柘寺乘公交931路或M32路前往。

◆见353页地图◆地址：门头沟区潭柘寺镇潭王路旧线尽头◆门票：50元◆营业时间：8:30—16:30◆微信公众号：潭柘寺风景区

戒台寺

千灵山麓的戒台寺，始建于唐代，亮点是寺内号称“天下第一坛”的国内最大戒坛。正门入寺后，经过**山门殿**及**天王殿**，即来到**大雄宝殿**，留意天花板上三处繁复而精美的藻井。大雄宝殿背后的道路两侧是著名的**“戒台五松”**，依次是曾让乾隆皇帝数次题诗的元代**活动松**，它因所有枝叶倾向一侧，“牵一发就可动全身”，不过现在已做固定无法再“活动”；姿态舒展，逍遥自在的辽代**自在松**；粗壮如巨龙的辽代**卧龙松**；历史最悠久、树龄已达1300多岁，九条巨大枝干如银龙腾空的唐代**九龙松**，以及将

漫步京西古道

京西古道是京城西部的交通要道遗迹，记录了千年来北京与冀晋蒙地区的商品贸易和文化交流历史。这是一张由若干道路组成的路网，其中的小道多是村民踩出的土路，而山石铺砌的大道则是由官方或商家修筑的。石路上可见一个个圆坑，那些都是络绎不绝的骡马踏出的蹄窝，见证了这条商路的繁忙和兴旺。

近年来，门头沟区将京西古道主干道保存最完好的一段开辟成**京西古道景区**（27元，7:30—18:00，微信公众号：京西古道），并对其余多段支线道路做了修缮和标识，如今漫步京西古道上，可欣赏西山四时风光，可阅读蹄窝、关城等历史信息，可拜访戒台寺、马致远故居、爨底下村等人文景观。

初次体验者可前往京西古道景区小试牛刀，单程2公里左右，线路涵盖了古道精华路段，保留了古道质朴的风貌，使人联想起茶棚满座、驼铃交织的旧时景象。从景区城门楼出发，沿途可经过铁匠铺、茶棚、牛角岭关城和古道蹄窝。过了蹄窝，可继续参观关帝庙、吟诗亭，马致远故居在距此2公里之外的韭园村。但要注意的是古道线路众多，野外徒步需具备一定经验或请专业人士带路。

京西古道

安葬高僧法均遗骨的**辽塔**团团抱住的**抱塔松**（辽代原松已枯死，现在这棵是嫁接的）。

抱塔松对面是**戒台大殿**，殿内“树精进幢”巨匾则是乾隆御笔。大青石砌筑的三层**戒坛**位于大殿正中，为辽代原物，之后历代又有维修。戒台四周佛龛中113尊惟妙惟肖的**戒神**，出自第四代“泥人张”张铭及其弟子之手。这里是国内等级最高的戒坛之一，可授佛教中最高的“菩萨戒”。

大雄宝殿后藏经的**千佛阁**是戒台寺的主殿，大五脊重檐庑殿式形制与九只脊兽的规格，标志着古建中的最高等级。原千佛阁已于20世纪60年代拆除，木料用在天坛斋宫的维修中，现在的建筑是2015年重建的。千佛阁后的**牡丹园**是清恭亲王奕䜣曾隐居10年的住所，每年“五一”期间，牡丹与古丁香会竞相绽放。

每天戒台寺的**大斋堂**会提供两轮简单的**古法罗汉斋**，在此吃斋需按佛门规矩，男女分开，肃静止语。

戒台寺外还有一条深受当地人青睐的免费休闲步道，第二、第四停车场中写着“**千灵山环线**”的石碑，分别通往这条步道的两端。沿3公里左右的环线走一圈约需1.5小时，一路绿树成荫，曲径通幽，途中可以远眺到对面的千灵山大佛。步道也有岔路可以通向**千灵山景区**（20元，8:30—17:30），那里有更长的步道，环行一圈需2—3小时。

此外，沿108国道辅线下山方向步行约5分钟，右侧石佛村方向的岔路的杂草中藏着一座**仿木石牌楼**，它曾是戒台寺的山门，与寺庙一样坐西朝东。留意那些雕刻精美的佛像与脊兽、垂兽，它们都是明清时期的原物。牌楼旁破碎的石板路曾是**芦潭古道**的一段，这条清朝皇帝的御用朝佛路，曾经从卢沟桥一直通往潭柘寺。如今仅存的约1公里古道从牌楼一直通向石佛村的**明代摩崖造像群**，18尊佛像随岩石高低错落，神态各异。这里也是北京唯一一处大规模摩崖造像。

◆见353页地图◆地址：门头沟区永定镇马鞍山◆门票：45元◆营业时间：8:00—16:45◆微信公众号：戒台寺风景区

云居寺

隋末高僧静琬为长久保存佛经，在房山白带山（现在的石经山）建立云居寺，凿石为室，刻石为经。唐代时刻经活动达到最盛，甚至唐玄宗都特地赠经给云居寺做石刻。刻经前后共历经六朝绵延不绝。目前云居寺和石经山共发现大小石经版14278块，此外还有数以万计的纸经与木刻经，是当之无愧的世界最大佛教经藏。

在亲自瞻仰这些穿越千年时光的石经前，寺庙本身同样值得停留。从**山门**进入，经过**毗卢殿**和**释迦殿**（院落两侧均有展厅），第二进的**药师殿**右手侧通往辽代砖砌舍利塔**南塔**，独特的建筑风格集楼阁式、覆钵式和金刚宝座三种形制于一体。南塔周围四座不起眼的小塔都是更早的唐代原物，西北侧的唐景云二年（711年）建成的**景云二年塔**是全北京现存最早的古塔。

第四进弥勒殿左侧是清代《龙藏》木经展厅，全经共77000余块（展示的只是九牛一毛），堪称我国木板经书之最；右侧展示着妙莲寺比丘祖慧刺破舌尖血混合朱砂写成的60万字“舌血真经”。最后一进大悲殿左侧不起眼的舍利馆，展示着10公里外房山天开塔出土的两枚号称来自佛祖真身的骨舍利。

回到药师殿，转向南侧，经过复建的**南塔**和安葬静琬法师的**琬公塔**，下方即是**石经地宫**的所在地。在这座新建地宫中，你可以隔着玻璃欣赏整齐码放的10082块石经，它们都是1957年从旁边南塔遗址周围发现的地穴中出土的。

云居寺

地宫再向前即是景区出口，如果还不过瘾，可以前往东边1公里外的**石经山**（15元，9:00—16:00）。山上的9个藏经洞共计发现4196块石经，其中开放的**雷音洞**是最早刻制石经之地，还在此发现两枚佛祖真身肉舍利（但并没有在云居寺展出）。

从北京市区前往，建议在北京西站南广场乘917快路公交至云居寺路东口站（平日较快）或地铁燕房线至饶乐府站（假日较快），然后搭乘网约车。F12路公交也可从上述两处前往云居寺，但每日只有8班。

◆见354页地图◆地址：房山区大石窝镇水头村云居寺路◆门票：40元◆营业时间：9:00—16:00◆微信公众号：北京云居寺

红螺寺

这座北方佛教名刹的历史可追溯到4世纪的东晋时期，由西域高僧佛图澄在红螺山南麓开创。经过数百年兴衰，寺庙在辽、金、元、明、清等朝代多次重修，始终保留着古朴庄重的风貌。四五月三角梅、紫藤相继绽放，夏季竹林葱郁，清凉怡人，秋天则层林尽染，红叶漫山，冬季白雪皑皑，另有一番趣味。

入口处已有600余年历史的**御竹林**与内有“红螺仙女”的**红螺池**，都值得你停留片刻。山门后是供奉护法天王的**天王殿**，殿后的两株**千年“夫妻”银杏**，每年10月底进入最佳观赏季。**大雄宝殿**是寺庙的主殿，留意进门右手边重达1吨的明代**天启大铜钟**。殿后**三圣殿**前，两口紫藤萝缠绕于一棵平顶松而形成独特的**紫藤寄松**，自元代初有记载至今，已800余年。

沿布满观音雕塑的**观音路**上山，到达求姻缘与求子香火最盛

红螺寺大雄宝殿

的**观音寺**。若想体验更多自然风光，可沿北侧步道继续攀登到达**天门**。观音寺东侧，有一**红叶观景步道**，沿途可欣赏**五百罗汉园**的雕塑群，或坐**滑道**（单程/往返80/100元）下山。

◆见352页地图◆地址：怀柔区红螺东路2号◆门票：54元（含免费线香）◆营业时间：8:30—17:00◆微信公众号：红螺寺景区

银山塔林

自唐代以来，因“冰雪层积，色白如银”而得名的银山一直是京北佛教名山。明代鼎盛时期的银山，庙多、塔多，72座草庵遍布山间，各式佛塔数不胜数，与镇江的金山并称“南金北银”，号称北方最大的塔林，民间有俗谚：卢沟桥狮子数不清，银山佛塔数不尽。

如今的塔林中有5座建于金代，呈“X”形排布的密檐式砖塔是最显眼的地标，从景区入口处步行不远即可到达。居于中央，建于金皇统五年（1145年）的**佛觉塔**是最早的一座，内存有金代高僧海慧大禅师的舍利，而左前方的**懿行大师塔**则是保存最好的一座，留意塔基须弥座上精美的花纹，以及最下层塔檐用金丝楠木制成的椽子。

“五塔”后的基座属于被侵华日军拆除的**法华寺**，沿左侧的台阶可以到达**落落洞**，古时有僧人曾在此修行。继续向前，经**朝阳洞**和**说法台**可到达塔林最高塔**转腰塔**。这个名称源于传说只要左三圈、右三圈绕塔，即可治愈腰疾。绕塔路窄且滑，请注意脚下。若还有余力，可继续前行，直达公园最高处**中峰顶**。

昌31路银山专线定点发车，约于7:15与10:45到达地铁南邵站，之后开往银山塔林，回程约16:45从银山塔林出发。非以上时段可乘昌31路至银山路口站下车并步行20分钟。此地偏远，园内及周边地区暂时没什么商户，参观时自带水和干粮是上策。

◆见355页地图◆地址：昌平区延寿镇西湖村北◆门票：20元◆营业时间：8:30—16:30◆微信公众号：银山塔林

周口店国家考古遗址公园

房山周口店的龙骨山看上去与周围的群山似乎并无区别，然而20世纪“北京人”和“山顶洞人”化石的接连出土，却让这座不起眼的小山包名扬世界。

景区的核心当数**猿人洞**，如今顶部早已塌陷的洞穴被一层精致的“龙鳞护甲”覆盖着。几乎所有的北京猿人遗骨化石都出土自这里，包括历史书上出现过的那几块著名的头盖骨。墙面模糊的投影展示着不同时代的地层堆积，你会惊讶于这些洞穴竟在几十万年间一直作为“北京人”的安家之处。

沿步道继续前行，经过几处小型遗址和洞穴，以及为儿童打造的互动式**科普体验馆**，可以来到猿人洞的顶部，观景台可俯瞰整个山洞。观景台背后的小山洞**山顶洞**即是距今1万余年前的山顶洞人化石出土处。

距遗址公园约1公里的京周路上还有一座**周口店遗址博物馆**，还原了遗址考古发掘的过程，展示了遗址出土的动物和猿人化石（最重要的猿人头骨只有模型，博物馆讲述了原件在抗战中丢失的经过），但规模不大，顺路的话可以来逛一逛。

◆见354页地图◆地址：房山区周口店大街1号◆门票：遗址公园30元，博物馆30元◆营业时间：9:00—16:00，周一闭馆◆微信公众号：周口店北京人遗址博物馆

雁栖湖

古崖居遗址

1000—2000年前，一群先民在今延庆以西的天皇山麓悬崖上凿出百余个洞穴，并居于其中，又在仅仅约30年后神秘地弃之而去。直至1984年，这片看起来与土耳其著名的卡帕多奇亚洞穴石室很相似的古崖居遗址才又被发现，然而对于其中居住者的身份及具体开凿时间，至今都没有定论，成为一大谜团。

如今保存下来的石室共计137间，其中最大的一间高2米、宽3米、长5.2米。除了在远处观赏这片布满石室的山崖，景区目前开放了少数洞穴准许入内参观，可以找到室内凿筑出石炕、石灶、烟道、窗孔、灯台，以及屋顶用于收集雨水的石槽，设施之齐全，令人叹为观止。

此处距延庆奥林匹克园区较近，自驾者可顺道游览。

◆见354页地图◆地址：延庆区张山营镇东门营村北◆门票：54元◆营业时间：9:00—16:30

公园

雁栖湖

承办了2014年“APEC”峰会和三届“一带一路”国际合作高峰论坛的雁栖湖，本是一座20世纪60年代建成的水库，然而在国际会议中心落成、各种高端酒店和度假村争相入驻后，这里不仅变成了国际政要聚首的场所，也成了北京人喜爱的周末度假地。每至节假日，湖边尽是骑行、野餐的游人，而湖边遍布的烤虹鳟鱼馆，也是宾客满座。

雁栖湖景区（45元）是湖东侧的一座游乐场，各个游乐项目还需额外收费。环湖有多个**自行车租还点**，可跨点取还。雁栖湖西北侧的**雁栖岛**是整个湖区人最少的秘境，岛上除了有**雁栖湖国际会议中心**外，还有**雁栖塔**和多个沿湖观景台，只有在岛上酒店和餐饮商户消费的顾客才能上岛。

雁栖湖西侧的**西山步道**（免费，8:00—17:00开放，11月至次年3月防火期可能会关闭）全长8公里，在步道的观景台上，俯瞰下方蔚蓝的雁栖湖、碧绿的高尔夫球场与苍翠的远山，令人心旷神怡。

北京北站/清河站每日有数班市郊列车开往雁栖湖站（近湖南岸），用时约1小时。

◆见352页地图◆地址：怀柔区雁栖湖路◆营业时间：9:00—17:00◆微信公众号：北京雁栖湖

延庆奥林匹克园区

延庆西郊小海坨山上的奥林匹克园区，是北京2022冬奥会高山滑雪和雪车雪橇比赛的赛场。赛后，国家高山滑雪中心**“雪飞燕”**、国家雪车雪橇中心**“雪游龙”**和**奥运村**都得以保留并对公众开放。

雪季时，海拔2198米的“雪飞燕”开放12公里长的**冬奥高山雪道**（雪票平日/周末238/318元4小时，含雪具）；“雪游龙”则提供**雪车体验**（420元），体验者乘坐特制的类似皮筏的柔软雪车，在冬奥会雪车、雪橇赛道驰骋一圈，时速可达80千米/时（约冬奥会比赛速度的一半）；另还有更刺激的**钢架雪车体验**，可以选择较短的赛道或冬奥原赛道。

其他季节，你可以乘三段**缆**

国家高山滑雪中心

车登上小海坨山顶，欣赏“雪飞燕”的英姿；也可以在原用于赛会保障、全长3.8公里的盘山路上体验一把自驾**滑车**下山的乐趣。此外园区还提供**桨板体验**（128元/30分钟）及可亲子二人同乘的**皮划艇体验**（158元/30分钟）。

园区另一大亮点是由各国运动员居住过的冬奥村改造而成的**延庆冬奥村度假酒店**。冬奥村西北约10分钟车程处的河北境内，有一座名为**海坨山谷**（55元）的度假区，建筑仿瑞士风格，拍出照片还真有几分“以假乱真”。

奥林匹克园区及附近的气温常比北京市区低几度，早晚温差大，游览时务必多带衣物，注意防寒。

雪季时园区有两条使用氢能源大巴的直通车线路，分别从北京城西和城东直达园区，单程/往返票价50/90元，需预订。

◆见354页地图◆地址：延庆区张山营镇海坨山◆门票：园区参观免费◆营业时间：9:00—17:00◆微信公众号：北京延庆奥林匹克园区

城市绿心森林公园

作为北京通州城市副中心最显眼的一片区域，“城市绿心”西起东六环、南自京津公路、东北直至京杭大运河岸，囊括了足足11.2平方公里的区域，面积相当于3个颐和园。高楼大厦正拔地而起的新通州，从此拥有了自己的“曼哈顿中央公园”。

以湿地为特色的**大运河森林公园**游人较少，不限制外来自行车，可在附近寻找共享单车骑行游览。西侧以森林与绿地为主的**城市绿心森林公园**禁止外来自行车，只能在园内租用熊猫车。

除了把这里当成一座“一整天都逛不完的巨型公园”，大多数来这里的旅行者都是奔着耀眼的“**北京城市副中心三大建筑**”而来。人气最高的当数兼为首都博物馆东馆的**北京大运河博物馆**（见345页）。**北京城市图书馆**（10:00—20:00，周一闭馆，另附设24小时图书馆）拥有“世界最大的单体阅读室”，坐在巨型台阶上，恍如置身知识的海洋，不要错过璀璨的夜景。以大运河船帆及运河粮仓为意象，流线造型的**北京艺术中心**（北京城市副中心剧院）就屹立在大运河畔，内部分戏剧场、歌剧院和音乐厅三大区域，非演出时段也可参观。

◆见351页地图◆地址：通州区北运河南岸绿心路◆门票：免费◆营业时间：全天开放◆微信公众号：城市绿心森林公园、大运河森林公园

北京野生动物园

远离市区的北京野生动物园，距离大兴机场很近。比起市内的北京动物园，这里的特色是互动性强，你可以驱车前往，与一些动物贴身互动。整个园区分为自驾游览区、猛兽体验区和步行游览区三大区域。自驾游览区内有七大动物展区，共计40多种动物，非自驾旅行者亦可乘坐小火车，领略野生动物的野趣盎然。在猛兽体验区，旅行者必须乘坐观光车游览，棕熊、东北虎、狼、非洲狮等猛兽就在车旁闲庭信步，如果这时你拿出上车前购买的肉类（50元一份，从车

北京野生动物园小熊猫

上的投喂孔用铁扦子伸出去），猛兽们极有可能围上来，近得连它们身上的根根毛发都能看清。观光车司机个个兼职段子手，脱口秀般的解说不仅输送知识，还附赠情绪价值。在步行游览区则可以自由游赏，与20余种动物进行互动，或与园内的明星小熊猫和卡皮巴拉（水豚）会面。不少动物不仅看得见，而且摸得着，甚至可能主动"袭击"你的投喂袋。

旺季和周末，小火车和猛兽观光车排队时间较长，可以事先购买优速通（每人每项100元）节约时间。入园处提供特色伴游车出租，有二人座、四人座可选。非自驾旅行者建议乘坐地铁4号线，到终点站天宫院下车后打车前往。

◆见331页地图◆地址：大兴区榆垡镇万亩森林◆门票：150元◆营业时间：9:00—17:00◆微信公众号：北京野生动物园

自然

凤凰岭

有着"京西小黄山"之称的凤凰岭，雄奇险秀可见一斑，尤其是花岗岩山石千姿百态、犬齿参差，既吸引了钟爱怪石奇景的观光客，也成为户外攀岩的理想地。景区现开辟了北线、中线、南线三条旅游线路。北线景点最为丰富，包含凤凰岭的两大"代言"**神泉**和**天梯**，前者是京郊著名的天然泉水，每天前来"背水"的市民络绎不绝，后者是一条极为陡峭的53级台阶的登山道，颇有"险"名。中线从京西名刹龙泉寺开始，沿途以人文景观为主，但台阶相对较高，路线更为陡峭。南线以欣赏自然景观和徒步登山为主，人流量相对较少，路线较为平缓。

◆见331页地图◆地址：海淀区苏家坨镇凤凰岭路19号◆门票：25元◆营业时间：7:00—17:00◆微信公众号：北京凤凰岭

十渡

"十渡"指的是房山拒马河切割太行山脉北端而形成的一条全程约20公里的河谷，名称源自古时河上设置的10个渡口，由于后来渡口数量有所增加，所以现在你可以在十渡找到"一渡"到"十八渡"的地名。这里以典型的喀斯特岩溶地貌著称，因此无论是沿河道自驾，还是泛舟水上，你都可以感受到如桂林一般的"婉约"山水风光，在北方实属难得。

近年来沿河谷开发了诸多旅游景点，虽然品质参差不齐，但如果你时间匆忙且向往刺激，不失为一种选择。景区由东向西依次包括：

一渡附近的**张坊古战道**（45元），以400余米宋辽地下古战道遗址为亮点。

三渡附近的**乐谷银滩**，主打户外运动的景区，包括玻璃栈道，3.8公里峡谷漂流，滑车等。

七渡附近的**孤山寨**（55元），亮点是从"一线天"石缝中穿过，可沿古河床登山到达。

九渡附近的**拒马乐园**，是山上的游乐场，跨拒马河的索道较壮观，联票158元（含往返索道及9个小型游乐项目），蹦极295元（含索道）。

十五渡附近的**东湖港**（60元，含单程索道），是自然景区，包含若干步道、瀑布、玻璃栈道等。宠物友好，可带狗乘索道及漂流。

百里山水画廊

十八渡附近的**仙西山**（40元），可从高处俯瞰拒马河，有一条横跨北京、河北分界线的玻璃栈道。

一日游建议选一至两项游览即可。十八渡再向前即是属于河北的**野三坡风景区**，风景与提供的游乐项目均与十渡大同小异。北京或河北境内均有不少民宿，住上一晚会让旅行更加从容。

◆见354页地图◆地址：房山区十渡镇十大路拒马河沿岸◆营业时间：8:00—16:00◆微信公众号：十渡

百里山水画廊

延庆区千家店镇周边蜿蜒的白河两岸，古时曾是连接京城与内蒙古的重要通道，原始森林、幽深峡谷和清澈溪流点缀其间，景色美不胜收。现今的309省道取代了古时的驿道，也成为这条绵延数十公里（上百华里）的“山水画廊”的主线，建议自驾或包车前往。春夏季节，满山的野花和郁郁葱葱的植被令人心旷神怡；10月中下旬的金秋则层林尽染，色彩斑斓，宛如一幅天然画卷。这里还是联合国教科文组织认定的**中国延庆世界地质公园**的主要区域之一，硅化木化石、火山熔岩、深切河谷等奇异的地质构造乃至恐龙脚印，都可以在此找到。

自西向东游览，依次会经过：可供停车赏景的**白河堡水库**和**东边村木化石**；自然形成的**天生桥**；民宿和农家菜馆聚集的**干沟民俗村**；立有“百里山水画廊”牌子的**游客中心**，附近有步道可沿河边通向**小昆仑构造地貌**；**书剑峰**（可从此处沿环线徒步至**红石湾穹窿**和“佛道一体”的**朝阳寺**）；始建于辽代的**定山白塔**；拥有几十株亿年前木化石的**硅化木国家地质公园**；**上奶山村**旁的临水公园；水静波平的**乌龙峡谷**和拥有溶洞和瀑布的**滴水壶**。

◆见354页地图◆地址：延庆区千家店镇S309省道◆门票：免费，朝阳寺15元，硅化木公园30元，乌龙峡谷30元，滴水壶25元◆营业时间：8:30—16:30◆微信公众号：北京延庆百里山水画廊

喇叭沟原始森林公园

占地45平方公里的喇叭沟森林公园，海拔从700米攀升至1700米，森林覆盖率超过90%，生活着600多种植物和300多种动物，这里是北京唯一的原始森林自然生态景区。

公园分三个观赏区，**白桦林观赏区**的步道分两条，左侧的1号**白桦林步道**长约1.4千米，最美的时段是10月上旬，右侧的2号**枫叶林步道**长约1.5千米，最美的时段则是10月中下旬。从两条步道会合处继续前行几百米可到达**黑石窿**观景台，这里是“居高临下”赏景的最佳位置，但最后一段路窄坡陡，务必注意安全。继续向前1.2公里可到达**铁塔亭**，此处有一条通往景区最高的**南猴顶**（海拔1705米）的路，本书调研时正处于封闭中。

另两个观赏区因位置偏远，更加幽静。古冰川运动形成的**冰川观赏区**需从黄甸子村转向南侧岔道继续前行约5公里，内部约8公里的环形步道周围生长着杜鹃花（4月至5月盛开）、白桦、紫桦林和彩叶混交林。黄甸子村北侧岔道前行约2公里可到达**五龙潭观赏区**，内部步道繁多，地貌

北京大运河博物馆

主要是原始橡树林。

游览时请带好充足的水和干粮，摆渡车上车点旁有销售小食。此地距离北京市区超过150公里，往返需5—6小时，一日内游遍三大观赏区并不现实，可考虑在黄甸子村或孙栅子村留宿，设施简单（但大多还算干净）的民宿双人间100—200元/晚。

◆见354页地图◆地址：怀柔区喇叭沟门满族乡孙栅子村西◆门票：40元◆营业时间：7:30—17:30，4月中旬至10月底开放◆微信公众号：北京喇叭沟原始森林公园

文化与展演

北京大运河博物馆

历史上，南方漕粮沿水路抵达通州后，还需转为陆运送往都城，通州凭运河繁荣一时。博物馆的主体建筑由北侧如船体般的共享大厅、南侧如帆樯般的展陈大楼和两者之间的休闲水街组成。观众入口设在共享大厅，你可以沿着大厅内的手扶梯上楼，过天桥后即抵达展陈大楼。

2层的3—6号展厅是最值得一看的**“京华通惠，运河永济”**常设陈列，展示了“北京湾”的自然地理基础和悠久辉煌的漕运史，隋唐大运河的开通是北京向统一多民族国家政治中心跃升的重要节点。许多文物从全国各地征调、借展，因此能了解到大运河的整体图景：金代的石宗壁墓志上有最早的“通州”字样；元大都遗址出土的琉璃三彩龙凤纹熏炉、天蓝釉连座双耳瓶、青花松竹梅纹葵口盘都是元代瓷器精品；明清两代的运河关系国家命脉，清代青花御窑厂图圆瓷板展现了景德镇窑繁忙的生产和运输场景，大量瓷器正是通过运河运入京城；清末停漕以后水运凋敝，直到新中国重治河道、大运河于2014年被列为世界文化遗产。

展陈大楼3—4层为专题展览。10号展厅的**“不止运河——沉浸式体验展”**是备受欢迎的“网红”打卡地，声光电和数字技术可以让你体验步步生花的奇妙旅程。大型临展通常设在展陈大楼1层，遇到热门展览时，建议你在刚开馆时或临闭馆前1—2小时前来观展，可以免去漫漫长队。

共享大厅的地下1层设有**石刻园林展示区**，展示了北京各地收集来的石刻文物。你也可以去展陈大楼1层的运河书屋看书歇脚。黄昏时分，休闲水街上光影变幻，景色迷人。

◆见351页地图◆地址：通州区绿心路1号院5号楼◆门票：免费◆营业时间：10:00—20:00，周一闭馆◆微信公众号：北京大运河博物馆

中国航空博物馆

不要跟民航博物馆搞混了，这里是展示新中国空军发展历程和各类装备的军事博物馆。

进入大门后即是**室外展区**，最先看到的是包括毛泽东、周恩来等人乘坐过的**伟人专机**，之后便是分门别类展示的各类歼击机、轰炸机、直升机、防空导弹等退役装备，其中由上百架退役歼-6一字排开组成的机队尤为壮观。通往室内展区的路上，左侧是**特种飞机展区**，每架飞机都有各自的“十八般武艺”，如顶着圆盘天线的“空警一号”，

金隅琉璃文化创意产业园的黄琉璃

它是我国所有预警机的鼻祖。留意特种飞机展区远端喷涂着“Orbis”的DC-8客机，它曾是一座国际飞行眼科医院，包括中国在内的多国为当地居民进行过手术。

室内展区展示了人民空军辉煌的发展史，以及航空发动机等装备配件和歼-10原型机等近期装备，遗憾的是另一收藏有多种珍贵飞机文物的**洞库展区**截至调研时已多年未开放。博物馆室外区域面积巨大，夏季需注意防暑防晒。

◆见355页地图◆地址：昌平区顺沙路99号◆门票：免费◆营业时间：9:00—17:00，周一闭馆◆微信公众号：中国航博

北京二锅头酒博物馆

这种专题博物馆位于怀柔郊外的红星酒厂老厂区中，内容涵盖了二锅头酒的历史、酿造工艺，红星酒厂与其他二锅头酒厂的历史联系，也解释了“二锅头”这个名称的真实含义，即第二锅的头酒——在酒的制作过程中，经过一次蒸馏后，再次蒸馏得到的酒液。这种酒纯正、无异味，浓度虽高却不烈，醇厚绵香。展品包括老式的蒸馏设备、古老的酿酒器具和各类酒瓶，参观路线还会经过酿酒车间，有机会看到师傅使用古法踩曲、晒曲的过程。门票并不便宜，但会赠送一瓶零售价比门票更贵的二锅头酒，适合饕客来“薅羊毛”。

◆见352页地图◆地址：怀柔区红星路1号红星酒厂院内◆门票：48元，购票赠送一瓶52度500ml红星二锅头大曲酿◆营业时间：每日8:30—16:00

金隅琉璃文化创意产业园

从元代起，京西的琉璃局（现琉璃渠村）就一直承担着为包括皇宫、天坛在内的皇家建筑烧制琉璃瓦的任务。新中国成立后，以明珠琉璃厂为代表的琉璃渠村企业曾承担了20世纪50年代“北京十大建筑”（见130页）中9座的琉璃瓦烧制任务，并一直在为故宫、明孝陵等古建筑修缮提供古制琉璃瓦。2017年，因传统的烧煤方式排放超标，门头沟区所有琉璃生产企业被关停。为避免延续数百年的传统技艺失传，琉璃渠村一面升级环保能源，一面转型非物质文化遗产传承，位于老窑场原址的琉璃文化创意产业园便应运而生。

园区北门正对着有巨型**龙凤壁**的**琉璃展厅**，展示了古建筑上的各种琉璃构件，包括鸱吻、脊兽等，留意头顶直观的古建筑屋顶构件悬空展示。对面的红砖厂房一半区域是**一尺花园咖啡**，另一半则展示了**隧道窑**生产的原貌。园区最里侧的**老窑展区**，曾经的砖窑内部空间，现在展示着此地的发展历程。左侧显眼的巨型机械则是更新后的环保废气处理系统，右侧则有几家小型“非遗”工作室出售琉璃制品，有时会有现场制作。继续向前穿过大烟囱和**琉光璃舍民宿**（双人间约500元/晚），可以到达**琉光造物艺术展**，那里展出了更多精美的古建筑琉璃构件。

园区外的**琉璃渠古村**同样值得一游，沿主干道一路行进，可以依次看到铺着鲜艳琉璃瓦的清代**三官阁过街楼**、设在**清工部琉璃窑厂办事公所旧址**的皇家琉璃艺术馆，以及村西口的**关帝庙**。

◆见353页地图◆地址：门头沟区琉璃渠大街2号◆门票：免费◆营业时间：10:00—18:00◆微信公众号：金隅琉璃文化创意产业园

古镇与村寨

爨底下村

爨底下的走红使得“爨（cuàn）”这个字在京城几乎要脱离生僻字行列了。拆开来看，“爨”从下到上依次为火、大、林、兴四个字，最基本的意思是烧火做饭。这个京西村落所在位置最初为军事隘口，明代时的山西移民在此屯军建村，无事务农，有事操戈，繁衍300余年。

村庄依山而建，高低有致，远看犹如斜搭着的扇面。村内有保存完好的四合院和三合院70多座、房屋600多间，大部分为清后期所建。爨底下的木雕、砖雕、石雕具有极高的艺术价值，其中尤以**广亮院**的透雕门罩最为精致细腻。村子不大，从村口沿主路深入，沿途可留意建筑各式各样的窗棂以及图案繁复精美的门枕石、门基石石雕。

出了村子继续往北1公里，有一处天然关隘，两山夹拥形成的裂谷长百余米，被称为“**一线天**”，其独特景观引不少人在此驻足。

◆见353页地图◆地址：门头沟区斋堂镇◆门票：免费◆营业时间：全天

阿那亚，海边的文化艺术飞地

位于秦皇岛的阿那亚被称作“北京中产的后花园”，距离北京自驾只需3小时，这是个聚焦文化与艺术的生活方式品牌。阿那亚这个词本身来自梵语阿兰若（Aranya），意为人间寂静处,找回本我的地方。于是越来越多的人在周末和假期离开北京，来到这片海边飞地，寻找本我。

阿那亚秦皇岛社区位于秦皇岛黄金海岸一道南北向的海滨地带，最著名的地标——包括孤独图书馆、阿那亚礼堂、沙丘美术馆——几乎都分布在沙滩上。阳光、细沙、海浪，这些元素还只是阿那亚表层的魅力。它还有一颗热爱文艺的灵魂。社区内文化艺术场馆遍布，还有包括理想国Naïve、单向书店等在内的文化地标。每年举行的阿那亚戏剧节、音乐节、艺术家驻地计划等活动，也吸引了一大批艺术爱好者。各式小而美的餐厅、咖啡、酒吧都会令人感到惊喜。

回到阿那亚最日常的景象：街道整洁有序，公共空间尺度舒适合宜，物业服务人员随时待命，公交车准时便捷，更有几家价格亲民、选择多样的食堂，也许这些因素才是人们一次次重返阿那亚的理由，它为追求美好生活的人们——尤其是渴望逃离水泥森林的城市客，呈现了一个触手可及的理想生活范本。

从北京到阿那亚适合安排两三天的旅行，除自驾外，可乘坐公共交通抵达。北京东四环的燕莎奥特莱斯至阿那亚有班车，也可以乘坐高铁至北戴河站下车，再乘坐班车或者打车前往。请注意，阿那亚社区是封闭管理的，必须有酒店、民宿的预订记录或者参加活动的预约信息，方可进入。而在社区内，无论吃、住、行、参观场馆还是参加活动，都必须且仅可使用“阿那亚”App。

上图：阿那亚

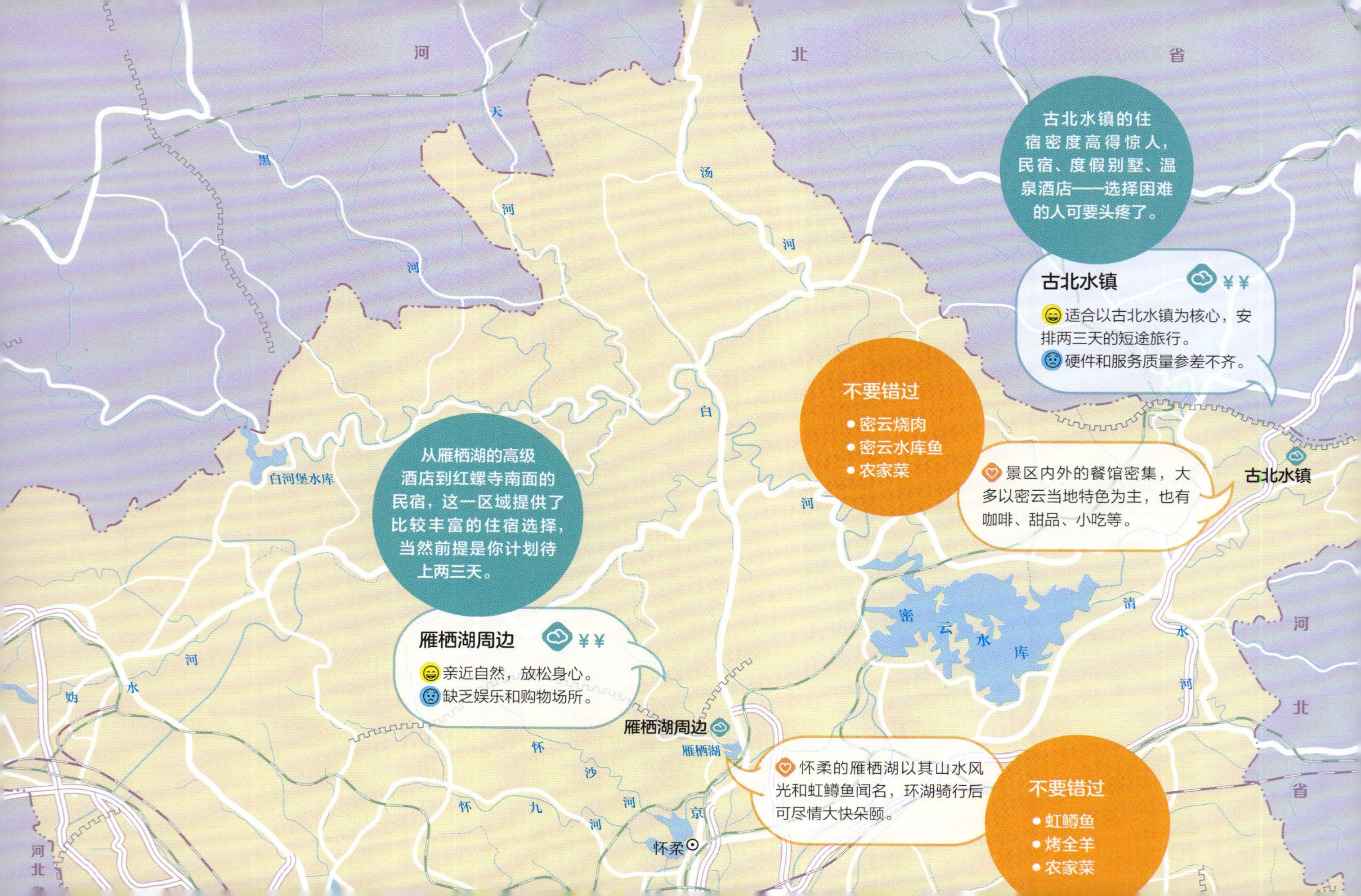

河北省
古北水镇的住宿密度高得惊人，民宿、度假别墅、温泉酒店——选择困难的人可要头疼了。
古北水镇 ￥￥
适合以古北水镇为核心，安排两三天的短途旅行。
硬件和服务质量参差不齐。
不要错过
• 密云烧肉
• 密云水库鱼
• 农家菜
景区内外的餐馆密集，大多以密云当地特色为主，也有咖啡、甜品、小吃等。
古北水镇
从雁栖湖的高级酒店到红螺寺南面的民宿，这一区域提供了比较丰富的住宿选择，当然前提是你计划待上两三天。
白河堡水库
雁栖湖周边 ￥￥
亲近自然，放松身心。
缺乏娱乐和购物场所。
雁栖湖周边
雁栖湖
怀柔
怀柔的雁栖湖以其山水风光和虹鳟鱼闻名，环湖骑行后可尽情大快朵颐。
不要错过
• 虹鳟鱼
• 烤全羊
• 农家菜
密云水库
黑河
天河
汤河
白河
清水河
怀沙河
怀九河
京
妫水河
河北
河北省

热门食宿区域

住在远郊多半不是赴京旅游的首选，但一旦邂逅了这里晨昏时分的山峰和田园，你会惊喜发现一个秘密：六环外的北京，竟然是充满自然气息和乡土情怀的模样。住宿标准见169页。

北京远郊的美食以地方特色为主，如果城里的精致餐厅令你“美味过载”，怀柔的虹鳟鱼、密云的烧肉、房山的烤全羊也许能帮你找回人间烟火的朴素味道。

探索

旅行者推荐 INSIDERS' LIST

场所

一介野生WSM Coffee
- 13036259672
- 门头沟区潭柘寺镇桑峪村东街68号

轩和古道山居
- 17611341808
- 门头沟区王平镇韭园村临6号

Pass café
- 18610116500
- 门头沟区青白口村委会

一尺花园
- 15611562139
- 门头沟区九峰路慢闪公园入口

Snow Peak
- 15718852287
- 门头沟区潭王路288号紫旸山庄三区13号

HK+ BURGER
- 19537562592
- 门头沟区檀谷C8-F02

十六点半餐厅
- 15611879577
- 延庆区康庄镇马营村3区2号33号

石光长城咖啡
- 13910338146
- 延庆区八达岭镇石峡村

Yard'山 Café
- 18210199615
- 平谷区刘家店镇北店东路21号

山谷VALLEY咖啡
- 13401120056
- 平谷区王辛庄镇北上营西路8号

巢穴咖啡
- 13426291320
- 平谷区王辛庄镇太后村东坡93号

也行Café
- 18519736011
- 平谷区桃棚村10号

王皆可餐厅
- 18210717231
- 怀柔区雁栖镇长园村

峡落Coffee&Tea
- 13936246928
- 怀柔区桥梓镇上王峪村88号

Me咖啡
- 13701097553
- 密云区碧澄环路8号院8号楼2号

He · 村儿咖
- 13901199588
- 密云区北白岩村正街10号

山寺空间
- 13601323767
- 昌平区延寿镇湖门村166号

7SEVENING COFFEE
- 17778170632
- 昌平区崔村镇真顺村666号1983顺园(真顺艺术小镇)5号楼

峪见熊猫咖啡馆
- 15001373024
- 房山区青龙湖镇水峪村

捌比特感官书店
- 17191093500
- 房山区罗府街41号

63亩稻田咖啡
- 15101687066
- 房山区长沟镇轩辕寺街西甘池村

洋森家宴
- 010-69389800
- 房山区拱辰街道梅花桩东1号商业楼

悉昙酒店
- 010-60868888
- 门头沟区潭王路288号六区10号

日出东方凯宾斯基酒店
- 010-69618888
- 怀柔区雁栖湖南路11号院

世园璞燊酒店
- 010-56057777
- 延庆区北京世园公园内

雁柏山庄
- 010-61660666
- 怀柔区雁栖湖北路6号

远郊地区地图

通州城市副中心
通胡大街
0
1.2 km
景点
餐饮
住宿
运潮减河
潞源北街
堡东路
东六环路
兆善大街
清风路
北运河东
运河东大街
郝家府
东夏园
潞城
畅和西路
通济路
临镜路
北运河西
北
运河
玉乔中路
乔庄东站
运通隧道
运河西大街
云帆路
潞阳大街
春明西路
朗清街
河
北京艺术中心
北京城市图书馆
北京大运河博物馆
大运河文化旅游景区
大运河森林公园
城市绿心森林公园
梨园南街
九棵树东路
临河里
土桥
六环隧道
通怀路
云帆路
京塘路
高楼金
度假区北街
颐瑞东路
花庄
东六环路
张凤路
北京环球度假区
广渠街
环球度假区
张梁路
云杉路
张采路
京哈高速

怀柔城区及周边
0 2 km
青龙峡景区
九谷口
自然风景区
神堂峪自然风景区
慕田峪长城
国家级旅游景区
慕田峪长城
王皆可餐厅
雁柏山庄
怀柔北站
雁栖湖
雁栖湖
西山步道
（聆雁回鸣观景台）
雁栖湖景区
雁栖湖
电动船码头
雁栖湖环湖游船码头
日出东方
凯宾斯基酒店
圣泉山
旅游风景区
红螺寺
红螺寺
北京二锅头酒博物馆
怀柔水库
雁栖河
京密引水渠
怀沙河
通怀路
京加路
范崎路
怀黄路
雁栖大街
杨雁路
中高路
红螺寺路
富乐大街
北大街
青春路
迎宾路
开放路
京密路
兴怀大街
南大街
怀安大街
京密高速
台头路
靶场路
G111
G101

景点
餐饮
住宿

门头沟城区及周边

景点
餐饮
住宿

周口店、十渡及周边
0
6 km
G108
霞云岭国家森林公园
S326
周口店国家考古遗址公园
周口店站
周
口
店
河
京周路
阎周路
S317
上方山国家
森林公园
孤山口站
周张路
房易路
龙下路
涞宝路
拒
马
河
十渡
石经山
云居寺站
云居寺
周张路
京昆高速
G5
63亩稻田咖啡
挟
括
河
S313
G234
河北省
房易路
河北省
G95

景点
餐饮
住宿

北部远郊
0
18 km
G112
赤城县
河
北
省
喇叭沟
原始森林公园
G3801
G112
G111
G335
黑
G112
S505
河北省
百里山水画廊
河
S353
白
S309
河
京礼高速
G239
白河湾
卧龙湾
G234
四季花海
延庆奥林匹克园区
古崖居遗址
S212
妫
水
河
延庆区
G111
S213
百泉山风景区
京礼高速
京新高速
官
厅
水
库
京新高速
G7
G110
G6
虎峪自然风景区
雁门峪自然风景区
S308

十三陵及周边
0 2.6 km
碓白峪自然风景区
S212
S213
东
十三陵-康陵
银山塔林
山寺空间
S308
沙
十三陵-长陵
十三陵-定陵
河
十三陵-昭陵
十三陵-永陵
昌赤路
十三陵景区
G110
S212
十三陵-思陵
十三陵水库
蟒山国家森林公园
京银路
十三陵-神路
昌平西山口
S214
G7
十三陵景区
7 SEVENING COFFEE
北环路
G6
北邵洼
昌平
昌平东关
昌崔路
西环路
永安路
东环路
白浮泉公园
南环路
昌盛路
南邵
振兴路
南环南路
京新高速
京藏高速
怀昌路
S307
水南路
白浮泉路
南丰路
京密北路
渠
水
昌平站
S307
怀昌路
S330
怀昌路
密
引
回昌路
京
中国航空博物馆
南百路
六环路
S321
沙河高教园

景点
餐饮
住宿

北京长城分布
0
21 km
河北省
白
河
白河堡水库
汤
河
白
河
河北省
潮
河
司马台长城与古北水镇
密云水库
九眼楼长城
响水湖长城
黄花城水长城
慕田峪长城
八达岭长城
居庸关长城
延庆
怀柔水库
十三陵水库
怀柔
密云
昌平
潮
白
河
顺义
平谷
河北省
河北省
河北省
天津市
G335
S353
S212
G111
G234
G234
G110
S212
S205
G101
G45
S313
S213
S308
G7
G6
S3801
S219
G4501
G101
S203
S204
S330
S305
S32
G101
G234

北京索引

东城区

西城区

朝阳区

海淀区

丰台区

石景山区

通州区

大兴区

昌平区

房山区

门头沟区

怀柔区

密云区

延庆区

地图图例

旅行体验

- 景点和活动
- 餐饮
- 住宿
- 一般景点

居民点

- 国家首都
- 省级行政中心
- 地级市行政中心
- 自治州行政中心
- 县级行政中心
- 乡镇、村庄

交 通

- 机场
- 火车站
- 汽车站
- 自行车、骑行租赁
- 网约车、出租车、汽车租赁
- 港口、渡轮、坐船处
- 索道缆车
- 地铁站

实用信息

- 旅游信息
- 快递、邮局、物流、快递站
- 公安（局）、检查站、过境处、边防站
- 停车场
- 加油站、服务区、充电桩

水 系

- 运河
- 河流、小溪
- 时令河
- 湖泊、水库

道 路

- G21 高速公路及编号
- G213 国道及编号
- S203 省道及编号
- X013 县乡道及编号
- 高速铁路
- 铁路
- 环线、快速路、高架路
- 长安街
- 一级公路
- 二级公路
- 小路
- 未封闭道路
- 地铁、轻轨
- 徒步和骑行线路
- 隧道
- 桥

境 界

- 国界
- 未定国界
- 省界
- 未定省界
- 地级界
- 县级界
- 自然保护区界

地理和其他

- 关隘、山口
- 观景台
- 东灵山 2303 山峰及高程
- 长城、城墙
- 公园、绿地
- 人文景区

本书作者

楼学

自由撰稿人，人文旅行者，是孤独星球旅行指南与穷游锦囊作者，也为地道风物、中华遗产、中国国家地理、三联生活周刊等媒体供稿。他热衷于寻访各国博物馆、古建筑与世界遗产，在这一维度上，北京无疑是他最喜欢的城市之一。

李昱臻

北京是她生活了九年的城市，而离开它的时间也快一样长了。写作本书，是她与北京的一次重逢。她既以曾经城市居民的身份回溯记忆，也用外来者新鲜的眼光好奇打量。自此她的人生有了一个新梦想，每年在这座城市住上一个月——最好是秋天。

张侃

旅行自由撰稿人，作品散见于《孤独星球》杂志、BBC旅行等刊物与网站，并曾为穷游锦囊、马蜂窝攻略等撰写旅行指南。从15岁第一次去北京起，已不知多少次造访过这座城市，这次终于有机会深入它广阔的郊区一探。

特约作者

陆雅婷

美食文化爱好者，各国饮食技艺学徒。热衷于探寻饮食及其背后的故事，对传统老味和市井烟火情有独钟。作为挑剔的“卫嘴子”，自幼往来京津两地，对北京的饮食多样性与独特风味有着深刻的记忆。

你的反馈

如果你对本书有任何批评、指正和评价，欢迎把想法发送至：

· 微信公众号后台：星行客PlanetSeeker

· 小红书后台：星行客PlanetSeeker

· 邮箱：tourist@sinomaps.com

读者的想法将对我们的后续出版带来莫大帮助，我们也会将您的反馈意见传达给相关作者。

星行客
PLANET SEEKER

星行客Planet Seeker是中国地图出版社旗下旅行·生活·文化品牌，拥有雄厚的旅行内容资源和权威的地图编制经验。我们致力于记录当下新鲜、特别的生活方式，推广积极乐观的生活态度，分享花样百出的旅行方式。

过去十年，本团队与Lonely Planet（孤独星球）公司深入合作，出版了内容覆盖全球主要国家和国内各省份的300多种中文指南书和旅行读物，并制作和出版了《孤独星球》杂志中国版，陪伴读者走过一段难忘的旅程，成为旅行者联结世界的桥梁。

未来星行客Planet Seeker全平台将继续聚焦旅行和生活方式，记录有趣的旅途故事，出版高品质旅行图书，打造覆盖全域的优质旅行产品。

中国旅行体验指南系列

以省级行政区划分，挖掘在地精彩风物，策划灵活体验线路，潜心设计独家靠谱实用地图，打造沉浸体验式中国旅行指南。目前已出版《云南》《四川》《河南》《北京》，《山西》《黑龙江》《广东》《贵州》等目的地即将上市。

每本指南主要分为初印象、灵感和探索三部分，其中初印象为读者提供关于目的地的关键信息，包括气候、交通、安全、省钱窍门、最新资讯等内容；灵感部分则从丰富多样的旅行主题出发，策划长短不一的旅行线路和旅行安排，适合国内旅行者的出行需求和习惯；探索部分则将目的地划分为不同区域，介绍本区域自然、建筑、文化展演等类别的重磅景点。

本套丛书作者团队均为有多年经验的LP中文版原创指南作者，策划与制作团队有着将近十年的LP中文版图书与杂志制作经验。

项目负责 马 珊
总　　编 朱 萌
项目统筹 李偲涵
项目策划 李偲涵 叶思婧 戴 舒 周 琳
责任编辑 周 琳
编　　辑 叶思婧 戴 舒 李偲涵 李潇楠 喻 乐
地图制作 长 文
地图编辑 田 越
视觉设计 李小棠 仇雅婷 庹桢珍
插　　画 王愔嫕 多 闻 黎 甜
责任印制 苑志强
排　　版 北京梧桐影电脑科技有限公司
感谢张冬梅、林紫秋对本书提供的帮助。

图书在版编目（CIP）数据
北京 / 星行客编辑部著；楼学, 李昱臻, 张侃撰文. 北京：中国地图出版社, 2025. 7. -- (中国旅行体验指南). -- ISBN 978-7-5204-4802-4
Ⅰ. K928.91
中国国家版本馆CIP数据核字第202573AB60号

声明

除注明外，本书图片来自视觉中国。

本书作者、信息及图片提供者，以及出版者在写作和出版过程中尽力保证内容质量，但无法对内容准确性、完整性做任何声明或保证，并只在法律规定范围内承担责任。

中国旅行体验指南 · 北京
ZHONGGUO LÜXING TIYAN ZHINAN · BEIJING

出版发行 中国地图出版社
社　　址 北京市西城区白纸坊西街3号
邮政编码 100054
网　　址 www.sinomaps.com
印　　刷 北京华联印刷有限公司
经　　销 新华书店
成品规格 147mm × 200mm
印　　张 11.5
字　　数 341千字
版　　次 2025年7月第1版
印　　次 2025年7月第1次印刷
定　　价 89.00元
书　　号 978-7-5204-4802-4
审 图 号 GS京（2025）0995号

如果有印装质量问题，请与我社发行公司（010-83543958）联系